“十三五”国家重点图书出版规划项目

列国志

GUIDE TO THE WORLD NATIONS

新版

秦善进　牛　淋
编著

THE DOMINICAN REPUBLIC

多米尼加

社会科学文献出版社
SOCIAL SCIENCES ACADEMIC PRESS (CHINA)

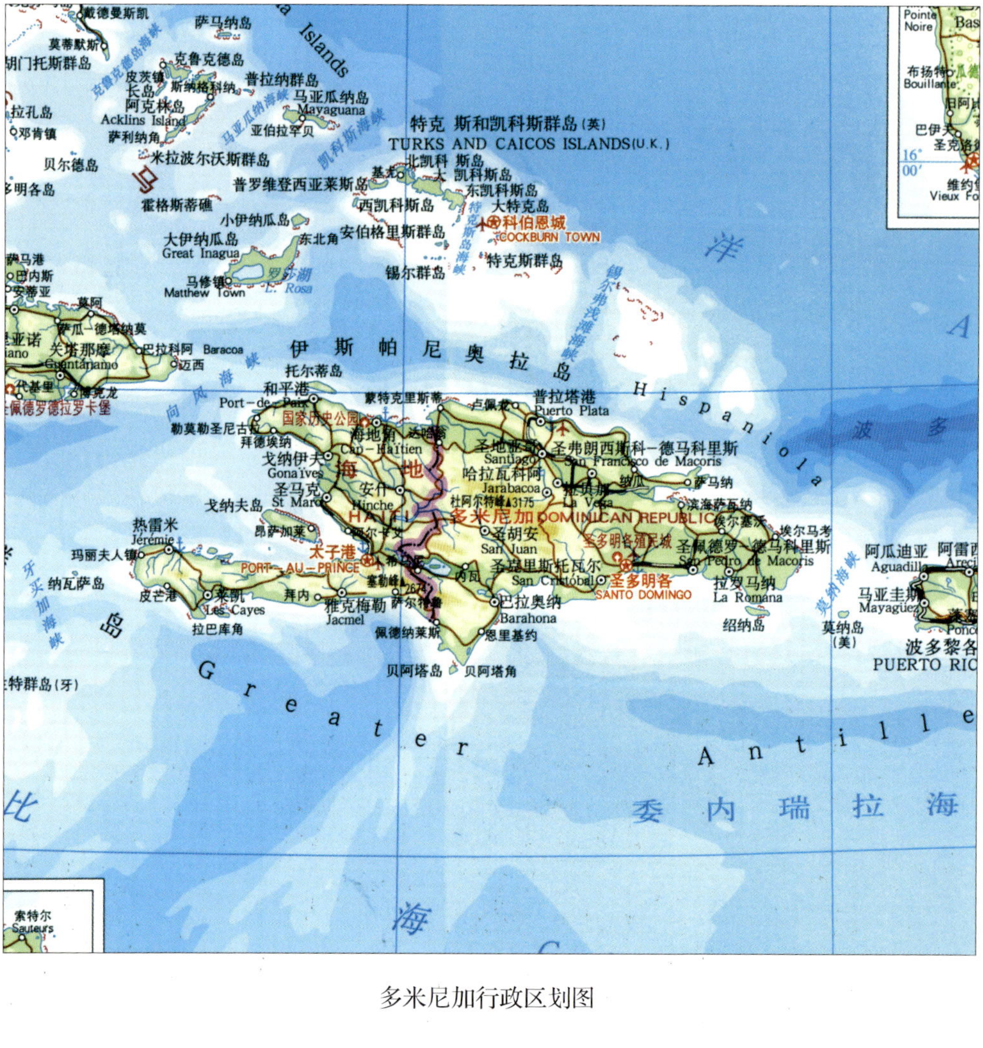
戴德曼斯凯
萨马纳岛
Islands
莫蒂默斯镇
克鲁克德岛
胡门托斯群岛
克鲁克德岛海峡
皮茨镇
长岛
斯纳格科纳
普拉纳群岛
阿克林岛
Acklins Island
马亚瓜纳岛
Mayaguana
拉孔岛
马亚瓜纳海峡
邓肯镇
萨利纳角
亚伯拉罕贝
特克斯和凯科斯群岛(英)
TURKS AND CAICOS ISLANDS(U.K.)
贝尔德岛
米拉波尔沃斯群岛
凯科斯海峡
北凯科斯岛
基尤
大凯科斯岛
普罗维登西亚莱斯岛
东凯科斯岛
霍格斯蒂礁
西凯科斯岛
大特克岛
小伊纳瓜岛
科伯恩城
COCKBURN TOWN
大伊纳瓜岛
Great Inagua
东北角
安伯格里斯岛
特克斯群岛
特克斯岛海峡
锡尔斯群岛
罗莎湖
L. Rosa
马修镇
Matthew Town
银滩
锡尔弗浅滩海峡
莫阿
萨瓜-德塔纳莫
关塔那摩
Guantánamo
巴拉科阿
Baracoa
迈西
伊斯帕尼奥拉岛
Hispaniola
托尔蒂岛
向风海峡
和平港
Port-de-Paix
蒙特克里斯蒂
卢佩龙
普拉塔港
Puerto Plata
国家历史公园
勒莫勒圣尼古拉
海地角
Cap-Haïtien
拜德埃纳
戈纳伊夫
Gonaïves
圣地亚哥
Santiago
圣弗朗西斯科-德马科里斯
San Francisco de Macoris
海
地
哈拉瓦科阿
Jarabacoa
萨马纳
圣马克
St Marc
安什
Hinche
杜阿尔特峰▲3175
拉贝加
La Vega
戈纳夫岛
HAITI
多米尼加
DOMINICAN REPUBLIC
埃尔塞沃
埃尔马考
热雷米
Jérémie
昂萨加莱
圣胡安
San Juan
圣多明各殖民城
圣佩德罗-德马科里斯
San Pedro de Macoris
玛丽夫人镇
太子港
PORT-AU-PRINCE
圣克里斯托瓦尔
San Cristóbal
圣多明各
SANTO DOMINGO
阿瓜迪亚
Aguadilla
纳瓦萨岛
塞勒峰▲2674
皮芒港
莱凯
Les Cayes
拜内
雅克梅勒
Jacmel
巴拉奥纳
Barahona
拉罗马纳
La Romana
马亚圭斯
Mayagüez
莫纳海峡
牙买加海峡
拉巴库角
佩德纳莱斯
恩里基约
绍纳岛
莫纳岛
(美)
波多黎各
PUERTO RICO
贝阿塔岛
贝阿塔角
Greater Antilles
委内瑞拉海
比
海
洋
波多
布扬特
Bouillante
巴伊夫
维约堡
Vieux Fort
Pointe Noire
索特尔
Sauteurs

多米尼加行政区划图

多米尼加国旗

多米尼加国徽

第一位总督奥万多雕像和哥伦布宫（韩琦　摄）

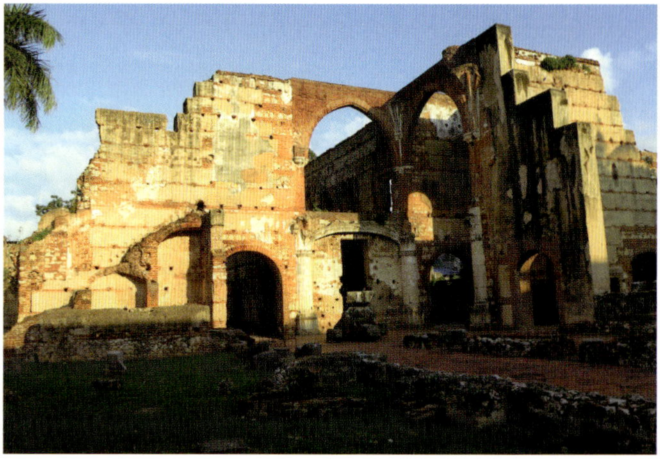

美洲第一所医院圣尼古拉斯医院的遗址（韩琦　摄）

都督府及其门前的日晷石、大炮（韩琦　摄）

圣多明各大主教堂

圣多明各大主教堂内景（韩琦　摄）

圣女阿尔塔格拉西亚大教堂

圣方济各会修道院遗址（韩琦　摄）

圣多明各爱国者广场的英雄雕像（韩琦　摄）

圣地亚哥英雄纪念塔（韩琦　摄）

蓬塔卡纳现代度假村

蓬塔卡纳海滨（韩琦 摄）

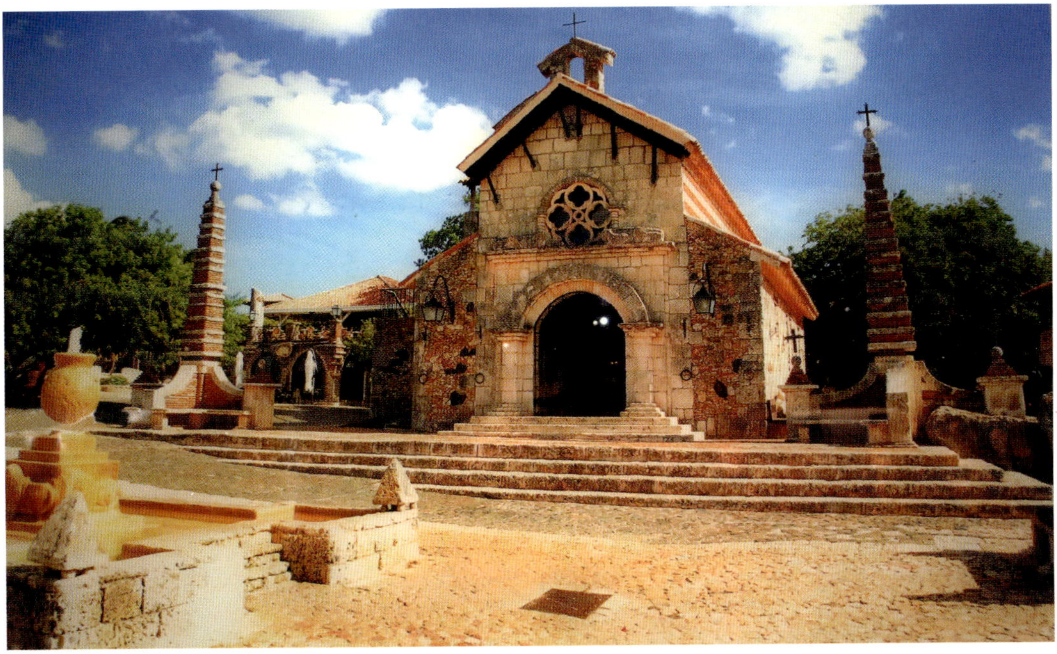

拉罗马纳查翁度假村的小教堂

圣地亚哥市（韩琦　摄）

圣多明各市（韩琦　摄）

圣多明各街头一角（韩琦　摄）

狂欢节盛装

圣多明各街头书摊（韩琦　摄）

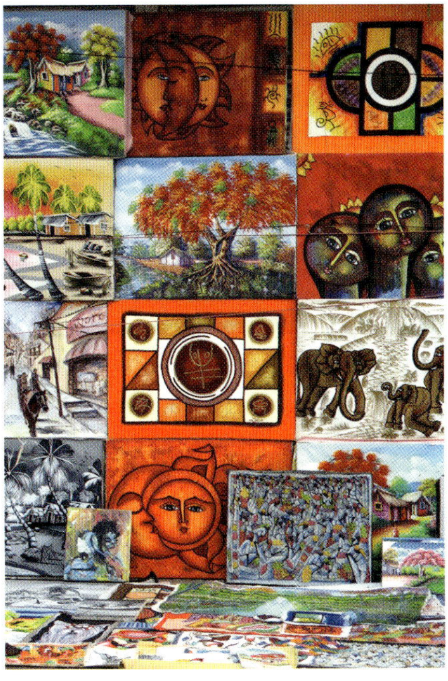

圣多明各街头画摊（韩琦　摄）

圣多明各的唐人街（韩琦　摄）

哥伦布灯塔博物馆里的中国展角（韩琦　摄）

出版说明

《列国志》编撰出版工作自1999年正式启动，截至目前，已出版144卷，涵盖世界五大洲163个国家和国际组织，成为中国出版史上第一套百科全书式的大型国际知识参考书。该套丛书自出版以来，受到社会各界的广泛好评，被誉为“21世纪的《海国图志》”，中国人了解外部世界的全景式“窗口”。

这项凝聚着近千学人、出版人心血与期盼的工程，前后历时十多年，作为此项工作的组织实施者，我们为这皇皇144卷《列国志》的出版深感欣慰。与此同时，我们也深刻认识到当今国际形势风云变幻，国家发展日新月异，人们了解世界各国最新动态的需要也更为迫切。鉴于此，为使《列国志》丛书能够不断补充最新资料，更好地服务于社会各界，我们决定启动新版《列国志》编撰出版工作。

与已出版的144卷《列国志》相比，新版《列国志》无论是形式还是内容都有新的调整。国际组织卷次将单独作为一个系列编撰出版，原来合并出版的国家将独立成书，而之前尚未出版的国家都将增补齐全。新版《列国志》的封面设计、版面设计更加新颖，力求带给读者更好的阅读享受。内容上的调整主要体现在数据的更新、最新情况的增补以及章节设置的变化等方面，目的在于进一步加强该套丛书将基础研究和应用对策研究相结合，将基础研究成果应用于实践的特色。例如，增加了各国有关资源开发、环境治理的内容；特设“社会”一章，介绍各国的国民生活情况、社会管理经验以及存在的社会问题，等等；增设“大事纪年”，方便读者在短时间内熟悉各国的发展线索；增设“索引”，便于读者根据人名、地名、关键词查找所需相关信息。

顺应时代发展的要求，新版《列国志》将以纸质书为基础，全面整合国别国际问题研究资源，构建列国志数据库。这是《列国志》在新时期发展的一个重大突破，由此形成的国别国际问题研究与知识服务平台，必将更好地服务于中央和地方政府部门应对日益繁杂的国际事务的决策需要，促进国别国际问题研究领域的学术交流，拓宽中国民众的国际视野。

新版《列国志》的编撰出版工作得到了各方的支持：国家主管部门高度重视，将其列入“‘十二五’国家重点图书出版规划项目”；中国社会科学院将其列为创新工程学术出版资助项目，王伟光院长亲自担任编辑委员会主任，指导相关工作的开展；国内各高校和研究机构鼎力相助，国别国际问题研究领域的知名学者相继加入编辑委员会，提供优质的学术咨询与指导。相信在各方的通力合作之下，新版《列国志》必将更上一层楼，以崭新的面貌呈现给读者，在中国改革开放的新征程中更好地发挥其作为“知识向导”、“资政参考”和“文化桥梁”的作用！

新版《列国志》编辑委员会

2013 年 9 月

前言

自1840年前后中国被迫开关、步入世界以来，对外国舆地政情的了解即应时而起。还在第一次鸦片战争期间，受林则徐之托，1842年魏源编辑刊刻了近代中国首部介绍当时世界主要国家舆地政情的大型志书《海国图志》。林、魏之目的是为长期生活在闭关锁国之中、对外部世界知之甚少的国人“睁眼看世界”，提供一部基本的参考资料，尤其是让当时中国的各级统治者知道“天朝上国”之外的天地，学习西方的科学技术，“师夷之长技以制夷”。这部著作，在当时乃至其后相当长一段时间内，产生过巨大影响，对国人了解外部世界起到了积极的作用。

自那时起中国认识世界、融入世界的步伐就再也没有停止过。中华人民共和国成立以后，尤其是1978年改革开放以来，中国更以主动的自信自强的积极姿态，加速融入世界的步伐。与之相适应，不同时期先后出版过相当数量的不同层次的有关国际问题、列国政情、异域风俗等方面的著作，数量之多，可谓汗牛充栋。它们对时人了解外部世界起到了积极的作用。

当今世界，资本与现代科技正以前所未有的速度与广度在国际间流动和传播，“全球化”浪潮席卷世界各地，极大地影响着世界历史进程，对中国的发展也产生极其深刻的影响。面临不同以往的“大变局”，中国已经并将继续以更开放的姿态、更快的步伐全面步入世界，迎接时代的挑战。不同的是，我们所面临的已不是林则徐、魏源时代要不要“睁眼看世界”、要不要“开放”的问题，而是在新的历史条件下，在新的世界发展大势下，如何更好地步入世界，如何在融入世界的进程中更好地维护民族国家的主权与独立，积极参与国际事务，为维护世界和平，促进世界与人类共同发展做出贡献。这就要求我们对外部世界有比以往更深切、全面的了解，我们只有更全面、更深入地了解世界，才能在更高的层次上融入世界，也才能在融入世界的进程中不迷失方向，保持自我。

与此时代要求相比，已有的种种有关介绍、论述各国史地政情的著述，无论就规模还是内容来看，已远远不能适应我们了解外部世界的要求。人们期盼有更新、更系统、更权威的著作问世。

中国社会科学院作为国家哲学社会科学的最高研究机构和国际问题综合研究中心，有11个专门研究国际问题和外国问题的研究所，学科门类齐全，研究力量雄厚，有能力也有责任担当这一重任。早在20世纪90年代初，中国社会科学院的领导和中国社会科学出版社就提出编撰“简明国际百科全书”的设想。1993年3月11日，时任中国社会科学院院长胡绳先生在科研局的一份报告上批示：“我想，国际片各所可考虑出一套列国志，体例类似几年前出的《简明中国百科全书》，以一国（美、日、英、法等）或几个国家（北欧各国、印支各国）为一册，请考虑可行否。”

中国社会科学院科研局根据胡绳院长的批示，在调查研究的基础上，于1994年2月28日发出《关于编纂〈简明国际百科全书〉和〈列国志〉立项的通报》。《列国志》和《简明国际百科全书》一起被列为中国社会科学院重点项目。按照当时的计划，首先编写《简明国际百科全书》，待这一项目完成后，再着手编写《列国志》。

1998年，率先完成《简明国际百科全书》有关卷编写任务的研究所开始了《列国志》的编写工作。随后，其他研究所也陆续启动这一项目。为了保证《列国志》这套大型丛书的高质量，科研局和社会科学文献出版社于1999年1月27日召开国际学科片各研究所及世界历史研究所负责人会议，讨论了这套大型丛书的编写大纲及基本要求。根据会议精神，科研局随后印发了《关于〈列国志〉编写工作有关事项的通知》，陆续为启动项目拨付研究经费。

为了加强对《列国志》项目编撰出版工作的组织协调，根据时任中国社会科学院院长李铁映同志的提议，2002年8月，成立了由分管国际学科片的陈佳贵副院长为主任的《列国志》编辑委员会。编委会成员包括国际片各研究所、科研局、研究生院及社会科学文献出版社等部门的主要领导及有关同志。科研局和社会科学文献出版社组成《列国志》项目工作组，社会科学文献出版社成立了《列国志》工作室。同年，《列国志》项目被批准为中国社会科学院重大课题，新闻出版总署将《列国志》项目列入国家重点图书出版计划。

在《列国志》编辑委员会的领导下，《列国志》各承担单位尤其是各位学者加快了编撰进度。作为一项大型研究项目和大型丛书，编委会对《列国志》提出的基本要求是：资料翔实、准确、最新，文笔流畅，学术性和可读性兼备。《列国志》之所以强调学术性，是因为这套丛书不是一般的“手册”“概览”，而是在尽可能吸收前人成果的基础上，体现专家学者们的研究所得和个人见解。正因为如此，《列国志》在强调基本要求的同时，本着文责自负的原则，没有对各卷的具体内容及学术观点强行统一。应当指出，参加这一浩繁工程的，除了中国社会科学院的专业科研人员以外，还有院外的一些在该领域颇有研究的专家学者。

现在凝聚着数百位专家学者心血，共计141卷，涵盖了当今世界151个国家和地区以及数十个主要国际组织的《列国志》丛书，将陆续出版与广大读者见面。我们希望这样一套大型丛书，能为各级干部了解、认识当代世界各国及主要国际组织的情况，了解世界发展趋势，把握时代发展脉络，提供有益的帮助；希望它能成为我国外交外事工作者、国际经贸企业及日渐增多的广大出国公民和旅游者走向世界的忠实“向导”，引领其步入更广阔的世界；希望它在帮助中国人民认识世界的同时，也能够架起世界各国人民认识中国的一座“桥梁”，一座中国走向世界、世界走向中国的“桥梁”。

《列国志》编辑委员会

2003年6月

序

朋友跟我说，将新出一部介绍多米尼加共和国的专著，认为我在多米尼加担任驻该国的代表（两国那时尚未建交，所以常驻官员称代表），应该比较了解那里的情况，所以希望我为此书写序。我听后开始有些为难，毕竟自己在多米尼加工作是10年前的事了，现在许多事情已经时过境迁；再者，我和作者素不相识，恐怕也写不好这个序。但盛情难却，正在犹豫间，朋友居然把这本书的电子稿发了过来，并附上了作者秦善进老师的简历。我粗略地看了遍目录和主要章节，竟被此书的内容深深吸引住了。

全书一共30多万字，算作巨著了，囊括了多米尼加共和国从历史、政治、经济到对外关系的方方面面，既有翔实的叙述，又有大量具体数据，资料性很强，对于研究拉美尤其是多米尼加的人员很有益处；而对于大众读者来说，也不失其知识性和可读性。读这本书，我所认识和经历的有关多米尼加共和国的一切，仿佛又一幕一幕地浮现在我眼前。应该说，这是我迄今见到的国内有关多米尼加这个国家最全面、最翔实、最权威的国别专著读物。作者为此付出的劳动和心血可见一斑，值得赞赏、庆贺和推介。

近年来，我国与拉丁美洲国家关系进入了新的发展时期，在许多方面取得跨越式进展，尤其是“一带一路”倡议正在不断向拉美地区延伸和发展，许多拉美国家都与我国政府签订了有关合作文件。但总的来说，双方相互了解还是有相当大空间需要拓展的，离构建中拉命运共同体的目标还有很多工作要做，从这个意义上讲，作者的这部新著具有积极的现实意义和时代价值。真心期待有更多、更好的介绍拉丁美洲国家的著作能够早日问世，从而助力推动中国与拉丁美洲地区的相互了解和友好合作关系的进一步发展。

中华人民共和国原驻多米尼加共和国贸易发展办事处代表

王卫华

2020 年 8 月

CONTENTS

目录

CONTENTS

目 录

CONTENTS

目 录

CONTENTS

目录

CONTENTS

目录

CONTENTS

目 录

CONTENTS

目录

第一章

概　览

多米尼加共和国（英语：The Dominican Republic；西班牙语：La República Dominicana）位于加勒比海北部，大安的列斯群岛（The Greater Antilles、Antillas Mayores）中的伊斯帕尼奥拉岛（Española、Hispaniola）东部，简称“多米尼加”，素有“加勒比海明珠”的美称。多米尼加是加勒比地区经济体量最大、面积第二大的国家。最早生活在这个岛屿上的土著部落主要是泰诺人（Taíno），其次是马科莱耶人（Marcorijie）。1492 年哥伦布航行抵达伊斯帕尼奥拉岛后，西班牙殖民者于 1496 年在岛上建立了圣多明各城（Santo Domingo），这里成为欧洲殖民者在美洲的第一个永久性定居点，这就意味着这片土地正式成为西班牙的殖民地。1795 年圣多明各城一带的土地归属法国，1809 年重新归西班牙所有，1822 年又被海地占领。1844 年 2 月 27 日这片土地获得独立，成立了多米尼加共和国。多米尼加随后的历史进程陆续经历了西班牙第三次殖民时期、第二次独立时期、美国占领时期、特鲁希略独裁时期等阶段，20 世纪 60 年代中期多米尼加开始民主化进程，20 世纪 90 年代后进入政治稳定发展时期。21 世纪后，多米尼加经济实现了快速增长，尤其是 2010 年以来，其经济一直高速增长，成为拉美和加勒比地区经济发展的榜样。2018 年 5 月 1 日，中华人民共和国同多米尼加共和国的双边关系掀开了新的一页，双方相互承认并建立大使级外交关系，两国政府同意在互相尊重主权和领土完整、互不侵犯、互不干涉内政、平等互利、和平共处的原则基础上发展双边友好关系。

第一节　国土与人口

一　地理位置

多米尼加位于伊斯帕尼奥拉岛东部，与海地共处一岛，西经 68°19′～72°31′、北纬 17°36′～19°56′，位于北回归线以南，东面遥望波多黎各，中间被莫纳海峡隔开，南部濒临加勒比海，东南部距美国佛罗里达州迈阿密市约 1200 公里[①]，西面与海地相邻，北面是一望无际的大西洋。其中，大安的列斯群岛总面积为 77914 平方公里，位于加勒比海北缘，由古巴岛、牙买加岛、波多黎各岛与伊斯帕尼奥拉岛等 4 个主要岛屿组成[②]，伊斯帕尼奥拉岛又名“海地岛”（意思是山地）[③]、西班牙岛，是加勒比海海域中的第二大岛屿。

二　国土面积

从空中俯瞰，多米尼加像一个不规则的三角形，领土总面积为 48310.971 平方公里，约占伊斯帕尼奥拉岛面积的 2/3。[④] 全国东西向约为 390 公里，南北向约为 265 公里。国土边界线总长 1964 公里，其中陆

---

① Charles F. Gritzner and Douglas A. Phillips, *The Dominican Republic* (Infobase Publishing, 2004), pp. 8－10.

② 加勒比海海域中，西印度群岛自北向南分为巴哈马和大安的列斯、小安的列斯三大组群岛及特立尼达和多巴哥岛四部分。大安的列斯群岛由古巴岛、伊斯帕尼奥拉岛（海地与多米尼加）、波多黎各岛、牙买加岛 4 个大岛以及开曼群岛和众多小岛组成；小安的列斯群岛（Lesser Antilles、Antillas Menores）位于加勒比海西印度群岛中安的列斯群岛东部和南部，包括维尔京群岛、背风群岛、向风群岛和委内瑞拉以北的许多岛屿。

③ 全岛称伊斯帕尼奥拉岛，1804 年前西班牙人把岛屿东部三分之二的殖民地命名为“圣多明各”（土著人把这一片土地称为“基斯克亚”），法国殖民者把岛屿西部三分之一的殖民地起名为“圣多明克”，1804 年圣多明克改名为“海地”；转引自〔美〕塞尔登·罗德曼《多米尼加共和国史》，南开大学《多米尼加共和国史》翻译小组译校，天津人民出版社，1972，第 2 页。

④ 多米尼加国家统计局：“Dominicana en Cifras 2018”，p. 17，http：//www. one. gob. do. cn/，最后访问日期：2019 年 5 月 4 日。

地边境线长 1576 公里，海岸线长 388 公里。除了主岛外，围绕着伊斯帕尼奥拉岛海岸线一带的一些小岛，也归多米尼加管辖，其中有萨奥纳岛（Saona，117 平方公里）、贝阿塔岛（Beata，约 27 平方公里）、卡塔利娜岛（Catalina）、阿尔托·韦洛岛（Alto Velo，约 1.4 平方公里）与洛斯弗赖莱斯群岛（Los Frailes）。

三 行政区划

多米尼加设立省、市、乡三级行政单位，省是最高行政单位，其次是市与乡。根据多米尼加国家统计局（Oficina Nacional de Estadística de República Dominicana）2018 年公布的数据，多米尼加现共分为 1 个国家区、31 个省，共 157 个市 234 个乡。[①] 多米尼加的国家区和省份分别是：圣多明各市（国家区、Distrito Nacional）、阿苏阿省（Azua）、巴奥鲁科省（Baoruco）、巴拉奥纳省（Barahona）、达哈翁省（Dajabón）、杜阿尔特省（Duarte）、埃利亚斯·皮尼亚省（Elías Piña）、埃尔塞沃省（El Seibo）、埃斯派亚省（Espaillat）、独立省（Independencia）、阿尔塔格拉西亚省（La Altagracia）、拉罗马纳省（La Romana）、拉贝加省（La Vega）、玛丽亚·特立尼达·桑切斯省（María Trinidad Sánchez）、蒙特克里斯蒂省（Monte Cristi）、佩德尔纳莱斯省（Pedernales）、佩拉维亚省（Peravia）、普拉塔港省（Puerto Plata）、米拉贝尔姐妹省（Hermanas Mirabal）、萨马纳省（Samaná）、圣克里斯托瓦尔省（San Cristóbal）、圣胡安省（San Juan）、圣佩德罗－德马科里斯省（San Pedro de Macorís）、桑切斯·拉米雷斯省（Sánchez Ramírez）、圣地亚哥省（Santiago）、圣地亚哥·罗德里格斯省（Santiago Rodríguez）、巴尔韦德省（Valverde）、蒙赛纽尔·鲁埃尔省（Monseñor Nouel）、蒙特普拉塔省（Monte Plata）、阿托马约尔省（Hato Mayor）、圣何塞·德奥科阿省（San José de Ocoa）、圣多明各省（Santo Domingo）。

① 多米尼加国家统计局："Dominicana en Cifras 2018", p. 18, http://www.one.gob.do.cn/, 最后访问日期：2019 年 5 月 4 日。

四　地形与气候

（一）地形

1. 山地

跟安的列斯群岛上的其他国家一样，多米尼加的地形复杂多样：有雄壮巍峨的山峰、广袤无垠的平原、富饶肥沃的谷地、一望无际的沙漠，还有濒临大海的半岛与海滩。多米尼加境内山脉众多，基本上呈东南—西北走向。这些山脉中，最著名的山脉是科迪勒拉山系（Las Cordilleras），分为中部、北部和东部3条山系，其中中部山系有杜阿尔特峰（Pico Duarte）、佩罗纳峰（Pelona，3085米）、卢西亚峰（Rusilla，3038米）、亚克峰（Pico del Yaque，2761米）、洛马德尔马科峰（Loma del Maco，2287米）和蒙特加洛峰（Monte Gallo，2500米）等。杜阿尔特峰海拔3175米[①]，是安的列斯群岛的最高峰，位于圣胡安省的何塞·德尔·卡门·拉米雷斯（José Del Carmen Ramírez）国家公园之中，沿对角线穿过国土，也是多米尼加境内著名的旅游胜地之一。北部山脉的最高峰是迭戈德奥坎波峰（Diego de Ocampo，1249米），海拔较低的山峰有穆拉佐峰（Murazo，1083米）、基塔埃斯普埃拉峰（Quita Espuela，985米）；东部科迪勒拉山系横跨阿尔塔格拉西亚、埃尔塞沃和阿托马约尔等省份。多米尼加的西南部分布着三个山地系统：马丁加西亚山（Sierra Martin García）、奈瓦山（Sierra de Neiba）和巴奥鲁克山（Sierra de Baoruco）。最高峰是洛马德尔托罗峰（Loma del Toro，2367米），它由一系列山谷组成，雾气有时会飘荡在山谷之间。

除了山脉外，多米尼加还拥有可供耕作、土壤肥沃的平原，如加勒比海沿岸平原、大西洋沿岸平原、南部沿海平原等。加勒比海沿岸平原是该国人口最多、最富饶的地区，一些著名城市都分布在这里，如首都圣多明各。多米尼加西部的大片土地被沙漠覆盖，这里气候干

① 多米尼加国家统计局，“Dominicana，2018”，p.19，http：//www.one.gob.do.cn/，最后访问日期：2020年8月4日。

燥、较为炎热。

多米尼加三面环海，漫长的海岸线造就了一些半岛与海滩。著名的海滩有大西洋沿岸的苏索阿、纳瓜与马卡奥海滩；著名的半岛有萨马纳半岛。

2. 河流与湖泊

同其他国家相比，多米尼加共和国拥有丰富的水资源，一些河流不断延伸，由于地势落差，形成了一些溪流与瀑布，并给多米尼加提供了丰富的灌溉系统。科迪勒拉山系的中央山脉是多米尼加境内五大河流的发源地。北亚克河（Yaque del Norte）发源于该山脉的北坡，是多米尼加最长、流域面积最广的河流，全长 296 公里，流量为 82.43 m^3/s，流域面积为 7053 平方公里，覆盖了全国领土面积的 14.5%，蜿蜒穿过圣地亚哥山谷，最终流入蒙特克里斯蒂省曼萨尼约湾。南亚克河（Yaque del Sur）发源于鲁锡拉山（Rucilla）的南麓，穿过圣胡安山谷，流入加勒比海。多米尼加国内第三条长河是奈瓦河（Neiba），长约 209 公里，流域面积为 4972 平方公里，占全国领土面积的 10.5%。尤纳河（Yuna）也是多米尼加最重要的河流之一，发源于圣何塞·德奥科阿省，全长 210 公里，从萨马纳半岛处注入海洋。尤纳河的流量为 91m^3/s，流域面积为 5630 平方公里，覆盖全国领土面积的 11.5%，有一段河道可以通航，雨季到来时，河水会溢出河床，给两岸提供灌溉用水。奥萨马河（Ozama）发源于亚马萨山脉（Yamasa），从圣多明各市中心缓缓流过，最后流入加勒比海，流量为 91m^3/s，流域面积为 2706 平方公里，覆盖了 6.5% 的国土面积。阿蒂博尼托河（Artibonito）是一条国际河流，也是伊斯帕尼奥拉岛最长的河流，发源于多米尼加，流经海地，最后流入加勒比海。阿蒂博尼托河全长 321 公里，其中多米尼加境内长 68 公里，流量为 91m^3/s，流域面积为 9013 平方公里，占全国领土面积的 11.5%。

多米尼加共和国境内共有 270 个湖泊、潟湖、水池和湿地等湖泊资源，主要湖泊有恩里基约湖（Enriquillo）、高山湖（Sierras）、卡布拉尔湖（Laguna Cabral）、临康湖（Rinc）、奥维耶多湖（Oviedo）、雷东达湖（Redonda）、利蒙湖（Lim）等。高山湖是安的列斯群岛中最大的湖泊。

恩里基约湖面积为265平方公里，其水位低于海平面44米，属于咸水湖，湖内有三个岛屿：山羊岛（Cabritos）、巴尔巴里塔岛（Barbarita）和伊斯利塔岛（Islita）。岛屿上生活着鬣蜥、长达一米的蜥蜴、火鸟等，以前曾经生活着短吻鳄，不过现在已经灭绝。

雨季到来时，洪水会影响巴奥鲁科省与独立省，为了防止洪水泛滥，1972年2月27日多米尼加修建了第一个水坝，并用于水力发电。在距离哈拉瓦科阿镇（Jarabacoa）不远的地方，有一个景观壮丽的希梅诺阿瀑布（Jimenoa），也深受游客的欢迎。

（二）气候

由于地处热带地区，多米尼加属于热带气候，但岛内的气候也有些差别，其中东北区属于热带雨林气候，西南部属于热带草原气候，年平均气温为25℃，年平均空气湿度为70%。[①] 每年的11月到第二年的4月为飓风季节，海风带来阵阵暖意，空气湿度较低；5月到10月为雨季，气温相对较高，白天平均温度达到31℃，夜间较为凉爽，平均气温为22℃，空气湿度相对较高。多米尼加年度温差不大，沿海地区一带平均年温差为1℃，内陆地区的温差相对大一些，科迪勒拉山系的中部与北部之间的年温差约为5℃。日温差也很类似，沿海地区日温差约为8℃，内陆地区的日温差达到15℃。近海海水的表层温度较高，加勒比海海域一带的表层水温达到27℃，环大西洋一带的海水表层温度为26℃。首都圣多明各海拔14米，气温最高的月份是8月，日平均气温为23～31℃；气温最低的月份为2月，日平均气温为19～28℃。

由于三面环海，信风的吹拂给多米尼加带来了大量降水。据统计，多米尼加年降水量为1346毫米以上[②]，每年的平均雨期达到110天。由于内陆地区起伏不平，多米尼加的降雨规律比较特殊，地区与地区之间的降雨量也存在较大的差异，如阿尔塔格拉西亚山谷地区（Villa Altagracia）的

① 商务部国际贸易经济合作研究院、商务部投资促进事务局、中国驻多米尼加发展办事处编《对外投资合作国别（地区）指南：多米尼加共和国》，2017，第8页。

② 商务部国际贸易经济合作研究院、商务部投资促进事务局、中国驻多米尼加发展办事处编《对外投资合作国别（地区）指南：多米尼加共和国》，2017，第8页。

降水比较丰富，年均降水量约为 2389 毫米，而内伊瓦地区的年均降水量还不到 600 毫米。多米尼加一些地区的雨季也不相同，北部山脉以北的地区，6～8 月为旱季，1 月、2 月、12 月为雨季。北部山脉以南的地区，1 月、2 月、12 月为旱季，但这一区域内各个地区的雨季又不一样：位于阿苏阿省的谷地、圣胡安省、内瓦湾一带、西北区地势较低的地区与最东段的地区，雨季集中在 9～11 月；萨马纳半岛、锡瓦奥谷地的东部地区、亚马萨山脉的周边地带、位于圣佩德罗－德马科里斯和巴尼之间的沿海平原地区、巴奥鲁科山区一带的雨季是 6～8 月；中央山脉北麓地区的雨季是 3～5 月。

受大西洋气压系统和北美洲气压系统的影响，同时还受到一些气候现象的影响，如东部飓风、热带飓风、谷地风等，多米尼加的气压变化不大，年平均气压约为 761 毫米汞柱，飓风吹过时，平均气压会下降至 748 毫米汞柱。每天的最高气压值出现在上午 10 点前后，最低气压值出现在每天下午 4 点到第二天凌晨 4 点之间。

由于位于北半球的纬度条状地带区域内，多米尼加常年受信风的影响，但该国复杂的地形地貌降低了信风的影响程度。地表受热与受冷不均，以及加勒比海的影响，使得多米尼加沿海地区盛行时间风：白天海风吹向内地、夜间山风向海上吹。山间地区的时间风叫作“谷地风”，与沿海地区不同，白天风从谷地吹上山巅，夜间风又从山巅吹向谷地。多米尼加境内的风速不是很快，地势较低的地区，全年的平均风速稍稍高于 10 公里每小时，但风速会随着地势的上升而稍稍加快。

夏秋季节（6 月 1 日～11 月 30 日）多米尼加会遭受热带飓风的袭击，8 月、9 月最频繁。据不完全统计，1930 年飓风“圣塞农”袭击圣多明各，风速达到了 180 公里/时；1979 年飓风“戴维”侵袭多米尼加，风速超过了 160 英里/时（约 257 公里/时）；1996 年多米尼加卡沃罗霍市（Cabo Rojo）遭到了风速达 140 英里/时（约 225 公里/时）的飓风“内斯”的袭击；1998 年飓风“乔治”袭击了多米尼加；2004 年 8 月以来，多米尼加连续遭受飓风“查利”、“弗朗西斯”、“伊万”和“珍妮”的袭击；2011 年 8 月 23 日多米尼加遭受飓风“艾琳”带来的强暴雨袭击，成千上万名居民被迫撤离家园，许多村庄和房屋被洪水淹没；2017 年 9 月 7 日飓风“艾尔玛”、9 月 17 日飓风“玛丽亚”先后袭击多米尼加，造成了一定的经济损失。

五　人口、民族、语言

（一）人口

最先居住在伊斯帕尼奥拉岛东部地区的人种是泰诺人，据统计，西班牙殖民者没到达之前，这里土著人的数量达到了 100 万人。而有的学者则认为生活在这个岛上的土著人，曾经多达 150 万～300 万人。[①] 1492 年哥伦布到达伊斯帕尼奥拉岛后，开始了对这片土地的殖民征服，1496 年，西班牙殖民者建立了圣多明各城，这是欧洲殖民者在美洲建立的第一个永久性定居点。随后，西班牙殖民者开始残忍对待土著人，由于受到长期惨无人道的压迫，生活在这里的土著人不断减少，到 1548 年仅仅剩下 500 人。甘蔗种植园兴盛后，劳动力的缺乏迫使西班牙殖民者从非洲贩卖黑奴。1503 年第一批黑奴到达圣多明各岛，直到 1520 年，黑奴基本上是这里唯一的劳动力。

多米尼加国家统计局负责全国人口的普查工作。国家统计局每十年左右进行一次人口与住房普查，2010 年 12 月完成第九次人口与住房信息普查工作。根据历次统计数据，1920 年多米尼加的总人口为 894665 人，随后人口开始增长。1920～1935 年，年均增长 40700 人；1935～1950 年，年均增长 43000 人；1950～1960 年、1960～1970 年、1970～1981 年、1981～1993 年、1993～2002 年年均增长分别为 91000 人、10300 人、12900 人、137000 人、140000 人。国家统计局公布的 2018 年统计数据显示，根据 2010 年 12 月进行的第九次人口与住房普查统计，多米尼加的人

① Charles F. Gritzner and Douglas A. Phillips, *The Dominican Republic* (Infobase Publishing, 2004), p. 31.

口为9445281人[①]，人口较多的省（区）有圣多明各省、国家区、圣地亚哥省、圣克里斯托瓦尔省、拉贝加省和圣佩德罗－德马科里斯省等，其中圣多明各省人口为2084651人，国家区人口为965040人，圣地亚哥省人口为728484人。第九次人口与住房普查统计数据显示，多米尼加男女人口的比例基本持平，男女人口分别为4739038人与4706243人，平均人口密度为196人/km^2，城市人口为7013575人，农村人口为2431706人。[②]平均预期寿命约为74岁，其中男性的平均寿命约为72岁，女性的平均寿命约为76岁，死亡率与婴儿出生率的比例是26∶1000。[③] 2010年第九次人口与住房普查中统计的各个年龄段的人口数量见表1－1。

表1－1 第九次人口与住房普查中统计的各个年龄段的人口数量

单位：人

年龄阶段	人口数量	年龄阶段	人口数量
不到一周岁的儿童	195160	20～24周岁	876934
5周岁以下学龄前儿童	896706	25～34周岁	1479305
未满18周岁	3402810	35～49周岁	1716580
10～19周岁的青少年	1956984	50～64周岁	993178
18周岁以上	6042471	65周岁及以上	587134
15～24周岁	1860157		

资料来源：多米尼加国家统计局网站，http：//www. one. gob. do. cn/，最后访问日期：2019年5月6日。

① 多米尼加国家统计局："Dominicana en Cifras 2018"，p. 18，http：//www. one. gob. do. cn/，最后访问日期：2019年5月6日。另据商务部国际贸易经济合作研究院、商务部投资促进事务局、中国驻多米尼加发展办事处编的《对外投资合作国别（地区）指南：多米尼加共和国》提供的数据，2016年多米尼加人口为1007.5万人；据中华人民共和国驻多米尼加共和国大使馆经济商务处网站提供的数据，2011年多米尼加人口为1013.51万，http：//dom. mofcom. gov. cn/，最后访问日期：2019年5月6日；据中华人民共和国外交部网站提供的数据，2017年多米尼加的人口为1083.53万人，https：//www. fmprc. gov. cn/，最后访问日期：2019年5月6日；据世界银行网站提供的数据，2017年多米尼加的人口为10766998人，https：//data. worldbank. org. cn/，最后访问日期：2019年5月6日。

② 多米尼加国家统计局网站，http：//www. one. gob. do. cn/，最后访问日期：2019年5月6日。

③ Charles F. Gritzner and Douglas A. Phillips, *The Dominican Republic* (Infobase Publishing, 2004), p. 48.

根据多米尼加国家统计局的统计，2002 年到 2010 年，多米尼加人口从 8562541 人增长到 9445281 人，增长了 10.31%。据世界银行的统计，多米尼加的人口从 2011 年开始突破 1000 万人，截至 2017 年，全国总人口为 10766998 人。[①] 2002 年到 2017 年多米尼加人口总数见表 1－2。

表 1－2　2002 年到 2017 年多米尼加人口总数

单位：人

年份	人口总数	年份	人口总数
2002	8832285	2010	9897985
2003	8967760	2011	10027095
2004	9102998	2012	10154950
2005	9237556	2013	10281296
2006	9371338	2014	10405844
2007	9504353	2015	10528394
2008	9636520	2016	10648791
2009	9767758	2017	10766998

资料来源：世界银行网站，https：//data. worldbank. org. cn/country/dominican－republic？view＝chart，最后访问日期：2019 年 5 月 6 日。

多米尼加海外侨民大约有 100 万人，主要居住在波多黎各，美国东南部的迈阿密、东部的波士顿和纽约等地。

（二）民族

同其他拉丁美洲和加勒比国家一样，在长期的历史发展进程中，多米尼加形成了较为复杂的民族。西班牙殖民者到达之前，伊斯帕尼奥拉岛上生活着大量的土著人，被殖民征服后，西班牙殖民者开始与岛上的土著人通婚，慢慢诞生了混血人种。随后西班牙殖民者对土著人进行残酷剥削，加之疾病流行，岛上的土著人几乎灭绝。甘蔗种植园经济发展起来之后，

① 世界银行网站，https：//data. worldbank. org. cn，最后访问日期：2019 年 5 月 6 日。来源不同，统计数据略有差异，下同。

由于缺乏劳动力，西班牙殖民者大量引进黑人奴隶，这些非洲黑人随后也慢慢融入多米尼加民族群体之中。西班牙白人同黑人通婚，诞生了黑白混血人种，即穆拉托人（Mulato）。

在长达几个世纪的进程中，欧洲白人移民、非洲黑人以及一些残存的土著人，在追求国家独立、摆脱殖民统治、发展经济、繁荣文化的斗争中，不断融合，一代又一代互相通婚、相互同化，形成了现代多米尼加民族。根据中华人民共和国外交部公布的统计数据，截止到2018年12月，黑白混血种人和印欧混血种人占73%，白人占16%，黑人占11%。[①] 亚裔人口在多米尼加共和国占极少数。

（三）语言

由于长期遭受西班牙的殖民统治，随后法国、美国也陆续侵占过多米尼加，海地也曾经统治过全岛，因此多米尼加盛行多种语言，如西班牙语、法语、英语等。官方语言为西班牙语，与海地接壤的边境地区盛行法语，靠近两国边境地区的海地移民也常使用克里奥尔语。随着旅游业的发展，讲意大利语和德语的人数也逐渐增加。多米尼加的西班牙语与西班牙本地的卡斯蒂利亚语有较大差异，多米尼加的西班牙语更为柔和，语音更有韵律。多米尼加的西班牙语发音有一些独特之处：一些地区的颤音“r”被“l”取代；几乎所有的多米尼加人在发音时会省略掉一些用语中间和末尾的“s”，如“Buenos Días”变成了“Bueno Día”，“Como Estás”改变成“Como tu ta”。[②]

六 国旗、国徽、国歌

（一）国旗

多米尼加国旗呈长方形，长与宽之比为3∶2。白色宽条十字将旗面分成四个相等的横长方形，左上方和右下方为蓝色，右上方和左下方为红

① 中华人民共和国外交部网站，https：//www.fmprc.gov.cn/web/gjhdq_676201/gj_676203/bmz_679954/1206_680180/1206x0_680182，最后访问日期：2019年5月12日。

② Fe Liza Bencosme & Clark Norton, *Adventure Guide*: *Dominican Republic* (5th Edition) (Hunter Publishing, 2007), p. 57.

色。白色十字交叉处绘有国徽图案。红色象征国家创建者为争取自由、独立而进行的火与血的艰苦斗争，还象征奋斗者的鲜血；蓝色象征自由；白色十字代表宗教信仰，也象征人民的奋斗和牺牲。中心图案为盾徽，盾面由国旗颜色和图案构成，中间有一本《圣经》，其上方为黄色十字，《圣经》和十字代表该国人民的宗教信仰，大多数人信奉天主教，《圣经》两旁悬挂着旗帜，表明人民捍卫国家主权的信心。盾徽两侧饰有月桂和棕榈枝叶，上端的蓝色绶带上用西班牙文写着“上帝、祖国、自由”，下端的红色绶带上用西班牙文写着“多米尼加共和国”。

多米尼加国旗是由胡安·巴勃罗·杜阿尔特（Juan Pablo Duarte）设计的，在设计国旗时，杜阿尔特把自己提出的“三位一体”理论融入国旗设计理念之中。杜阿尔特在设计国旗时曾表示：“在上帝面前，按照三位一体理论，我庄严承诺，我们精诚团结，最终摆脱海地的统治，建立起独立的共和国——多米尼加共和国。我们将认识到国家的神圣与自由，如果我违背了自己的誓言，人民可以惩罚我。”

多米尼加第一面国旗由玛丽亚·特立尼达·桑切斯（María Trinidad Sánchez）、玛丽亚·德赫苏斯·皮纳（María de Jesús Pina）、伊莎贝尔·索萨（Isabel Sosa）和康赛普西翁·博纳（Concepción Bona）等几位女士制作而成，1844 年 2 月 27 日，国家独立日的当天，多米尼加国旗优雅地飘扬在圣多明各城的上空。

1844 年 11 月 6 日，在圣克里斯托瓦尔举行的立宪大会上颁布了共和国第一部宪法，其中国旗作为国家的象征，颜色图案也稍做修改，交替使用蓝色和红色，成为世界上最美丽的旗帜之一。[①] 新修订的国旗一直沿用至今。

（二）国徽

多米尼加共和国国徽是在 1844 年宣布民族独立时创立的，经历了长期的连续修改过程。

---

① 多米尼加共和国总统府国务秘书部网站，https：//presidencia. gob. do/bandera - nacional，最后访问日期：2019 年 5 月 15 日。

第一个徽章上有一棵桂树生长在月亮下，树枝向两边伸展，形成了一个拱形，拱形下面有一条蛇，咬着并吞下自己的尾巴，象征着多米尼加不断前进与民族永恒。图案中心处有一本《圣经》，书后面是一个武器奖杯（一把矛和一把步枪，右边是刺刀，左边是军刀和号角），书的上方是多米尼加国旗。图案上有两面多米尼加国旗，还有一顶弗里吉亚帽，象征着自由。底部写着“多米尼加共和国”，这一行字上覆盖着由两把枪和金字塔状的球形子弹组成的色带。

随后国徽图案多次修改。1844 年 11 月 6 日颁布的宪法中，图案上的枪支被移除；1848 年月亮下的桂树枝条也被移除；1853 年替换成棕榈叶；1853 年十字架取代了多米尼加国旗，武器奖杯、弗里吉亚帽和蛇被移除，两面旗帜变成了四面交叉的旗帜。

1913 年，临时总统蒙赛诺尔·诺埃尔（Monseñor Nouel）颁布的 1913 年 2 月 6 日的法令确立了目前的国徽图案形式，形成了最终版国徽图案。最终版国徽图案由卡塞米罗·内梅西奥·德莫亚（Casimiro Nemesio de Moya）设计与制作，再现了“国家的伟大印记”。最终版国徽图案样式如下。

国徽中心图案为盾徽。盾面由国旗颜色和图案构成，中间有一本《圣经》，《圣经》上方的一个金黄色十字发出暖融融的光芒，代表国教天主教的巨大精神力量，下端的红色绶带上用西班牙文写着“多米尼加共和国”。

（三）国歌

多米尼加共和国的国歌是爱国音乐的代表，与国旗和国徽一样是国家的象征。歌词由埃米利奥·普鲁德·霍姆（Emilio Prud’Homme）创作，1883 年由大师马埃斯特罗·何塞·雷耶斯（Maestro José Reyes）谱曲。1883 年 8 月 17 日这首赞美诗首次于多米尼加共和国首都圣多明各正式问世，随后传播到阿苏阿地区。随即，埃米利奥发现了国歌歌词中存在的一些错误，当时几位多米尼加知识分子也委婉地表达了修改请求。1897 年埃米利奥公布了修改后的国歌歌词，这一年，时任总统尤利塞斯·厄鲁（Ulises Heureaux）颁布了一项法案，授权国会通过多米尼加国歌，并开始在所有正式场合使用。20世纪初多米尼加共和国出现了政治动荡，影响了国歌的使用。1934年，拉斐尔·特鲁希略（Rafael Trujillo）执政时期，国民大会通过了埃米利奥作词、雷耶斯谱曲的多米尼加国歌。[①]

多米尼加的国歌名为《伊斯帕尼奥拉岛英勇的子民》（*Quisqueyanos Valientes*）。歌词大意为：基斯克亚的好儿男，让我们大家一起纵情歌唱；我们让全世界刮目相看，我们的旗帜无敌辉煌。欢呼我们人民勇猛刚强，他们投身战场，不怕威吓敢于面对死亡，砸碎锁链把身翻。如果懒惰甘把奴隶当，国家不配把自由分享，如果没有大声响应呼唤，就算不上是英雄好汉。但英勇不屈的基斯克亚人，将会永远抬头挺胸膛；如果他们千次遭受侵占，自由必将千次归还。

七　国树与国鸟

（一）国树

多米尼加的国树为桃花心木，西文学名为 Swietencia Mahagoni。桃花心木是伊斯帕尼奥拉岛上土生的植物，生存能力极强，不论是在高山，还是在谷地与贫瘠的山区，都可以存活。美洲地区生长着大量的桃花心木，主要分为三类：斜叶桃花心木，西文学名为 S. Mahagoni，主要生活在大小安的列斯群岛，多米尼加的桃花心木就属于这一种；洪都拉斯桃花心木，西文学名为 S. Humilis，主要生长在从墨西哥的太平洋沿岸延伸到哥斯达黎加的区域内；阔叶桃花心木，西文学名为 S. Macrophylla，生长于从墨西哥到亚马孙河一带的广大地区，这种也是主要的出口桃花心木树种。从外形上看，桃花心木幼树树干的直径达 1.5 米，成年后可以成为 30 米高的参天大树，旱季落叶，雨季到来后又生长出新叶；开着淡绿色小巧芬芳的花朵，分为雄花与雌花，雄雌同株。桃花心木具有较高的使用价值，是热带地区非常珍贵的树种之一，被列为濒危物种。

（二）国鸟

1987年1月14日，多米尼加政府颁布第31－87号法令，把鹦鹉定为

① 多米尼加共和国总统府国务秘书部网站，https：//presidencia. gob. do/bandera－nacional，最后访问日期：2019年5月15日。

国鸟（西文学名是 Dulus Dominicus）。这种鸟是伊斯帕尼奥拉岛上土生土长的 Dulidae 鹦鹉种群中的唯一成员。多米尼加境内的鹦鹉与众不同，体型娇小，仅 20 厘米长，头部颜色稍深，背部是棕褐色，双翅与尾臀呈绿色，腹部有深棕色条纹，整个腹部呈浅咖啡色，又略显淡黄色。这种鹦鹉有小巧而坚韧的喙，双腿比其身体稍微长一点，声音婉转优美。平时以花朵和一些小型昆虫为食物，具有在飞行中捕食的本领。多米尼加鹦鹉主要生活在原野地区，戈纳夫和萨奥纳可以看到它们的日常生活踪迹。它们的繁殖期是 1～8 月，喜欢群居，常年栖息在不太高的棕榈树上，通过群体协作使用又干又细的树枝搭建鸟巢。鹦鹉巢的搭建十分讲究、布局十分合理，里面分为若干个“房间”，居住着一对对“夫妻”，各个“房间”之间有通道相连。

第二节 宗教与民俗

一 宗教

多米尼加境内的宗教流派有天主教、基督教新教与犹太教等，信奉天主教的居民达 95% 以上，只有少数人信奉基督教新教和犹太教。部分海地移民、一些农村地区还信仰民间传统宗教——伏都教（Voodoo）。

西班牙殖民者占领伊斯帕尼奥拉岛后，1546 年教皇保罗三世创建了圣多明各大主教管区，多米尼加成为殖民者在美洲地区设立的第一个宗教管区，也成为天主教在美洲的发源地。有很多传教士在这里进行传教，其中最著名的是卡尔德纳尔·洛佩兹·罗德里格斯与尼古拉斯·德赫苏斯。经过几个世纪的发展，信仰宗教的居民不断增多，如今多米尼加共设立 8 个主教辖区和 1 个大主教管区，各主教辖区由一名主教负责宗教事务。大主教管区是圣多明各大主教管区，其余的 8 个主教辖区分别是圣地亚哥主教辖区、拉贝加主教辖区、圣胡安主教辖区、伊圭主教辖区、巴拉奥纳主教辖区、圣弗朗西斯科－德马科里斯主教辖区、蒙特克里斯蒂与巴尼主教辖区。

经过长时间的发展与沉淀，黑人奴隶所带来的文化习俗与宗教元素也慢慢融入多米尼加宗教与文化中，多米尼加宗教集合了西班牙、非洲和土著文化的大量元素。直到今天，多米尼加一些地区还保留着某种非洲宗教仪式，仪式中把代表“善”的天主教神灵和代表“恶”的政治化偶像（Iuas）信奉为神灵，其中大独裁者特鲁希略就是一个恶的偶像代表。多米尼加最有名的非洲宗教节日是每年11月2日举行的亡灵节（Día de los Muertos），以第一个埋葬在此墓地的人为原型的墓地神是这个节日的神灵。

二　节日

一年四季中，多米尼加拥有大量的节假日，有些假日是全国法定的节日，另外一些则是一个地区、一个省、一个市镇、一个村，甚至是一所学校所设定的节日。这些节日中，有些是国家法定节日、国际性节日，如2月14日的情人节、三八妇女节、五一劳动节等；有些是与历史事件有关的节日，如2月27日是国庆日；有些是与宗教仪式、宗教活动有关的节日，如圣诞节、狂欢节以及国家和各省的守护神节；也有庆祝丰收的节日，如10月萨马纳省举行的丰收节等。这些节日的庆祝仪式多种多样，也会举行一些独特的庆祝活动，展现了多米尼加灿烂的民族文化与悠久的历史传统。多米尼加重要的节假日见表1－3。

表1－3　多米尼加重要的节假日

日期	节假日名称
1月1日	新年(古洛亚节,Los Guloyas)、圣克里斯托·德巴亚瓜纳节(El Santo Cristo de Bayaguana)
1月5～6日	东方三圣节(主显节,Los Reyes Magos)
1月17日	莱格瓦神节(Papa Legbá)
1月12～21日	阿尔塔格拉西亚圣女节
1月26日	国父杜阿尔特纪念日(日期每年不固定)
2月6～27日	狂欢节
2月16日	圣·埃利亚斯节(丧葬节,San Elías)

续表

日期	节假日名称
2 月 27 日	国庆日(独立纪念日)
3 月第一个星期三	圣灰星期三(Miércoles de Ceniza)
3 月 21 日	胡里托·帕尼亚瓜纪念日(Julito Paniagua)
4 月 8 日	阿曼西亚·佩雷斯纪念日(Amancia Pérez)
3 月或 4 月	圣周节(复活节前一周,Semana Santa),休假一周
复活节前的最后一个星期日	拉多洛里亚节(La Doloria)
5 月 1 日	国际劳动节
5 月 2 ~ 3 日	圣十字节(Santísima Cruz)
圣灵降临后的第一个星期日	圣灵节(Espíritu Santo)
5 月 22 日	奥里沃里奥·马特奥纪念日(Olivorio Mateo)
5 月 30 日	圣·费尔南多节(San Fernando)
7 月 25 日	圣·圣地亚哥节(San Santiago)、圣·克里斯托瓦尔节(San Cristobal)
8 月 10 日	圣·洛伦索节(San Lorenzo)
8 月 14 日	伊圭的公牛献祭日(Toros-ofrendas Higüey)
8 月 16 日	复国日
8 月 28 日	比维亚娜卡夫拉尔纪念日(Bibiana y Cabral)
9 月 23 ~ 24 日	梅尔塞德斯圣母节(Virgen de las Mercedes)
11 月 2 日	祭奠节(Fieles Difuntos)
11 月 6 日	宪法日(每年日期不固定)
12 月 24 日	圣诞节前夜(平安夜,Noche Buena)
12 月 25 日	圣诞节(Día de navidad)
12 月 28 日	圣婴节(Día de los Santos Inocentes)

新年(古洛亚节) 每年的 1 月 1 日清晨,多米尼加的人民迎接新年,祈祷新的一年能有一个快乐的开始。圣佩德罗 - 德马科里斯的古洛亚人走上街头、载歌载舞,米拉玛尔(Miramar)一带则是音乐的海洋。这一天大部分多米尼加人喝甘蔗酒,少数幸运的人可以品尝到一口被称为“神灵美酒”的特酿雪利酒(Guavaberry)。

圣克里斯托·德巴亚瓜纳节 这个节日开始于 1505 年的西班牙殖民

统治时期，是一项隆重、神圣的宗教、社会与文化节日。拥有悠久历史的圣克里斯托教堂成为各地信徒们在伊斯帕尼奥拉岛的朝圣地之一。这个节日仪式中最重要的活动有两项：迎接和敬奉公牛、“买卖公牛”。具体步骤如下。

第一，节日开始前的数个星期内，圣克里斯托的教士在当地向信徒们募集公牛，为了表示对神灵的感谢或表达虔诚，信徒们向教士提供公牛。12 月 28 日清晨，教士、斗牛士、骑士、信徒们会集到巴亚瓜纳，作为祭品的公牛被送到当地的寺庙。运送路途中，教士骑着高头大马在前面引路，由信徒、巴亚瓜纳市乐队和公牛组成的宗教队伍紧跟着教士，游行队伍高声歌唱赞美诗、圣歌，祈祷等，此起彼伏的烟花爆竹更是增添了节日的气息。

第二，神圣的祭奠仪式结束后，公牛就被赶到附近的畜栏，第二年的 1 月 1 日，这些牛就会被卖掉。12 月 28 日晚上，教士、斗牛士与当地的居民一起喝咖啡，高唱《公牛歌》（*Cantos de Toros*）。这首歌曲的特点是即兴创作，一名独唱者领唱，搭配集体合唱。

第三，1 月 1 日，全国各地的朝圣者都会聚到巴亚瓜纳，参加这一天举行的圣克里斯托弥撒活动。生病的人会向圣克里斯托祈求健康，另外一些人则选择还愿。

第四，信徒们把圣克里斯托的神像搬下祭坛，准备随后的宗教游行。在神圣庄严的气氛中，信徒们虔诚地祈求神灵的庇护。接着，教士、僧侣和信徒们来到公牛畜栏旁，购买公牛，所得的款项全部用于天主教堂的维护与修缮。这些公牛都挂着象征圣克里斯托的十字架，十字架则代表信徒们的虔诚。最后，圣克里斯托·德巴亚瓜纳节在宗教游行活动中步入高潮，然后结束。

东方三圣节（主显节） 这个节日的起源跟圣婴耶稣的降生有关。12 月 24 日耶稣降生引来了东方三圣贤，圣贤为降生在马厩的圣婴带来了礼物。刚开始时，为了纪念耶稣的降生，每年的 12 月 24 日，多米尼加的成人们向孩子们赠送礼物。后来，1 月 6 日这天，大人们就装扮成东方三圣贤，向孩子们赠送礼物。1 月 5 日晚上，兴奋、激动的孩子们在临睡前，都会在床下或屋角处放一些水与草，供骆驼吃喝，也会准备一些甜点与糖果让三圣贤吃，他们相信，深夜里三圣贤会骑着骆驼悄悄地走进他们的家中，送给他们心爱的礼物。

很多年之前，通过国家区政府的努力，圣多明各市开始举行庆祝东方三圣节的宗教游行，根据当地的习俗，三圣贤选择骑马，而不是骑骆驼。

阿尔塔格拉西亚圣女节 这个节日的起源跟一个美丽的神话相关。相传1600年，一个生活在伊圭地区的乡下女孩请求她的父亲在去首都圣多明各的时候，为她带回一尊阿尔塔格拉西亚圣女的神像作为礼物送给她。可是她的父亲寻遍了整个城市，也没有找到神像，就在他遗憾地离开、闷闷不乐地走在回家的路上时，一位老人突然出现在他面前，送给他一尊神像，更神奇的是，第二天清晨，这尊神像竟然矗立在一棵甜橙树下。后来多米尼加居民就在这个故事的发生地伊圭地区建造了大教堂，敬奉他们心中的神灵——阿尔塔格拉西亚圣女。

这个节日从1月12日开始，这一天是阿尔塔格拉西亚圣女“九日祭”庆祝活动的第一天。这一天，人们会涌向现位于多米尼加东部的阿尔塔格拉西亚圣女朝圣地伊圭市，九日祭活动仪式的高潮是举办弥撒、祈祷、唱《圣歌》、祷告和唱赞美诗等。根据天主教的礼拜仪式，结合本地文化，多米尼加人民创作了融音乐与歌唱为一体的《圣母颂》，展示了独特的节奏、内容与演唱技巧。多米尼加的《圣母颂》包括西班牙-欧洲式《圣母颂》和非洲式《圣母颂》两种，庄严肃穆，有时会伴舞，由三人组成的乐队用单面小鼓、传统的双面鼓、金属圭罗（Güiro，一种用葫芦制成的乐器）、小棍和沙球伴奏。1月20日，人们祈祷、唱圣歌、演奏音乐，把向阿尔塔格拉西亚圣女供奉的公牛送到蒙特普拉塔。1月21日，人们唱着《圣母颂》在蒙特普拉塔举行隆重的宗教游行。

狂欢节 西班牙殖民者把狂欢节带到了伊斯帕尼奥拉岛，直到今天狂欢节依然是多米尼加与海地的重要节日。1520年之前圣多明各就举行过狂欢节的庆祝活动，随后狂欢节逐渐本土化，成为具有多米尼加地域特色的重要节日。多米尼加的狂欢节与欧洲不同，持续到独立纪念日（2月27日）才结束。多米尼加的狂欢节有独立狂欢节、复兴狂欢节和圣周狂欢节等几种形式。独立狂欢节主要盛行于圣多明各、圣克里斯托瓦尔、阿苏阿、拉贝加、萨尔赛多、科图伊、马奥、蒙特克里斯蒂、普拉塔港、萨马纳、桑切斯、圣佩德罗－德马科里斯等城市，每年2月的每个星期日，这些城市都会举行盛大的独立狂欢节活动。萨尔赛多、马奥和博瑙（Bonao）等市的独立狂欢节活动甚至会持续到3月的第二个星期日。圣周狂欢节主要盛行于盖拉、卡夫拉尔、萨利纳斯、丰达西翁和佩尼翁等农村地区，另外巴拉奥纳和圣胡安也有形式多样的庆祝活动。

在进行狂欢节的游行活动时，戴着各式各样面具的人们，装扮成“印第安人”“非洲黑人”“阿里巴巴”“跛脚鬼”等样子，其中本土的“跛脚鬼”是游行队伍中的灵魂。

圣周 圣周是天主教最重要的节日，教徒们在圣周中举行斋戒、祈祷活动，以纪念耶稣的受难、死亡与复活。多米尼加的圣周开始于春分后的第一个满月日，有独特的民族与文化特征。

多米尼加的天主教徒在圣周斋戒期内举行虔诚的斋戒活动，教徒们准备好种类多样的素食（非猪肉食品）和甜点，素食有鲟鱼、鲭鱼、土豆沙拉、仙人掌果等，甜点更是美味可口，如柑橘、奶制品、油煎饼、奶味米饭等。他们不仅与自己的家人共享美食，还会把这些美食分享给邻居、亲友，营造出十分温馨、融洽、友好的节日气氛。

狂欢节是多米尼加圣星期四的开端。与欧洲狂欢节不同，多米尼加狂欢节具有浓烈的非洲文化色彩，国家区的盖拉，巴拉奥纳省的卡夫拉尔、萨利纳斯、丰达西翁、佩尼翁，圣克里斯托瓦尔，圣胡安会举行狂欢节活动。

卡夫拉尔、圣克里斯托瓦尔、萨利纳斯、丰达西翁、佩尼翁等市及其周边地区，会举行圣星期六、耶稣复活星期日和随后的星期一庆祝活动。节日仪式的核心人物是由人操纵的假人卡楚阿（Cachua），它身穿小丑服（traje mameluco）、佩戴蝙蝠翼、轻敲小鼓，与人们进行“挥鞭大战”来活跃节日气氛。在活动中，人们通过挥鞭的技艺、非凡的勇气来展示男子汉气概。卡楚阿“倒毙”在卡夫拉尔公墓旁的一幕把节日活动推向高潮，这时人们会将代表着邪恶的“胡阿娃娃”（Júa）焚烧掉，象征着一切邪恶都被驱赶走，把纯洁无瑕的心灵重新带给每一个人。

埃利亚斯·皮尼亚省的埃尔亚诺（El Llano）地区，会举行圣星期五、圣星期六庆祝活动。这两天，街头上出现大量“魔鬼迪亚布洛”（las Mascaras del Diablo），他们身披女士衣服、手舞长鞭，象征万物复苏、充满希望的春天，戴着奇形怪状的面具，面具硕大，从前腰直达后背，还戴着色彩斑斓的羽毛、羊角和红色腰带等装饰品。到达田野后，人们把所有的“魔鬼面具”收集起来，焚烧成灰，最后把烟灰洒在农作物的种子上，表示充满希望的春天已经到来。

在圣胡安，信徒们圣星期六的活动方式则带有浓厚的非洲特色。人们戴着用沥青、马鬃和兽牙制成的面具，上身穿女装、下身穿男裤，手中挥舞着长鞭，被称为“蒂夫阿”（Tifuá），其中有一人戴着独特的黑色马头面具，被叫作“克克里卡莫”（Cocorícamo）。

国家区的盖拉、霍亚（Joya）、佩赫（Peje）、赫依塔（Joyita）、卡冲（Cachón）、巴里亚（Baría）、铁拉布兰卡（Tierra Blanca）与卡波（Capó）的农村地区耶稣复活星期日的庆祝活动则具有一定的教育色彩。“黑人”戴着面具，上身穿女装、下身穿长裤，用棉花、油橄榄花和缠绕红丝带的树枝作装饰，从圣星期一就开始走家串户，一家家的清点儿童，重点是清点犯过错误的儿童，假装把犯过错的儿童“关押”起来。复活星期日这天，“黑人”前往“关押”地点，一个个点名，并罗列出每个儿童所犯的错误。在一个特定的时候，家长们会在孩子们不知情的情况下悄悄打开门，手持树枝假装“教训”自己的孩子，直到孩子们认错并承诺不再犯错。这种集体教育方式会持续好几个月。

多米尼加的各个制糖中心会从圣星期四到圣星期日举行“嘎嘎”（Ga-gá）庆祝活动。“嘎嘎”活动起源于海地，主要活动是载歌载舞、祈祷奏乐。多米尼加“嘎嘎”活动仪式保留着浓厚的魔幻与宗教色彩，也具有独特的民族风格。“嘎嘎”活动的重要人物由“嘎嘎”王、王后、舞蹈指挥、乐师、歌手、音乐指挥、“部长”和“嘎嘎”的秘密保护者等组成。埃利亚斯·皮尼亚的“嘎嘎”活动又独具一格，由象征着丰收、迎春、生死之交等的众多项目组成。

在圣多明各和其他城市，耶稣复活星期日这天，人们会焚烧象征着叛徒的犹大的画像。

圣诞节前夜（平安夜） 平安夜的习俗源于欧洲，主要是纪念耶稣基督的诞生。当天，信徒们会制作耶稣降生模型，再现耶稣诞生的场景；然后歌唱“村夫谣”（西班牙的民歌，题材是耶稣降生，主要在圣诞节期间歌唱），以纪念耶稣的新生；然后全家人团聚在一起，大人们向孩子赠送礼物；子时到来时举行子时弥撒。

多米尼加的圣诞节活动有跟欧洲相似的习俗，也有具有民族风格的仪式。与欧洲相似的习俗是，人们准备葡萄干、火鸡、梨、苹果、葡萄、椰子、榛子等美食，用装饰一新的圣诞树、五颜六色的祝福贺卡、五彩缤纷的气球、五颜六色的花环、响亮的爆竹等渲染出节日的气氛。每家都摆放天使和耶稣降生的模型。

多米尼加的圣诞节活动仪式的独特之处在于，人们会在 1 月 6 日这天向孩子们赠送礼物，欢唱圣诞颂歌，欢聚一堂、载歌载舞，共享小糕点、大黑面包等美食，喝甘蔗酒、杜松子酒、雪利酒、混合甜酒（一种由甜酒、柠檬汁和糖调制成的饮料）等酒或饮料。

三 礼仪习俗

（一）饮食习俗

几个世纪以来，土著泰诺人、西班牙人和非洲人不断融合。这种人口与生活习惯的融合，深深影响到多米尼加的饮食。虽然和拉丁美洲其他国家非常类似，但多米尼加饮食的口味和菜肴名称也稍微有些差异。居民的主食是大米、鸡豆类、树薯和甜薯，还食用对虾、海蟹、牛肉、蔬菜和龙酒等。传统的早餐一般包含煎蛋和水煮过的泥状大蕉（香蕉的一种），另加煎烤过的火腿片。一天中最重要的一餐是午餐，主要有饭配肉类、豆子和沙拉。豆子饭也是多米尼加人常吃的午餐，人们还喜欢吃用已蒸熟的大米饭加鸡肉、沙丁鱼、干鱼、盐等炒成的一种饭，类似什锦炒饭。随着国际交流的深入，2010 年以来比萨、意大利面、炸鸡、薯条也成为深受欢迎的食物，各镇上中国人开设的 Pica Pollo 炸鸡店和中式快餐店也很受欢迎。

多米尼加还有一些特色美食，如海鲜、肉类、饭、马铃薯、大蕉（可以是整条水煮成泥状，整条煎烤或块状油炸）、蔬菜或是沙拉。一些居民喜欢吃肉类、淀粉类食物和海鲜、乳酪。日常甜点有 arroz con dulce 布丁（粉状米和牛奶制品）、凤梨水果蛋糕、椰子豆奶、甜奶布丁、花生糖、羊羹等。

由于盛产甘蔗，一些居民就用甘蔗酿制出朗姆酒、Mama Juana 药酒。多米尼加境内常见的饮料有用树薯制的饮料 Mabi、大麦饮料 Malta 与各种朗姆水果酒等。另外，多米尼加的咖啡和雪茄也是世界有名的。

（二）日常礼仪

多米尼加人开朗、热情、奔放与好客，比较注重日常礼仪和社交礼节。常用的礼貌性问候语有“你好！”“早上好！”“下午好！”“晚上好！”“你好吗？”等。告别时多米尼加人会礼貌性道别，并互相说“再见”“回头见”“我们还会再见面”之类的告别用语。

跟其他拉美国家类似，多米尼加人见面时，通常采用打招呼、握手、拥抱和亲吻四种方式。关系不是太密切的客人，初次见面时不一定需要握手，仅仅打招呼就可以；在正式场合、社交场合与客人相见时，要与被介绍过的客人一一握手；熟人、朋友、亲戚之间，可以根据关系的亲密程度进行拥抱、亲吻脸颊等。

跟其他讲西班牙语国家的习惯一样，多米尼加居民的姓名一般由三到四节组成，按照“名－父姓－母姓”的顺序来排列。女性结婚后，一般会把婚前全名中最后一节的母姓去掉，换成夫姓。日常交往中，正规场合通常使用“名－姓”的称谓，亲朋好友之间可以直接称呼名字或带有名字的昵称。多数名字的昵称是在名字后面加上指小的后缀，如卡洛斯（Carlos）的昵称是卡洛西托（Carlosito），一些名字的昵称有固定的变体，如何塞（José）的昵称习惯使用贝贝（Pepe）。在具有血缘关系的家庭中，晚辈对长辈可以使用爷爷、奶奶、爸爸、妈妈、叔叔、婶婶等称谓，长辈对晚辈或平辈之间，可以直接称呼名字。

在衣着上，多米尼加城市居民在正式场合穿西装，平时着装比较简单，一般是上身穿衬衫，下身穿长裤，妇女一般穿白色衬衫，下身穿红色或白色的裙子。

（三）交通习俗

多米尼加241号交通法令规定了国内的交通规则。机动车靠右行驶，从左侧超车；机动车必须无条件避让横穿人行横道的行人，即便行人没有遵守交通规则而横穿马路，机动车也应采取避让措施，以免伤害行人。多米尼加高速公路最高时速为80公里，郊区公路最高时速为60公里，城区街道最高时速为35～40公里，有时速限制的路段必须按照规定的时速行车。外国居民到达多米尼加后，可以持本国的驾照行车90天（3个月），不需要另外办理相关手续。

多米尼加有便利的出租车服务系统，在距离机场不远的地方就有出租车停靠站。多米尼加的出租车实行固定价格制度，车上没有计价器。随着旅游业的飞速发展，前来旅游的外国游客不断增多，多米尼加政府推行出租车改革，推广排气量较低的小型车和迷你汽车。在大型酒店，客人可以享受酒店提供的24小时出租车呼叫服务，这种服务叫过来的出租车则按里程收费。

多米尼加还拥有遍及全国的公共汽车系统，首发车次和末班车次都有固定的时间。公共汽车收费较低，适宜出行，也较为安全。人们可以在非节假日的时间预定公共汽车，一些大城市还开通了城市快车与空调车。乘客也可以选择乘坐普通公交车领略城市风光。地方公共汽车（guasguas）票价为1美元，可以行驶到附近城市。另外，多米尼加的长途汽车也比较舒适与便捷。

（四）购物习俗

在多米尼加，旅客可以在商业银行、酒店与货币兑换处兑换外币，旅客最多可以携带1万美元或等值货币离境。在多米尼加旅游与购物时，尽量准备好足够的现金，因为在酒店以外的场所都是用现金结算。多米尼加国内通用的信用卡有Visa Card、Master Card、American Express与Diners Club。市区内有自动取款机，但旅游景区没有。多米尼加政府对酒店向顾客提供的住宿业务加征5%的小费，饮食则加收8%，酒店一般加收10%的小费。由于竞争激励，一些旅游景区的物价相对较高。

（五）凶兆与吉兆

在几个世纪的人口融合过程中，不同的文化与习惯相互交融，在多米尼加形成了一些独特的凶兆与吉兆习俗，有一些被认为是不吉利的行为和能带来幸运的行为，如脚朝外屋睡觉、上午向邻居借盐会不吉利；婚礼上客人穿黑衣服就会给新郎新娘带来厄运；一个房间里若有两盏灯亮着，就会给主人带来死亡；星期二、星期五、11 月结婚不吉利；一个人若遇到狗不停地向他大叫，则意味着这个人离死亡很近；举行斗鸡活动时，如果早上看到斗鸡把头埋在翅膀下，则今天斗鸡必败；一个人的脚朝着房屋的正前方睡觉，也意味着这个人距离死期很近；吃饭时如果有食物掉在手上，就意味着有别人在嫉妒自己；右手痒意味着近期要发财，左手痒则暗示最近会破财；所有的母鸡同时叫，意味着这个家里近期会有人死亡；一个人若一不小心把一把椅子以一条腿为轴心进行旋转，厄运就会随之而来；圣星期四（复活节的星期四）最好别下河游泳，会溺水，然后变成一条鱼；圣星期四和圣星期五大人不能打孩子，否则手会黏在孩子身上；生病的人如果去墓地，就会病情加重，甚至死亡；播种木薯时不能抽烟，否则木薯会发苦；小狗在夜里无缘无故地叫个不停，肯定是它看到了幽灵；婴儿没有进入摇篮睡觉的时候，千万不能摇晃空摇篮，否则婴儿会生病；主人若把扫帚倒置放在门后，意味着他在下逐客令；有人溺水死亡后，立即向水里扔物品，他的尸体就会浮起来；有人遭到凶杀后，把他的头朝下放在发现尸体的地方，就可以发现凶手；商店开门营业后如果第一个顾客使用信用卡结算，这一天的生意就会很惨淡等。

（六）婚姻习俗

根据《婚姻法》，多米尼加实行一夫一妻制，婚姻以自由结合为原则，男性的法定结婚年龄为 16 周岁、女性为 15 周岁。16～18 周岁的男青年、15～18 周岁的女青年，登记结婚必须得到双方父母的书面认同且经过公证处公证，或者是双方父母在结婚仪式上公开表达认可意见。除非法官允许，16 周岁以下的男青年与 15 周岁以下的女青年不允许登记结婚，但多米尼加存在普遍的婚前同居现象。法律规定夫妻双方平等，但多米尼加的大男子主义思想依然十分普遍。法律还规定不允许重婚，妇女离婚后10个月内不允许再婚，除非是跟前夫复合。与上述条件相违背的婚姻都视为无效婚姻，不受法律的保护，夫妻双方只有在其中一方死亡或合法离婚的前提下才能解除婚姻关系。

根据《婚姻法》的规定，多米尼加的夫妻双方可以自主决定财产的分配方式，在政府官员的证明下，双方合法分配共同财产。结婚后，女方必须把收入和财产的全部或一部分交给男方掌管，视为双方共同财产。除共同财产之外的其他个人财产，女方可以自由支配，但不能将这部分财产转交给他人，除非丈夫或法官同意。夫妻一旦分居，就不存在共同财产，需要依照双方的个人财产进行财产分割；未经男方或法官的同意，女方不能私自支配尚未进行分割的财产。

多米尼加的婚姻有两种类型：世俗婚姻与宗教婚姻。世俗婚姻指的是男女双方在民政部门登记结婚并领取结婚证书的婚姻，这种婚姻不举行宗教结婚仪式，结婚仪式上，民政部门官员主持简短的庆典仪式，还可以根据实际情况在仪式现场宣布婚姻无效，但必须依据《婚姻法》写出正式的书面无效理由。婚姻仪式需要双方和法律规定的证人出席，男女双方必须在结婚证上签字，并注上双方同意结婚的声明，现场主持婚礼的民政部门官员和出席的证人也需要在结婚证上签字。最后进行结婚登记，双方的婚姻正式生效。

由于绝大多数人都信仰天主教，多米尼加人大多数选择宗教婚姻。正统的宗教婚姻须在天主教大教堂举行结婚仪式，结婚仪式结束后，天主教大教堂可以直接进行婚姻登记，并宣布婚姻合法、有效。男女双方也可以选择在其他教堂举行结婚仪式，仪式结束后，双方只有立即到民政部门进行登记，婚姻才视为有效。无论是在天主教大教堂，还是在其他教堂举行的结婚仪式，主持牧师必须在仪式结束后的3天内向民政部门提交正规的书面报告，民政部门进行存档。宗教结婚仪式上，在漫天飞舞的花瓣中，温馨、浪漫的婚礼进行曲悄然响起，在亲友和傧相的陪伴下，新郎新娘踏着红地毯，缓缓走上祭坛，然后，新郎居左、新娘居右，面对牧师站立。牧师分别询问新郎、新娘是否愿意与对方缔结婚姻，在得到肯定答复后，牧师郑重宣布两人正式成为夫妻。最后，在音乐声与亲友的祝福声中，新郎新娘手挽手，走出教堂。

婚礼仪式结束后，双方通常要举行婚宴，以答谢亲朋好友。

外国居民在多米尼加申请举行婚礼，需要准备以下材料：本人护照及其复印件，多米尼加在场公证人提供的结婚意愿声明，本人旅行证明、居住证明或身份证明。此外，根据多米尼加法律，外国居民申请在本国举行婚礼必须在结婚仪式前以任意方式公开双方的婚姻状况。

根据多米尼加国家统计局公布的 2010 年第九次人口与住房普查数据，2002 年与 2010 年多米尼加 20 岁以上人口的婚姻状况见表 1－4。

表 1－4　2002 年与 2010 年多米尼加 20 岁以上人口的婚姻状况

	2002 年			2010 年		
	总计	男性	女性	总计	男性	女性
分居	52011	15988	36023	116804	40906	75898
离婚	119978	32332	87646	136686	42565	94121
丧偶	246642	49031	197611	286256	57875	228381
单身	269869	93211	176658	796984	342506	454478
已婚	1294693	643174	651519	1145913	568361	577552
同居	1753466	890353	863113	2205404	1126340	1079064
既未结婚也未同居	1082527	649278	433249	965041	643864	321177
总计	4819186	2373367	2445819	5653088	2822417	2830671

资料来源：多米尼加国家统计局网站，http：//www. one. gob. do. cn/，最后访问日期：2019 年 5 月 6 日。

第三节　特色资源

一　旅游景区

阿曼多·百慕代兹国家公园和何塞·德尔·卡门·拉米雷斯国家公园（Armando Bermúdez & José del Carmen Ramírez Parque Nacional）
这两个公园位于科迪勒拉山系的中心地带，安的列斯群岛的最高峰、被称为“多米尼加阿尔卑斯山”① 的杜阿尔特峰就坐落在公园之中。这两个紧密相连的公园面积相差不大，总面积超过了3885平方公里，覆盖着郁郁葱葱的热带雨林，里面有连绵起伏的山脉和数不清的动植物。阿曼多·百慕代兹国家公园位于卡门·拉米雷斯国家公园以北，设立于1956年，更古老一些，加勒比地区四座最高峰都坐落其中。多米尼加独立英雄胡安·巴勃罗·杜阿尔特的半身塑像矗立在杜阿尔特峰的旁边。来自世界各地与多米尼加的徒步爱好者，可以在这两个国家公园内穿越山峰与谷地，站在山巅上，加勒比海的美丽风光一览无余。发源于公园内部的十几条河流中有可以自行漂流的河段。

这两个公园保存着宝贵的森林资源，其中包括大量目前幸存的原始雨林。公园里还生长着大量的亚热带蕨类植物、兰花、竹子、棕榈树和松树等，海拔较高的地区，主要生长着加勒比松树。公园里常年栖息着大量的鸟儿，如伊斯帕尼奥拉鹦鹉、啄木鸟、红雀、伊斯帕尼奥拉咬鹃、多米尼加鹦鹉（手掌般大小、会学人说话，多米尼加国鸟）等，哺乳动物包括野猪和濒临灭绝的沟齿鼩。公园虽然属于热带气候，但是在山顶、山谷的谷底，冬季的温度有时会降到零摄氏度以下，特别是夜晚冷风一吹，清晨地面会覆上一层薄薄的霜，不过温度不会太低，平均温度范围为12～21℃（54～70℉）。

乔科国家公园（Parque Nacional el Choco）　乔科国家公园最著名的景点就是卡巴雷特湖（Laguna Cabarete）和戈利塔湖（Laguna Goleta）两个潟湖，这两个潟湖也是成千上万只鸟儿的栖息地。公园还有一些景点，就是靠近潟湖的几个地下洞穴，一些洞穴的内部墙壁上还保留着泰诺人的壁画。

东方国家公园（Parque Nacional del Este）　形状像环形宝石的东方国家公园，当初是为了保护生长在加勒比海岸东南边缘的大型茂密森林而成立的。大部分半岛只能乘船或步行登山进入。这个公园还包括面积较小但深受游客欢迎的萨奥纳岛，这一带拥有美丽的白色沙滩。公园里约生活着112种鸟类，超过多米尼加境内鸟类种数的1/3。沿海一带生活着几种濒临灭绝的海洋物种——海龟（喜欢沿海岸线筑巢）、宽吻海豚，西印度

① Fe Liza Bencosme & Clark Norton, *Adventure Guide: Dominican Republic* (5th Edition) (Hunter Publishing, 2007), p. 44.

海牛也会在海水中游弋，而在深冬运气好的游客可以一睹座头鲸的“芳容”。公园中还栖息着一些稀有动物，如蜥蜴、蛇与犀牛鬣蜥等。多米尼加境内两种罕见的本土陆地哺乳动物沟齿鼩（一种以昆虫为主食的动物，外形像大老鼠）和硬毛鼠（一种长腿啮齿动物）也栖息在公园里。半岛上，数条干净的森林小径通往洞穴，洞穴里有泰诺仪式遗址、辉煌的壁画和一些神奇的象形文字。这些壁画和文字描绘与记录了一些早期生活在这里的土著人对抗西班牙征服者的历史事件。

伊莎贝拉·德托雷斯国家公园（Parque Nacional Isabela de Torres） 这个国家公园坐落于多米尼加北部海岸城市普拉塔港南部最高的山脉之中，虽然它是多米尼加最小的保护区之一，却是游客最多的保护区之一，因为它紧邻北海岸度假区。游客可以乘坐缆车，也可以沿着陡峭的山间小道爬到山顶。到达山顶后，游客就可以尽情欣赏普拉塔港及其周围地区的景色。

山羊岛国家公园（Parque Nacional Isla Cabritos） 山羊岛国家公园最著名的景致就是恩里基约湖，这个咸水湖位于多米尼加西南部沙漠地区，距离海地边境约42公里（26英里），曾经是内陆航道的一部分，穿过湖水，可以从巴拉奥纳附近的内瓦湾海湾群岛（Bahía del Neyba）航行到海地的太子港。这个公园成立于1974年，也是一个野生动物保护区，其中有三个较大的岛屿。恩里基约湖位于两个山脉之间的沙漠山谷，是整个加勒比地区的最低点，平均海拔为-44米（-144英尺）。

长约9.6公里（6英里）的山羊岛（Isla Cabritos）是这个国家公园的中心，位于湖中央，平坦、干旱，是仙人掌的家园，也是种类繁多、颜色各异、体型不同的热带水禽的栖息地。数百条美洲鳄鱼生活在这个湖泊中，这种鳄鱼是世界上体型最大的鳄鱼品种之一，这里还生活着两种濒临灭绝的爬行动物：巨型鬣蜥和犀牛鬣蜥。大多数已经驯服的鬣蜥经常接近岸边的游客，希望从游客那里得到一些宝贵的食物。①

雅拉瓜国家公园（Parque Nacional Jaragua） 雅拉瓜国家公园位于

① Fe Liza Bencosme & Clark Norton, *Adventure Guide: Dominican Republic* (5th Edition) (Hunter Publishing, 2007), p. 47.

恩里基约湖以南、多米尼加西南部佩德尔纳莱斯半岛最南端一带。公园面积超过1554平方公里（600平方英里），炎热、干燥，生长着尖叶森林与仙人掌。生活着丰富的野生动物的奥维耶多潟湖（Laguna Oviedo）和阿吉拉斯海湾群岛（Bahía de las Águilas）则是另外一番风景。这是一个美丽的海湾，拥有大片白色沙滩，海龟在那里产卵。公园里还有贝阿塔岛和阿尔托·韦洛岛。奥维耶多潟湖是一个约9.6公里（6英里）长的神奇咸水湖，湖中央有十几个小岛，这里是多米尼加境内最受欢迎的观鸟点之一，可以观看多米尼加境内数量最多的火烈鸟群。奥维耶多潟湖还生活着几种海龟、土著犀牛和巨型鬣蜥。游览潟湖的游客可以雇用当地的船夫或参加旅行团。阿吉拉斯海湾群岛位于奥维耶多以西，佩德尔纳莱斯半岛东南部，海边有连绵数英里的沙滩。

贝阿塔岛与阿尔托·韦洛岛位于佩德尔纳莱斯半岛的最南端，位置偏远，无人居住。阿尔托·韦洛岛位于多米尼加最南端。贝阿塔岛的南部海岸有许多洞穴，这些洞穴里深藏着泰诺人的壁画艺术，最南部的两个小岛有野生动物洞穴，也是猫头鹰的栖息地。阿尔托·韦洛岛还生长着一种只有两厘米长的壁虎（Sphaerodactylus ariasae），它是人类已知的最小的爬行动物。①

伊莎贝拉国家公园（Parque Nacional La Isabela） 伊莎贝拉国家公园是美洲地区历史最悠久的景点之一，这个公园以西班牙女王的名字命名，以纪念她在发现新大陆航行中派遣了哥伦布的英明行为。此处遗址于1494年建立，是哥伦布在新世界的第二个定居点遗址的保护区，但该定居点仅仅存在了四年，现在很难发现历史遗迹。特鲁希略时期，独裁者下令在他正式参观该遗址之前，工人们务必清理干净现场，在清理的过程中，一些考古宝藏无意中被摧毁，部分工人将一些废墟推进了大海。现存的一些石头，是一些建筑轮廓的历史见证，还有哥伦布宫遗迹、一座小教堂、殖民者在新大陆第一次做弥撒的遗址。废墟旁边有一个洞穴，科学家们在这里找到了一些失踪的西班牙人的遗骸，其中一些遗骸收藏在一个小

① Fe Liza Bencosme & Clark Norton, *Adventure Guide: Dominican Republic* (5th Edition) (Hunter Publishing, 2007), p. 48.

型博物馆里。该地区于 1998 年成为国家公园，考古学家在此发掘出了一些西班牙殖民者和泰诺人遗留的文物，考古挖掘工作仍在继续。

洛斯海提斯国家公园（Parque Nacional los Haitises） 这个国家公园拥有位于热带雨林野生动物保护区的山丘、红树林沼泽和湿地，生活着 100 多种鸟类和哺乳动物，包括一些稀有或濒危物种，如沟齿鼩和硬毛鼠等。怪石和珊瑚形成了比较隐蔽的石灰岩洞穴，洞穴里有反映早期泰诺人日常生活的绘画。

公园里生长着蕨类植物、竹林、阔叶植物、桃花心木和雪松树。位于萨马纳湾南部海岸的洛斯海提斯国家公园是多米尼加游客量最多的国家公园之一。游客可以乘船穿行于各个小岛之间，在色彩斑斓的鸟儿的啼声中，穿过红白相间的红树林沼泽地，走进洞穴。许多沿海洞穴和石窟的墙壁上都雕刻有泰诺人的象形文字，这些文字都是在哥伦布到达之前雕刻的。

蒙特克里斯蒂国家公园（Parque Nacional Montecristi） 这个干燥、炎热的公园位于多米尼加西北角的两个海湾之间，毗邻海地边境，由一个大型河流三角洲、沿海潟湖、红树林沼泽地和七个沙漠般的小岛组成。潟湖里美洲鳄鱼游来游去，懒洋洋的海龟爬到海滩上产卵，海鸟也在这里找到栖息地。公园中最引人注目的景致是一个高 237 米（778 英尺）、名为圆形岩石（El Morro）的石灰岩平台，它从公园北端一个小海角上的海滩和沼泽中突兀而起。公园服务机构建造了一条通往平台顶部的楼梯，但它开放的时间有限，维修的次数也不够多。这个国家公园还负责管理干旱的山羊岛，这是一个位于大陆西北部建有灯塔的小岛屿，拥有多米尼加最美丽的海滩，是游客的首选之地。这个小岛也是苍鹭、白鹭和鹈鹕等鸟类的保护区。距离海岸不到一英里（约 1609 米）的是七兄弟小岛（Cayos Siete Hermanos），这是七个被珊瑚礁环绕的沙漠小岛。濒临灭绝的海龟在那里产卵，美丽的白色沙滩成为亮丽的风景线。七个小岛附近的海域中生活着宝贵的金枪鱼（El Atún），形状就跟盛开着绚丽花朵的仙人掌一样。[1]

---

① Fe Liza Bencosme & Clark Norton, *Adventure Guide: Dominican Republic* (5th Edition) (Hunter Publishing, 2007), p. 51.

巴鲁奥科山国家公园（Parque Nacional Sierra Bahoruco） 该公园位于多米尼加西南部，公园内部有高耸入云的山脉，也是各种各样的鸟类的栖息地。公园里大约栖息着150种鸟类，包括白颈乌鸦、加勒比窄口食虫鸟、伊斯帕尼奥拉咬鹃、伊斯帕尼奥拉蜥蜴、杜鹃、伊斯帕尼奥拉鹦鹉和只有多米尼加才有的多嘴鸟。游客在攀登山峰的过程中，可以欣赏到平地上挺拔的仙人掌、山间雨林与松树林、一些阔叶植物与兰花等，其中兰花有160多种。

卡莱塔潜水艇国家公园（Parque Nacional Submarino la Caleta） 卡莱塔潜水艇国家公园位于圣多明各以东约21公里（约13英里）处，这是一个小型海滩，潜水者可以在此潜水入海。这里的主要景点是两艘失事的船只。这两艘船在20世纪80年代在公园建成时被沉入海底。“希科里”号（Hickory）是其中较大的一艘，约4米（130英尺）长，曾经被用来打捞沉没的西班牙大帆船，寻找遗落在帆船上的宝藏。在过去的20年里，“希科里”号已经成为一个名副其实的海上生活博物馆，潜水者可以轻松到达“希科里”号的沉没处。潜水者还可以自由穿梭于生活着热带鱼的珊瑚礁之间，欣赏千姿百态的珊瑚礁。

此外，多米尼加还有一些小型国家公园。

弗朗西斯老头角国家公园（Parque Nacional Cabo Frances Viejo） 这个小型的北海岸公园的标志性景点是一座建立在悬崖顶上的灯塔，灯塔照耀着索苏阿（Sosúa）和萨马纳之间蜿蜒曲折的海岸线。

马科纳尔加国家公园（Parque Nacional Nalga de Maco） 这个公园位于科迪勒拉山系中心靠近海地边境的偏远云雾森林之中，山顶被郁郁葱葱的植被覆盖，山中还有一些保留着泰诺人壁画的洞穴。

二　旅游城市

圣多明各 圣多明各位于奥萨马河河口的河岸，是多米尼加的首都，全国政治、经济与文化中心，分为东圣多明各、西圣多明各和北圣多明各三个部分，也是加勒比海地区的旅游胜地。根据中华人民共和国外交部网站的统计数据，截至2018年，圣多明各的人口为329.4万人。[①] 圣多明各属于热带雨林气候，年平均气温为25℃。

圣多明各是欧洲殖民者在西半球建立的第一个定居点，1496年西班牙殖民者巴塞罗缪·哥伦布（克里斯托瓦尔·哥伦布的弟弟）开始修建这个城市，由于动工的当天是星期日，巴塞罗缪·哥伦布把这个城市命名为“圣多明各”（在西班牙语中，圣多明各是星期日的意思，这个城市也就有“快乐的星期日”的寓意）。1502年迭戈·哥伦布（克里斯托瓦尔·哥伦布的儿子）又开始兴建新城。1844年2月27日，民族英雄杜阿尔特在市区孔德城门前隆重宣告多米尼加共和国独立。1930～1961年特鲁希略独裁统治时期，圣多明各被改名为特鲁希略城，1961年后恢复原名。

圣多明各是加勒比地区最大的城市，拥有风景宜人的港湾和沙滩，漫步在圣多明各的街道上，可以欣赏到从巴洛克风格到新古典主义风格的建筑，虽然饱经沧桑，并遭受飓风的袭击，但整个城市依然保持着浓厚的贵族气息，处处体现出繁华与喧嚣。圣多明各分为新旧两个城区。旧城区始建于殖民时期，保存着完好的各种古老建筑，如伯爵大街、孔德城门、哥伦布王宫（Alcázar de Colón）、圣尼古拉斯·德巴里医院遗址、圣塔马里·亚拉梅诺尔教堂（兴建于1514年，是美洲第一座天主教教堂，曾经安放哥伦布父子的遗骸）、哥伦布广场、圣多明各大学等。1990年联合国教科文组织把圣多明各旧城区列为“人类文化遗产”。为了保护旧城区的古老建筑，圣多明各市政府决定在旧城区的西部建设新城区，新城区规划了住宅区与工业区，一些现代化的建筑也拔地而起，有美术馆、近代艺术博物馆、国会大厦、体育馆与豪华旅馆等。新城区还设立了两所大学与一些艺术院校。新城区也是多米尼加的金融中心，国家储备银行和一些外资银行都坐落于此。

圣多明各主要的旅游景点有无忧港口码头（Sans Souci Terminal），位

① 中华人民共和国外交部网站，https://www.fmprc.gov.cn/，最后访问日期：2019年5月19日。

于圣多明各的东部地区，横穿奥萨马河，游客们可在此观赏毗邻的哥伦布灯塔（Columbus Lighthouse）、国家水族馆（National Aquarium）和三眼自然公园（Los Tres Ojos Nature Park）。此外，游客还可以乘坐公共汽车前往旧城区的唐·迭戈门（Don Diego Gate），唐·迭戈码头（Don Diego Terminal）坐落于圣多明各的西部地区，游客们下船后就可以前往圣多明各的历史中心，距殖民城也仅有数步。多米尼加修道院（Convento de los Dominicos）始建于16世纪，位于圣多明各旧城区，曾经是美洲第一所大学，美洲提倡人权第一人弗雷·安东·德蒙特西诺斯（Fray Antón de Montesinos）曾经到过这里，他公开反对泰诺人所遭受的暴行。哥伦布公园（Parque Colón）是一个绿树成荫的广场，位于圣多明各大教堂旁边，周边分布着殖民时期、共和国时期以及充满现代气息的建筑物，深受多米尼加人及游客喜爱，在广场上，硬石咖啡厅（Hard Rock Café）会为游客提供雅俗共赏的现场音乐表演，广场的中间是克里斯托瓦尔·哥伦布与泰诺人女英雄阿纳卡奥纳（Anacaona）的雕像。独立公园（Parque Independecia）是圣多明各最大的开放式艺术画廊，白色大理石陵墓坐落其间，陵墓中埋葬着杜阿尔特、马蒂亚斯·拉蒙·梅亚（Matías Ramon Mella）和弗朗西斯科·罗萨里奥·桑切斯（Francisco del Rosario Sύnchez）等三位多米尼加共和国的开国元勋。南米拉多尔公园（Mirador del Sur）因马拉松选手而著名，长8公里，从卢佩龙（Luperón）延伸到温斯顿·丘吉尔大道（Winston Churchill Avenue），是专为在傍晚和清晨散步、慢跑、滑冰和骑自行车的人们而建设的，市民或游客可以到这里来进行适量运动并享受加勒比海的美丽风光。拉丁美洲公园（Parque Iberoamérica）是一个重新整修过的城市公园，毗邻国家音乐学院（National Music Conservatory），坐落在城市中央郁郁葱葱的林荫区，游客可以进入鬣蜥的栖息地，近距离观赏这种动物。马莱贡（Malecón）公园也是一个保护区，14.5公里长的林荫大道一直蔓延至加勒比海滨，东边是城市酒店和餐厅、吉比亚广场（Guibia）和胡安巴龙广场（Juan Barón），西边是新海事城（Maritime Walk）。国家水族馆（National Aqarium）靠近无忧港口码头，拥有一条长长的鲨鱼隧道和一个海牛抚摸区，水族馆毗邻大海，可以坐在长椅上欣赏美景。哥伦布王宫，位于圣多明各旧城区，这座哥特式和文艺复兴时期风格的宫殿大约建于 1512 年，是为哥伦布的儿子迭戈和他的妻子——西班牙国王的侄女玛丽亚·托莱多（Maria de Toledo）修建的，这是美洲最早的皇家成员住宅，美洲的探险和征服计划发轫于此。多米尼加反独裁纪念馆（Museo Memorial de la Resistencia Dominicana），可以让游客漫溯至独裁者特鲁希略和在他之前的其他暴君统治下的黑暗岁月，在一些历史学家和特鲁希略独裁统治时期受害者亲属的共同努力下建立，用于展示噩梦般的经历，并设法防止历史重演。贝拉帕尔特博物馆（Bellapart）是一个私人博物馆，收藏着 19 世纪和 20 世纪多米尼加一些著名艺术家的优秀作品和一些因弗朗哥（Franco）独裁统治而流亡至此的西班牙大师们的绘画和雕塑作品，还收藏着获得国际认可的现代主义画家海梅·科尔松（Jaime Colson）最完整的作品。现代艺术博物馆（Museo de Arte Moderno）是多米尼加当代艺术博物馆，坐落于文化广场（Plaza de la Cultura），毗邻国家剧院，馆内收藏了多米尼加 20 世纪最好的艺术品，以及许多当代作品。多米尼加人博物馆（Museum of Dominican Man）是伊斯帕尼奥拉岛从泰诺人时代到西班牙殖民时期历史的真实见证，并可以洞察非洲文化遗产。游客可以在博物馆内追溯多米尼加的历史起源，博物馆的展品展示了早期印第安定居者、非洲奴隶和西班牙征服者的生活情景。哥伦布灯塔（Faro a Colón）是一座十字造型的地标建筑，位于圣多明各东部并守卫着这座城市。这个大型纪念馆既是陵墓又是博物馆，欧洲著名探险家哥伦布的遗骸就埋葬于此。该灯塔由苏格兰建筑师约瑟夫·格利夫（Joseph Gleave）于 1931 年设计，其设计稿曾获得建筑设计大赛奖，并于 1992 年华金·巴拉格尔（Joaquin Balaguer）总统任职期间为纪念西班牙人发现该岛 500 周年而建，还收藏了其他国家的历史展品。王宫博物馆（Museum of the Royal Houses）浓缩了多米尼加从 1492 年到 1821 年脱离西班牙统治的历史，位于一座 16 世纪的建筑物中，曾经是西班牙统治者的宫廷，16 世纪初的总督宫、国库和法院就设在这里。博物馆的展品是哥伦布几次航海的历史见证，还收藏了众多珍藏品，包括沉船和殖民时期来自许多国家的武器。哥伦布王宫博物馆（Meseo Alcúzar de Colón），这座两层类似纪念碑的宫殿面朝西班牙广场（Plaza España），晚上风景格外迷人，白天也同样让游客流连忘返，始建于1510～1514年，由克里斯托瓦尔·哥伦布的儿子迭戈所建，他当时与妻子玛丽亚抵达这里。游客可参观当时的家具和家居用品，包括埃尔南德斯·科尔特斯（Hernández Cortez）和弗朗西斯科·皮萨罗（Francisco Pizarro）在内的殖民者就是在这里开始计划如何征服美洲的。奥萨马堡（Fortaleza Ozama），始建于16世纪初，位于多米尼加圣多明各旧城区，是西班牙人在美洲建立的第一个永久性军事建筑，城堡中间有一座5层高的塔和一个瞭望台，可以看到奥萨马河的美丽风光。圣多明各大教堂（Santo Domingo Cathedral），位于旧城区，经历了500年的历史仍然屹立不倒，游客们惊叹于美洲第一座大教堂的华丽与精致。这座教堂得到了很好的维护，保存得十分完整，其哥特式天花板和殖民时期的油画更是让游客叹为观止。圣多明各国家植物园（Jardín Botánica Nacional），拥有占地2平方公里的热带雨林，是加勒比和中美洲地区最大、保存最完整的植物园，游客可以在此地自由漫步。

圣多明各的交通系统十分便利，市区内有两个大型机场：拉丁美洲国际机场（Las Americas International Airport）与拉伊莎贝拉国际机场（La Isabela International Airport）。其中，拉丁美洲国际机场是主要入境口岸，距城市东部半小时车程；拉伊莎贝拉国际机场也叫华金·巴拉格尔国际机场（Joaquin Balaguer International Airport），该机场坐落于圣多明各北部地区，主要提供国内航班及飞往海地的航班。

圣地亚哥 圣地亚哥城的全称为圣地亚哥·德洛斯·科瓦列罗斯（Santiago de los Caballeros，也叫贵族圣地亚哥），是多米尼加第二大城市，始建于1494～1495年，位于北亚克河右岸的北部，东南距首都圣多明各140公里，曾经多次毁于战火与地震，但都得以重建，也曾经多次被定为首都。从18世纪20年代开始圣地亚哥逐步成为多米尼加人文社会活动最活跃的地区之一。如今的圣地亚哥是一座现代化城市，是地区商业中心，根据第九次人口与住房普查统计的数据，2010年圣地亚哥的总人口为691262人。圣地亚哥的著名建筑或旅游景点有圣路易斯古堡、圣地亚哥大教堂、天主教圣母像与圣地亚哥师范大学等。埃尔茨宝国际机场（El Cibao Internatioanl

Airport，机场代码 STI）是圣地亚哥重要的交通枢纽，距离圣地亚哥繁华的市中心地带仅 15 分钟车程，游客可以从这个机场自由前往拉贝加、哈拉瓦科阿（Jarabacoa）、康斯坦萨（Constanza）、圣弗朗西斯科 - 德马科里斯和莫卡等著名旅游城市。

普拉塔港 普拉塔港全称为圣菲利佩·德普拉塔港（San Felipe de Puerto Plata，也叫银港）。2010 年总人口为 158756 人，是多米尼加北部的重要港口，始建于 1502 年，保存着大量维多利亚时代的建筑，这些建筑是 19 世纪多米尼加烟草经济繁荣时代的最好见证。20 世纪 70 年代，随着旅游业的发展，这个港口再次焕发活力，附近有世界上最大的琥珀矿藏。格雷戈里奥·卢佩龙国际机场（Gregorio Luperón International Airport，POP）是普拉塔港重要的交通枢纽，这个机场也称为普拉塔港国际机场（Puerto Plata International Airport），距普拉塔港附近旅游目的地，如科夫雷锡（Cofresí）、多拉达海滩（Playa Dorada）、索苏阿和卡巴雷特（Cabarete）仅 20 分钟车程，距格兰德海滩（Playa Grande）不到 1 小时车程。

普拉塔港拥有大量海滩资源。坐落于普拉塔港西部的蓬塔鲁西亚海滩（Playa Punta Rucia）拥有环抱碧海的沙滩和壮丽的山脉景观，海岸边繁多的珊瑚礁更是别具一格，游客还可以在平静的潟湖边欣赏此起彼伏的鸟群。卡约阿雷纳岛（Cayo Arena）被细腻的白色沙滩和深蓝色的海水包围，它以潜水运动而闻名，从普拉塔港西面的蓬塔鲁西亚乘船仅需 25 分钟即可抵达。卢佩龙海滩（Playa Luperón）位于普拉塔港西部，岸边矗立着巨大的岩石，游客们在参观伊莎贝拉（La Isabela）后就可以到达这里，然后下海游泳，与海水融为一体。伊莎贝拉是欧洲人在新大陆的第一个殖民地。卡莱顿海滩（Playa Caletón）位于里奥·圣胡安城（Rio San Juan）与格兰德海滩（Playa Grande）高尔夫和海滩开发区之间的公路上，其外形像一弯刚刚升起的新月，覆盖着茂盛的植被。布雷顿海滩（Playa el Bretón）是一个小型海湾，远离里奥·圣胡安城到格兰德海滩的公路，非常适合游泳、潜水和放松身心。格兰德海滩位于普拉塔港东部约 120 公里处，该海滩因其波浪和冬季的回头浪而出名，还因棕榈树沙滩景观而受到摄影者喜爱。再相逢海滩（Playa Encuentro）位于索苏阿和卡巴雷特之间，距离多拉达海滩和多拉达海岸的酒店不到半小时车程，这里的海浪极适合冲浪，清晨的波浪会给游客提供最佳体验。卡巴雷特海滩（Playa Cabarete）适合风帆冲浪、风筝冲浪或激光级帆船的爱好者，是一个全年适合学习和练习水上运动的极佳去处；周末期间，尤其是夏季时节，游客从此地乘坐船只出海航行；沿途风景旖旎迷人，拍照效果甚佳。科夫雷锡海滩位于普拉塔港西部，这片金色休闲沙滩有适合游泳的平静海水，还有许多阴凉处和一些餐厅。索苏阿海滩是一个U形海滩，位于普拉塔港东部，乘车20分钟就可到达，该海滩绿松石般的海水跟洁白的沙滩相互映衬，非常美丽，每到周末和节假日就有成百上千的本地人及游客前来游览。潜水者可以从此潜入海底，探索水下世界。

拉斯特雷纳斯（Las Terrenas） 拉斯特雷纳斯位于萨马纳半岛的北海岸，30年前还是一个小渔村，现在发展成为著名的旅游小镇，周边的乡村被美丽的沙滩与壮观的海湾所环绕，成片的椰子树在白色的沙地上拔地而起，深受北美和欧洲人士喜爱。

拉罗马纳（La Romana） 拉罗马纳是多米尼加东南岸的港口城市，这个城市因蔗糖的炼制与出口而闻名于世，故此又被称为“蔗糖之王”，2010年总人口为139671人。该城市始建于19世纪末期，从1917年开始大规模炼制蔗糖，并向国际社会出口。1998年拉罗马纳市曾遭到飓风“乔治”的袭击，随后发展为旅游城市，城市中心公园（Parque Central）、田园之家度假村（Casa de Campo）是著名的旅游景点。

拉罗马纳国际机场（La Romana International Airport，LRM）是拉罗马纳重要的空中交通枢纽，也叫作卡斯德坎普国际机场，距卡斯德坎普东南海岸仅10分钟车程，距贝亚黑毕仅20分钟车程。拉罗马纳也拥有大量海滩资源。卡塔利娜岛位于拉罗马纳港口的西南部，游客可以乘坐游轮到海上泊船点观光。卡斯德坎普旅游港（Casa de Campo Tourist Port）位于拉罗马纳的萨拉奥河（Salao）河口处，该港口拥有两个码头，提供班轮服务。游客可以乘坐游轮参观卡斯德坎普的景点，包括仿中世纪村庄风格而建的阿尔图斯·查翁村（Altos de Chavón）、码头和世界级高尔夫球场；

游客也可以从西边的码头登岸，步行参观众多艺术和手工艺品商店，顺便到拉罗马纳的大型超市购物。绍纳岛周边是一片长约22.5公里的白色沙滩，这里是多米尼加东部国家公园的一部分，这里的沙滩细腻洁白，海水格外平静，保护区内可观赏到海豚、海龟和热带鸟类。海洋生活博物馆里有海盗船长威廉·基德（William Kidd）的沉船——格达商船（Quedagh Mercant）的残骸。多米尼库斯海滩（Playa Dominicus）有5个大型度假村，其中最受欢迎的公共海滩位于伊贝罗斯塔尔·多米尼库斯庄园酒店（Iberostar Hacienda Dominicus）和维瓦王宫酒店（Viva Palace）之间。拉卡莱塔海滩（La Caleta）是距离拉罗马纳最近的海滩，是多米尼加人和游客在炎炎夏日的游泳胜地，沙滩上还混有一些岩石和鹅卵石，在这里游客可以品尝到海边的美食。

拉贝加（La Vega） 拉贝加全称是康赛普西翁·德拉贝加（Concepción de La Vega），位于卡穆河（Camú）河畔，始建于1495年，东南距首都圣多明各100公里。1564年遭到地震破坏后，移至现址重建。2010年人口总数为248089人。盛产可可、咖啡、烟草、水稻、水果与牛肉，是富饶的农业中心，也是工商业中心。拉贝加是多米尼加的一个交通枢纽，市区有机场，铁路西连桑切斯，公路直达圣多明各。

圣佩德罗－德马科里斯（San Pedro de Macois） 圣佩德罗－德马科里斯位于加勒比海马科里斯河河口海湾处，是多米尼加东南部的港口城市，西距圣多明各60公里，2010年人口为195307人。圣佩德罗－德马科里斯是多米尼加最大的蔗糖产区，拥有一定规模的工业体系，市区设立有自由贸易区，同时也是一个优良的港口城市、陆上交通枢纽，还建设有国际机场。

圣克里斯托瓦尔（San Cristobal） 圣克里斯托瓦尔始建于1575年，位于加勒比海海岸附近的尼瓜（Nigua）谷地，2010年人口为232769人。市区有公路通往圣多明各，支柱产业有食品与建筑材料产业。

蓬塔卡纳（Punta Cana） 蓬塔卡纳位于多米尼加东部大西洋与加勒比海的交汇处，是休息放松之地，柔软细腻的白色沙滩和绿树成荫的椰树令人印象深刻，大型海滨度假村为游客提供舒适的现代生活方式。蓬塔卡纳拥有11个高尔夫球场。蓬塔卡纳市区的国际机场（PUJ）是加勒比地区和中美洲衔接最好的机场，拥有来自26个国家的航班；新修好的公路让游客用两个半小时就可到达圣多明各。蓬塔卡纳的海滩资源也同样丰富。位于蓬塔卡纳市区巴瓦罗（Bávaro）中心地带的埃尔科尔特西托海滩（El Cortecito）和珊瑚海滩（Los Corales）类似两个自由出入的小渔村，游客可以在这里找到餐厅、酒吧、超市、购物中心，附近还有很多礼品和工艺品店。卡韦萨德托罗海滩（Playa Cabeza de Toro）获得了欧洲“蓝旗”认证，因而备受游客的欢迎；卡韦萨德托罗游艇俱乐部是钓鱼之旅的出发点，也是钓鱼比赛点。胡安尼略海滩（Playa Juanillo）拥有数英里长的白色沙滩，还有绿松石般的清澈海水，是多米尼加最好的海滩之一；海滩上会举办正式的活动和音乐会，旅游运营商也会提供一些海滩活动，如沙滩排球、潜水、划皮划艇和骑马。乌韦罗奥拓海滩（Playa Uvero Alto）位于蓬塔卡纳最北端，白色和米色沙滩让游客恋恋不舍；沙滩的有些地方有回头浪。澳门海滩（Playa Macao）位于蓬塔卡纳北端，是非常适合摄影的洁白沙滩，以适合冲浪的海浪而闻名；澳门滩冲浪营（Macao Surf Camp）可提供冲浪指导，周末更是冲浪高峰期。巴瓦罗海滩（Playa Bávaro）是一片48公里长的白色沙滩，被珊瑚礁所环绕，是多米尼加东部海滨度假村地带发展最好的区域，海滩上分布着酒店、餐厅和礼品店；海滩上大部分地方适合步行，这里还是进行海滨活动的绝佳之地，活动包括帆伞运动和乘坐快艇等。布兰卡海滩（Playa Blanca）是一片一望无垠的白色沙滩。蓬塔卡纳海滩（Playa Punta Cana）有洁白的沙滩和绿松石般的海水，海滨方圆50公里，1978年蓬塔卡纳地中海俱乐部（Club Med Punta Cana）在此开业，并使该地区的度假村旅游获得国际知名度。

萨马纳（Samaná）　萨马纳是一个天然宝藏，有很多值得探索的地方——荒野、翠林、小峡谷、海湾、瀑布、山脉和令人惊叹的风景。萨马纳以涉水和冲浪海滩、自然徒步和观赏鲸鱼而著称。这里是旅游者的天堂，无数欧洲人以游客身份在这里开设公司，给萨马纳注入了国际都市的活力。埃尔卡特伊国际机场（El Catey，AZS）是萨马纳的空中交通枢纽，也叫胡安·博什国际机场（Juan Bosch International Airport），距萨马纳市半个小时车程，距多米尼加著名的东北海滨科松（Cosón）、拉斯特雷纳斯和普罗蒂略（Portillo）约45分钟车程。萨马纳市区中的拉斯加莱拉斯（Las Galeras）是游览著名的林孔海滩（Playa Rincón）的大本营；拉斯特雷纳斯是一座悠闲的海滨城市，也是主要的游客中心，拥有一些大型购物场所、餐厅和酒吧；巴伊亚马里纳港码头（Puerto Bahía Marina）位于萨马纳湾的北部，是一个现代码头，其中设有优质餐厅、酒店和住宅区。

三 泰诺遗址

埃尔波米耶尔洞穴（El Pomier Caves） 埃尔波米耶尔洞穴是圣克里斯托瓦尔北部地区人类学保护区内（Reserva Antropológica）的一个生活着大量蝙蝠的洞穴，保存着加勒比地区面积最大的泰诺人壁画，在洞穴里游客可以看到跟泰诺人有关的神秘图腾符号和反映哥伦布殖民时期事件的壁画。

拉斯卡里塔斯洞穴（Las Caritas Caves） 洞穴遗迹，可以看到泰诺人祈祷的痕迹，传说西班牙殖民者达到后，泰诺人首领恩里基约就藏身于这个洞穴之中。

佩农·戈多遗址（Peñon Gordo） 位于巴亚海伯地区（Bayahíbe）的佩农·戈多遗址是东方国家公园的一部分，保存着最完整的泰诺人岩石壁画，传说在第一个洞穴的入口处有一个长着大脑袋、高举双臂的守护神，一直在注视着低矮的洞口。

何塞·玛丽亚洞穴（Cueva José Maria） 何塞·玛丽亚洞穴也位于东方国家公园中，只有公园的管理人员才能进入。洞穴里保存着1200个泰诺人象形文字，不仅记载了泰诺人的宗教信仰，还记载了西班牙殖民者到来后的征服活动。在一处白色的石灰石墙壁上，有一幅用木炭画成的画，清晰地画着一个长着长胡须的西班牙人以及他乘坐的帆船。

前西班牙博物馆（Museo Prehispánico） 前西班牙博物馆收藏了大量雕刻精美的珠宝标本与泰诺人的陶器制品，展示了泰诺人精湛的制陶技术，也是泰诺人当时社会生活的有效见证。其中有一个是酋长或首领卡西克主持村庄祭祀仪式用的凳子。

马拉维亚斯洞穴（Cueva de las Maravillas） 马拉维亚斯洞穴是一个类似迷宫的复杂石窟，里面有大量的钟乳石与石笋，还有大量泰诺人艺术遗迹。洞穴里保存着472个象形文字和19处岩石壁画，勾画了人与各种动物的死亡仪式。

伊莎贝拉博物馆（Museo La Isabela） 伊莎贝拉博物馆位于伊莎贝拉国家公园内，展示了泰诺人的日常生活，外面有泰诺人天然住处与搭建的茅草屋的模型，还有泰诺人在花园中种植的主食农作物。

第二章

历　　史

第一节　殖民前简史（1492 年以前）

在西班牙殖民者发现伊斯帕尼奥拉岛之前，这里居住着大量泰诺人。他们称此岛为基斯克亚（Quisqueya）和阿依提（Ayiti），意为“大地的母亲”和“高山之地”。当时，伊斯帕尼奥拉岛分为五大酋长国：马里安（Marién）、马瓜（Maguá）、马瓜纳（Maguana）、加拉瓜（Jaragua）和伊圭伊（Higüey）。但也有新的考古发现和研究认为，岛上的酋长领地不止 5 个，因为有些小领地不确定依附于哪一个大领地。① 据统计，1492 年被哥伦布发现之前，这里生活的泰诺人最多时曾经达到了 300 万人。②

在哥伦布到达之前，泰诺人在这里生活了至少 5 个世纪。③ 关于泰诺人的来历，第一部分土著人于 2500 ~ 3000 年前，从墨西哥的尤卡坦，沿着佛罗里达和巴哈马一路向西，然后到达此地；第二部分土著人则是阿拉瓦克人的后裔，他们从亚马孙一带穿过委内瑞拉和圭亚那，然后乘独木舟

① 赵重阳、范蕾编著《列国志：海地 · 多米尼加》，社会科学文献出版社，2009，第 225 页。

② 〔美〕塞尔登 · 罗德曼：《多米尼加共和国史》，南开大学《多米尼加共和国史》翻译小组校译，天津人民出版社，1972，第 19 页。

③ Fe Liza Bencosme & Clark Norton, *Adventure Guide: Dominican Republic* (5th Edition) (Hunter Publishing, 2007), p. 1.

经加勒比海到达此地。[①] 逐渐，泰诺人成为这个岛屿的主导统治者，稍晚一些到达这个岛屿的加勒比人（Caribs），主要生活在小安的列斯群岛和伊斯帕尼奥拉岛上的萨马纳一带。

在阿拉瓦克语中，“泰诺”的意思是“友好”“友善”“高贵”。[②] 他们从事简朴的农业耕作，没有明确的阶级和阶层概念，但也出现了酋长、贵族、教士、平民和奴仆等等级划分。社会管理实行酋长领地制，集体耕作，还没有出现私有制，酋长有权分配劳动果实、主持宗教仪式和组织其他社会活动等。泰诺人按照年龄与性别的标准来分配工作，男性从事狩猎、捕鱼、采集食物等活动，必要时参加战争，平时还需要帮助女性完成繁重的农业耕作。孩子们跟着妇女播种，赶走农作物旁边的小鸟。

泰诺人最主要的农作物是木薯，经历了数百年的技术演变，泰诺人拥有成熟的把木薯制作成“卡萨维”（casabe）面包的技术。在农作物的耕作与采集过程中，泰诺人还发明了糖类作物的种植方法，主要种植玉米，还种植丝兰、花生、红薯、木薯和烟草等。泰诺人擅长使用打堆技术来提升农作物产量，把松土与废渣混合起来，堆砌在一起，形成平整的耕地，在上面种植木薯和玉米。这种耕作技术随后也推广到委内瑞拉、圭亚那和哥伦比亚北部地区。除了种植外，泰诺人也采集一些水果与浆果来作为补充食物。由于濒临大海，泰诺人也从事近海与深海捕鱼活动，完善了捕鱼技术，把大网、鱼篓和骨制鱼钩放在地势较低的水道和入海口处，设立“围捕渔场”系统来捕鱼。

泰诺人使用简单的劳动工具耕作，其中一种叫“科阿”（coa）的尖木棍主要用于挖土、播种；随后由中美洲地区传过来的谷物播种器也被广泛应用于玉米种植。泰诺人把石头打磨成小花瓣状的斧子用来砍伐森林或收割庄稼，狩猎过程中会使用弓箭。

狗是泰诺人最亲密的伙伴。泰诺人家中的设施比较简单，家里有木质

---

① Fe Liza Bencosme & Clark Norton, *Adventure Guide: Dominican Republic* (5th Edition) (Hunter Publishing, 2007), pp. 1 – 2.

② Fe Liza Bencosme & Clark Norton, *Adventure Guide: Dominican Republic* (5th Edition) (Hunter Publishing, 2007), p. 2.

桌椅，吊床是最主要的家具。酋长的居所有原始的装饰物，呈现出浓厚的宗教色彩，如吊床与悬挂起来的盛水葫芦，灶台位于房屋的角落里，主要的餐具就是陶罐。有些陶罐上面覆盖着精美的装饰物，这些装饰物也是泰诺人神灵的象征。

泰诺人拥有独特的社会习俗，他们认为死亡是一个漫长的旅程，死者可以进入另一个世界，与以前死去的亲人相聚。一个人死亡后，他的亲人会用食物和饮料陪葬，供他在去另一个世界的路途上享用；还会陪葬一些生活用品，供他在另一个世界里使用。泰诺人用木头、黏土、骨头、贝壳、晚香玉根、石头和纺织品制成他们信奉的神灵，并把神灵命名为“塞密”（cemi）。还有一种三面雕刻的石头神物 trigonolito，泰诺人把它埋在耕种的土地里，祈求风调雨顺、来年获得丰收，也可以用来保佑即将分娩的妇女顺利临产，并减轻分娩的痛苦。泰诺人的主神 Yocahu Vaga Maorocoti 与木薯有一定的关联。泰诺人最主要的宗教仪式是“科瓦”（cohoba），举行宗教仪式时，酋长坐在一种叫作“杜奥”（duho）的木质或石质椅子上，用一种吸管吸从合欢树的种子里提取出来的鼻烟，以实现与神灵的对话。泰诺人一般在山洞里举行宗教仪式，他们在洞穴的石壁上绘制出一些动物或与宗教信仰相关的壁画。多米尼加境内的一些洞穴中，还保存着大量泰诺人绘制的宗教壁画。

除了泰诺人、加勒比人外，伊斯帕尼奥拉岛上还生活着马科莱耶人，他们拥有较高的制陶技术。

第二节 欧洲殖民统治时期（1492～1821）

一 西班牙殖民统治时期（1492～1795）

1492 年 2 月 5 日下午克里斯托瓦尔·哥伦布在首次航行中发现了伊斯帕尼奥拉岛后，这里就成为西班牙殖民者在美洲的第一个定居点，也成为他们在美洲开展殖民征服活动的基地。哥伦布和他的下属登上岛屿后，受到了泰诺人的热情欢迎。这里土地肥沃，但对征服者来说最迫切的还是寻找丰富的金矿资源。刚开始，他们与泰诺人交换身上佩戴的金饰，后来就迫使泰诺人成为矿工，大规模开采岛上的金矿。

最初西班牙殖民者计划在伊斯帕尼奥拉岛的北部海岸一带建立一个殖民基地，最后选中了圣多明各一带，建立了美洲的第一个殖民地，随后西班牙殖民者把伊斯帕尼奥拉岛改称为圣多明各岛。西班牙殖民统治初期，熠熠发光的黄金和大量已经被驯服的泰诺人奴隶吸引了大量西班牙本土人前往圣多明各岛，他们达到后，并没有友好地对待泰诺人，而是残酷地压榨他们，掠夺泰诺人的土地与食物，并强暴妇女。西班牙殖民者的残暴行为激起了泰诺人的反抗。

泰诺人在酋长的带领下，拿着原始的武器反抗西班牙殖民者的统治。泰诺人大规模的反抗活动直到1495年才宣告结束，在一次大规模的战斗中，约10万名泰诺人对抗200名殖民者，殖民者骑着战马发动进攻时，泰诺人不可思议地四下逃散，据说是因为泰诺人认为战马和骑马的人是天上下来的神灵而彻底丧失战斗意志。1496年，绝大部分泰诺人被驯服了，只有一个人数较少的cimarrones部落，逃到了西部地区的大山里，后来他们中的一些人慢慢成为小农户。直到今天，他们的部分后裔仍然生活在偏远地区，主要位于海地边境一带。

第一任执政官哥伦布试图采取一些措施来缓解殖民者同泰诺人之间的冲突，他禁止征集草料，规范税收，采取较为缓和的剥削措施，但是，这种微弱的让步也引起了新移民者的强烈不满。为了满足新移民者的要求，哥伦布不得不下令实行分派制，新移民者可以永久获得大片土地，不需要缴纳税收，自由奴役在这里劳作的泰诺人。

1499年西班牙王室任命弗朗西斯科·德博瓦迪利亚（Francisco de Bohadilla）代替哥伦布出任执政官，但德博瓦迪利亚无力胜任这个职位，1503年尼古拉斯·德奥万多（Nicólas de Ovando）走马上任。他在圣多明各岛上宣布实行委托监护制，受到了西班牙王室的肯定，故此他被授予“西班牙帝国在印第安的奠基人”称号。

委托监护制为殖民者带来了巨大财富，却给泰诺人带来了无穷的灾难。非人道的劳动、饥饿加之疾病的流行，使泰诺人的人口急剧减少。据统计，1492 年以前生活在岛上的泰诺人最多曾经达到 300 万人，1496 年就减少了约 1/3，1508 年又减少至 6 万人左右，到 1548 年，据西班牙殖民者历史学家费尔南德斯·德奥维耶多的统计，岛上残存的泰诺人已经不到 500 人。[①] 为了满足甘蔗种植园对劳动力的需求，西班牙殖民者从非洲引进黑奴来充当劳动力。1503 年第一批黑人奴隶被贩卖至圣多明各岛，到 1520 年，黑奴几乎成为岛上唯一的劳动力来源。

1509 年，哥伦布的儿子迭戈·哥伦布出任圣多明各岛的执政官，很快西班牙王室发现迭戈的权力过大，为了削弱迭戈的权力，也为了加强对这里的管理，1511 年，西班牙王室设立了检审庭（Audiencia），对执政官的工作进行监督。第一任检审庭由 3 名法官组成，慢慢演变成圣多明各岛西部的最高法院，这种检审庭制度也推广到美洲地区的其他西班牙殖民地。检审庭的权力不断扩大，拥有行政权、立法权与司法权，法官的数量也不断增加。1524 年西班牙王室检审庭的管辖范围扩大到加勒比地区、中美洲、墨西哥的大西洋沿岸地区与南美洲的北部沿岸地区（包括现在委内瑞拉的全部和哥伦比亚的部分地区）。检审庭对刑事案件的判决就等同于最终判决，一些重大民事案件可以上诉到位于西班牙本土的皇家印第安人事务院（Real y Supremo Consejo de las Indias）。皇家印第安人事务院设立于 1524 年，是处理殖民地事务的专门机构，拥有立法、司法、财政管理、贸易管理、监护教会与指挥军队等绝对权力。

为了处理美洲殖民地与西班牙本土之间的贸易事宜，西班牙王室于 1503 年设立了贸易署（Casa de Contratación）。西班牙殖民者管理美洲大西洋沿岸一带的港口，收取大量赋税，王室除了限制各殖民地之间的贸易往来外，还严格限制美洲殖民地同其他国家通商，这些措施限制了美洲的经济发展，客观上助长了走私活动。

西班牙殖民者以圣多明各为基地，不断在其他地区开展殖民征服活动。1521 年殖民者埃尔南德斯·科尔特斯征服了墨西哥，随即在墨西哥

① 〔美〕塞尔登·罗德曼：《多米尼加共和国史》，南开大学《多米尼加共和国史》翻译小组校译，天津人民出版社，1972，第 19～20 页。

和秘鲁发现了梦寐以求的金银矿藏，加之圣多明各岛上的黄金开采殆尽，一些西班牙殖民者慢慢离开这里，前往墨西哥和秘鲁寻找新的机会，圣多明各岛上的人口不断减少，经济也开始萧条。

西班牙殖民者在美洲的殖民活动，也鼓舞了其他一些国家，如英国和法国等，这些国家也期望到美洲地区开展殖民活动。圣多明各岛的衰落，给英法殖民者提供了难得的机会，他们借西班牙殖民者殖民重心迁移的良机，开始向圣多明各岛渗透，以削弱西班牙在美洲地区的政治与经济实力。自1492年起的250多年的时间内，英法不断向西班牙发起挑战，激起武装争端，试图在美洲地区分一杯羹。1586年，英国弗朗西斯·德雷克（Francis Drake）爵士占领了圣多明各，以此要挟西班牙人，索取赎金。1655年，威廉·佩恩（William Penn）将军接受了奥利弗·克伦威尔（Oliver Cromwell）的任命，率领一支英国舰队再次向圣多明各城发动攻击，在遭受西班牙人强有力的反击后，这支舰队转向了牙买加。西班牙殖民者从圣多明各岛的北部沿岸地区撤退后，又给法国海盗提供了可乘之机。法国海盗于17世纪中期成功登陆圣多明各岛，西班牙殖民者发现海盗的企图后，曾多次摧毁他们在岛上的定居点，但是法国海盗屡次卷土重来。为了正式向圣多明各岛渗透，1664年法国政府成立了法国西印度公司（French West India Company），标志着法国政府正式控制了圣多明各岛的西部地区。此后，为了争夺对圣多明各岛的统治权，西班牙殖民者同法国殖民者发生了多次武装冲突，由于西班牙政府受欧洲战火的拖累，难以提供太多的武装力量来加强圣多明各岛上的防守，法国则乘此机会不断进攻，扩大了统治范围。1697年法国与西班牙签订了《立兹威克合约》（The Treaty of Ryswick），西班牙把圣多明各岛西部地区让给法国，起名为法属圣多明各（也叫法属伊斯帕尼奥拉），法国则称之为圣多明克（Saint-Domingue），东部地区归西班牙所有，仍然叫圣多明各。但是，直到1929年，这条分界线依然不太明确。

西班牙殖民者统治的圣多明各地区经济陷入了停滞，海盗的袭击也使南部地区的甘蔗种植园受到了巨大威胁，经济形势不断恶化，这种情况直到18世纪初期才有所改变。1700年，西班牙境内波旁王朝取代了哈布斯堡王朝，新王朝大力推行经济改革，放宽了宗主国和殖民地之间、各殖民地之间的贸易限制，圣多明各岛的对外贸易有所恢复。1737 年垄断性贸易制度也得以废除，1765 年加勒比岛国可以与西班牙本土的港口自由通商。1774 年西班牙美洲各殖民地之间也实现了自由贸易。由于贸易的复苏，圣多明各岛上东部圣多明各一带的人口不断增多，1790 年达到 12.5 万人，其中白种人为 4 万人；自由的黑人和穆拉托人（黑白混血人种）约 2.5 万人；奴隶为 6 万人。

圣多明各岛上西部的圣多明克一带，农业经济不断发展，并引进非洲奴隶耕作，这使得圣多明克在 18 世纪末期时已成为农作物产量非常丰盛的法国殖民地，当时人口已达到 50 多万人，此时每 10 位圣多明克人中黑人占了 9 位，黑种人成为多数种族，这与东部地区截然不同。法国殖民实力不断增强后，继续向东部西属圣多明各进攻，1795 年，西班牙和法国在瑞士签订《巴塞尔和约》，同意把圣多明各岛东部的圣多明各让给法国，就这样伊斯帕尼奥拉岛完全成为法国殖民地。

二 法国及西班牙殖民统治时期（1795～1821）

《巴塞尔和约》签订之前，伊斯帕尼奥拉岛东西部的经济存在较大差异，西部圣多明克在法国殖民者的治理下，种植园经济得到发展，也为宗主国带来了相当的利润；东部圣多明各的农业仅仅能自给自足，经济规模也较小。经济规模的不同导致对劳动力的需求程度也存在差别，西部圣多明克种植园不断扩张，法国殖民者购买大量的黑奴，并残酷压榨他们，迫使黑奴在种植园内从事高强度的劳作，社会阶级分层比较明显；东部圣多明各由于经济规模较小，不需要太多的劳动力，根据西班牙相关法律，奴隶只要支付一小笔资金，就可以赎回自己、获得自由，因此在这里各种族更为平等一些，自由人的比例较高。

法国殖民者利用经济优势，不断向伊斯帕尼奥拉岛东部地区渗透，但是法国殖民者对黑奴的残酷剥削，激起了黑奴的反抗，法国本土爆发的反君主政体的斗争也激励了这些黑人，他们在杰出英雄杜桑·卢维杜尔的带领下，发动了反对法国殖民者、要求民族独立的起义。圣多明克一带发生的战火，吓坏了一些生活在圣多明各的西班牙殖民者，他们纷纷离开伊斯帕尼奥拉岛。然而西班牙政府则计划火中取栗，与英国结盟，企图重新控制伊斯帕尼奥拉岛的西部地区。杜桑·卢维杜尔领导的起义军队伍粉碎了西班牙政府的计划，1796 年，法国政府任命杜桑·卢维杜尔为圣多明各执政官，1801 年杜桑·卢维杜尔夺下圣多明克，随后杜桑·卢维杜尔政府控制了整个伊斯帕尼奥拉岛，这也意味着西班牙政府开始衰落，在欧洲大陆以及全世界的地位不断下降。

1801 年，让·欧莱雅抵达圣多明克。他代表法国政府宣布废除奴隶制。1802 年，拿破仑派遣其妻弟勒克莱尔（General Leclerc）将军率军登陆伊斯帕尼奥拉岛，杜桑·卢维杜尔（后来是吉恩－雅克·代萨利纳，Jean-Jacques Dessalines）领导着起义军队伍同法国军队展开多次激战，1802 年 10 月，混血种人和黑人起义军战胜了法国军队，1803 年将法军击退。1804 年 1 月 1 日，反抗军宣布圣多明克独立，成立海地共和国。不过被击败的法军仍占据着东部的圣多明各区域。欧洲大陆上，法军于 1808 年侵略西班牙，伊斯帕尼奥拉岛上东部圣多明各地区的反抗军受到当时与西班牙同盟的英国和海地的援助，终于击退法国部队，这也意味着圣多明各摆脱了法国的殖民统治，西班牙第二次控制圣多明各城。[①]

第三节　海地占领时期（1822～1844）

法国撤离后，伊斯帕尼奥拉岛的经济继续衰退，南美洲爆发的独立运动也唤起了多米尼加人的民族独立意识。1821 年 11 月 30 日，西班牙副总督何塞·努涅斯·德卡塞雷斯（José Núñez de Cáceres）宣布圣多明各独立，并申请加入西蒙·玻利瓦尔等人建立的大哥伦比亚共和国（包括哥伦比亚、厄瓜多尔与委内瑞拉），在申请的过程中，时任海地总统吉恩－皮埃尔·博耶（Jean-Pierre Boyer）入侵圣多明各，企图控制整个伊

① 〔苏〕楚卡诺娃等：《苏联大百科全书选译：古巴·海地·多米尼加》，潘治、余敬昭译，新知识出版社，1957，第 31 页。

斯帕尼奥拉岛，1822 年海地正式占领了圣多明各，从此，海地开始了对多米尼加长达 22 年的统治。

海地统治时期内，多米尼加的经济依旧低迷，这激起了多米尼加人对海地统治者的不满。越来越多的多米尼加土地所有者选择离开故土，博耶政府不仅没有采取一些改善措施，反而没收多米尼加人的土地，分配给海地的政府官员，故此多米尼加人视博耶为卑鄙小人和愚蠢的盗贼。种族仇恨不断升级，肤色较浅的多米尼加士兵和黑人海地士兵之间也不断发生冲突，在多米尼加人眼里，黑皮肤的海地人就是压迫与占领的代表。同时，文化与宗教矛盾也加速升级，海地人认为天主教会是法国殖民者的帮凶，于是他们没收了圣多明各天主教会的财产，驱逐外国教士，不允许剩下的教士同梵蒂冈之间建立联系，这些行为深深伤害了虔诚的多米尼加天主教徒的心灵。在文化领域，海地统治者认为法国文化比西班牙文化优越，海地士兵和普通海地人也轻视西班牙风俗，这也加剧了文化冲突。

虽然大量多米尼加上层人士选择离开圣多明各，但是留下的多米尼加人民并没有放弃，他们开展了反抗海地统治、争取民族独立的斗争。1838 年圣多明各爆发了反对海地统治的武装起义，这次起义的组织者与领导者就是多米尼加历史上的著名英雄人物胡安·巴勃罗·杜阿尔特。

杜阿尔特出身于圣多明各的一个上层家庭，曾经在欧洲留学 7 年，回国后立即投身争取民族独立的运动，领导 1838 年起义时，杜阿尔特年仅 20 岁。为了把多米尼加人民团结起来，更好地开展反对海地统治的武装斗争，杜阿尔特创立了一个名为“三位一体”（La Trinitaria）的组织，“三位一体”即多米尼加现在的国家格言“上帝”“祖国”“自由”。马蒂亚斯·拉蒙·梅亚和弗朗西斯科·罗萨里奥·桑切斯也加入了“三位一体”，他们三人成为多米尼加的国父。为了避免被海地政府发现，“三位一体”实施严格的保密制度，各个组织自行招募成员，彼此间几乎不发生联系。后来，“三位一体”还是不幸被海地统治者察觉，为了继续坚持反抗海地统治的武装斗争，“三位一体”改名为“博爱”组织。

1843 年，海地博耶政权被推翻，新总统查尔斯·里耶维尔·赫勒尔德为了巩固统治与清除反对势力，对“三位一体”展开残酷镇压，杜阿尔特不得不离开圣多明各，前往哥伦比亚、委内瑞拉等美洲国家寻求帮助。1843 年 12 月，在同伴的劝说下，杜阿尔特决定返回圣多明各，不幸的是他在归国途中身染重病。1844 年 2 月，在杜阿尔特尚未返回的情况下，“三位一体”另外两位领导人拉蒙·梅亚和桑切斯还是决定发动起义。

1844 年 2 月 27 日是多米尼加历史上被永远铭记的一天，这一天起义者顺利攻下奥萨马要塞，海地的卫戍部队一触即溃，起义者宣告多米尼加共和国独立，海地官员也在两天内全部撤离圣多明各城，因此 2 月 27 日就成为多米尼加的独立日，从此，多米尼加作为一个独立国家出现在伊斯帕尼奥拉岛上。起义者成立了临时执政机构洪达（Junta），3 月 14 日，杜阿尔特病愈后返回多米尼加，受到了多米尼加人民的热烈欢迎。独立后多米尼加并没有实现政治稳定，不久就进入了权力之争的政治混乱时期。

第四节　独立后的政治混乱时期（1844～1915）

一　桑塔纳与巴埃斯交替执政时期（1844～1861）

独立后的多米尼加，并没有走上稳定的发展道路，国内政局动荡不安，佩德罗·桑塔纳（Pedro Santana）与布埃纳文图拉·巴埃斯（Buenaventura Báez Méndez）交替执政。由于这两位总统性格各异，所追求的背后保护国也不相同，造成了严重的政权与党派之争。不过，这两位统治者都带有一定的考迪罗（caudillos）色彩，依靠军事力量来实施铁腕统治。

作为“三位一体”的成员，桑塔纳的执政基础是反对海地统治的军队。独立后，虽然杜阿尔特的呼声最高，他也曾作为临时执政机构洪达的一员，并指挥着一支军队，是一位优秀的政治家，但客观而言，他不是一位出色的将军，洪达不得已任命另一位将军接替了他的职位，并安排杜阿尔特到北部地区圣地亚哥的农业区锡瓦奥担任执政官。1844 年 7 月，一群杜阿尔特的支持者在“三位一体”重要领导人梅亚的组织下，会集在圣地亚哥，要求杜阿尔特出任多米尼加第一任总统，杜阿尔特欣然同意，并提出自由选举。此时，桑塔纳将军强烈反对，他认为作为一个刚刚独立的国家，必须实行强有力的统治，才能保卫来之不易的独立成果。1844年7月12日，桑塔纳将军率领一支部队，占领了圣多明各城，并宣布自己出任多米尼加总统。“三位一体”的其他成员，包括杜阿尔特、梅亚、桑切斯惨遭入狱或者被流放。

担任总统后，桑塔纳将军授权国民代表大会制定与修改宪法。按照美国与海地的宪法模式，国民代表大会于1844年11月6日提出了宪法草案，这是多米尼加历史上的第一部宪法。桑塔纳将军在宪法中加入了第210条，在对抗海地的卫国战争中他享有至高无上的权力。在彻底击败海地之后，桑塔纳将军依然把持着政权，对内排除异己、任人唯亲，实施独裁统治，对外则寻求一些强大国家的庇护，但是美国、法国和西班牙都拒绝了他的请求。

桑塔纳将军的倒行逆施引起了多米尼加人民的强烈不满，加之经济发展政策不当导致经济严重衰退，1848年2月，桑塔纳将军被迫下台，回到了自己的农场。同年8月，原战争部部长曼努埃尔·希门尼斯（Manuel Jiménez）当选总统，面对满目疮痍的局势，希门尼斯束手无策，而海地军队又趁火打劫，在自封为皇帝的福斯坦·埃利·苏鲁克（Faustin Elite Soulouque）的指挥下卷土重来。在内忧外患的环境中，桑塔纳将军站了出来，重新掌管了军队，并于1849年4月击败了海地军队。随后，支持桑塔纳将军的人占了多数，并同支持希门尼斯的军队发生了多次冲突，当年5月30日，桑塔纳将军再次控制了圣多明各。

桑塔纳将军婉拒了立法机构对他出任临时总统的邀请，他下令举行全国大选，为了继续控制国家权力，他推荐圣地亚哥·埃斯派利亚特（Santiago Espaillat）担任候选人。在1849年7月5日举行的第一轮国会选举中，埃斯派利亚特获胜，但是之后他不愿意充当桑塔纳的傀儡，引起了桑塔纳将军的不满，后者随即下令进行第二轮国会选举。当年8月19日，在第二轮选举中布埃纳文图拉·巴埃斯获胜，标志着巴埃斯登上了多米尼加的政治舞台。

大权旁落的桑塔纳将军心有不甘，他以巴埃斯过度寻求大国庇护、与英国签订的一些协议损害了多米尼加国家利益为借口，重新参加总统选举。1853 年 2 月，他成功当选总统，并利用 1844 年宪法第 210 条将巴埃斯驱逐出境。但桑塔纳将军第二次执政并不顺利。1854 年国会颁布了新的宪法，废除了原宪法的第 210 条，但随后桑塔纳将军凭借手中掌握的军权，又制定了另一部宪法，行政机关获得了更多的特权。在外交事务中，桑塔纳积极寻求美国的庇护，而海地皇帝苏鲁克则反对美国势力渗透到伊斯帕尼奥拉岛，于是，双方又爆发了武装冲突，经过一番激战，1856 年 1 月桑塔纳将军领导的多米尼加军队取得了决定性胜利。随后，桑塔纳将军利用获胜的机会，与美国政府签订了贸易协议，把萨马纳岛的一小部分租给了美国作为煤站。这一协议引起了西班牙的担忧，多米尼加人民也深感不满。巴埃斯派就利用这一机会，在西班牙政府的支持下，公开反对桑塔纳，并谴责美国。在内忧外患面前，桑塔纳被迫宣布辞职，副总统曼努埃尔·德拉雷格拉·莫塔（Manuel de la Regla Mota）继任总统。莫塔政府仅仅坚持了不到 5 个月，迫于西班牙政府的压力，他不得不任命巴埃斯担任副总统，不久莫塔就宣布辞职，巴埃斯顺利担任总统。执政后，巴埃斯就展开报复行为，把桑塔纳驱逐出境，并大肆清除中央政府中桑塔纳的支持者，为了缓解财政压力，他大量发行货币，损害了多米尼加人民的利益。锡瓦奥地区的农民拒绝使用新货币，并于 1857 年发起了反对巴埃斯的革命。

1857 年 7 月，起义军在圣地亚哥成立了临时政府，为了增加影响力，临时政府赦免了桑塔纳，并邀请他加入起义军队伍。桑塔纳及其亲信部队加入后，起义军力量大为增强，不久后桑塔纳就掌握了领导权，他指挥起义军，同巴埃斯的政府军展开了持续一年的斗争，双方都损失惨重。趁双方的休战期，巴埃斯携巨款潜逃，桑塔纳则获得了最终胜利。顺利执政后，桑塔纳却背信弃义，恢复了 1854 年宪法，再次实施独裁统治。经历了长时间战火摧残的多米尼加人民只能听任桑塔纳选择寻求强国庇护的外交政策。

二 西班牙第三次占领多米尼加（1861～1865）

在国际上，1861 年美国南北战争爆发，这给了西班牙政府乘虚而入的机会，经济滑坡、海地随时入侵深深刺激着多米尼加，迫于内外压力，1861 年 3 月 17 日，桑塔纳邀请西班牙占领多米尼加。随后西班牙政府向多米尼加派出了军队，并制定了一些新的法律。①

西班牙第三次占领下的多米尼加，国内政治局势并没有风平浪静，种族冲突、税附加重、货币改革受阻、宗教改革、西班牙占领军无节制的军费开支、对外贸易受到限制等问题此起彼伏，1861 年 5 月，多米尼加就爆发了反对西班牙占领的起义。逃亡在外的巴埃斯并没有销声匿迹，而是在寻找机会试图东山再起。当年 6 月，巴埃斯派的桑切斯将军组织起义，但不久也被镇压，桑切斯兵败身死。但多米尼加人民并没有被这两次起义失败吓倒，而是举行了更大规模的起义。1863 年，西班牙军队镇压了多次起义，迫不得已，桑塔纳宣布全面戒严。

经过持续不懈的斗争，1863 年 9 月 14 日，一支起义军在圣地亚哥市成立了临时政府，由何塞·安东尼奥·萨尔赛多·拉米雷斯（José Antonio Salcedo Ramínez）担任政府首脑。临时政府颁布独立法令，号召多米尼加人民团结一致，反对西班牙的占领，这标志着多米尼加复国战争（War of Restoration）拉开序幕。西班牙政府信赖的桑塔纳也众叛亲离，临时政府强烈抨击他出卖祖国利益的行为。临时政府的力量不断壮大，开展了声势浩大的反对西班牙占领的斗争，1864 年 6 月 14 日，桑塔纳在绝望中离世。1865 年 2 月 27 日，临时政府召开全国大会，制定了新宪法，佩德罗·安东尼奥·皮蒙特尔（Pedro Antonio Pimentel）当选为总统。

南北战争结束后，美国国内再次兴起了禁止欧洲国家染指美洲事务的门罗主义思想，西班牙军队也遭到起义军的沉重打击，权衡利弊后，西班牙政府决定放弃多米尼加。1865 年 3 月 3 日，西班牙王后颁布法令，宣

① Fe Liza Bencosme & Clark Norton, *Adventure Guide: Dominican Republic* (5th Edition) (Hunter Publishing, 2007), p. 10.

布西班牙军队从即日起撤离多米尼加，8 月撤军完毕，临时政府取得了复国战争的最终胜利，因此 8 月 16 日成为复国日（Restoration Day），也被当作多米尼加的第二个独立日。[①]

三　巴埃斯再次执政与厄鲁的独裁统治（1865～1899）

西班牙军队撤离后的多米尼加依旧没能实现政治稳定，政权之争继续。南部具有保守主义色彩的势力和具有自由主义色彩的势力展开了新一轮的角逐。为了扩大力量、巩固政治基础，双方各自成立了政党。信奉自由主义的锡瓦奥派成立了国家自由党（Partido Nacional Liberal），也叫蓝党；保守主义色彩的势力组建的政党叫红党。红党取得了胜利，1865 年 12 月 8 日推选回国的巴埃斯出任总统，地方起义军队伍取代了国家军队，但蓝党并没有善罢甘休，拒绝与红党合作，巴埃斯政府步履维艰。

1866 年多米尼加国内再次爆发起义，5 月，巴埃斯被迫流亡海外。但随后巴埃斯曾多次担任总统，他一贯坚持出卖国家利益、寻求大国保护的立场，因此每个任期都没能持续太长时间。1878 年 2 月，巴埃斯再次被流放，他再也没能返回多米尼加，1882 年客死他乡。

1878 年巴埃斯下台后，多米尼加先后迎来了几任总统，1882 年政权最终落到尤利塞斯·厄鲁的手里，从此他开始在多米尼加实行长达 17 年的独裁恐怖统治。

厄鲁是一位私生子，曾经在军队中担任中尉职务，他阴险狡诈、有极强的权力欲望，名声并不好。厄鲁第一个任期的两年内，凭借前几任政府留下的相对稳定的金融环境，国内政治局势基本稳定。任期结束后，蓝党推选别人继任总统，厄鲁则支持弗朗西斯科·格雷戈里奥·比利尼（Francisco Gregorio Billini）成为继任总统候选人。经过一番明争暗斗后，1884 年 9 月 1 日，比利尼宣誓就任总统。担任总统后，比利尼拒绝听任厄鲁摆布，

① Fe Liza Bencosme & Clark Norton, *Adventure Guide: Dominican Republic* (5th Edition) (Hunter Publishing, 2007), p. 10.

引起了厄鲁的不满，厄鲁挑起了反对比利尼的运动，在随后的争夺中，厄鲁步步为营、玩弄政治权术，不断打击竞争对手，最终于 1886 年再次当选为总统，从此，厄鲁牢牢抓住了总统职位，再也没有让政权旁落，实行了独裁恐怖统治。

当选总统后，厄鲁操纵立法，强迫国会修改宪法，以实现一次次连选连任。在对外政策上，为了寻求美国的庇护，他不惜出卖国家利益，主张将萨马纳半岛租借给美国，但此举遭到了欧洲国家的干涉与国内蓝党势力的反对，最终无果。1891 年厄鲁政府与美国达成了互惠协议，自由进入多米尼加的美国商品种类达到了 20 种，多米尼加的部分商品也可以免税进入美国市场，但这个协议依然遭到了德国、英国与法国的强烈反对。在对内统治中，厄鲁实施高压政策，迫害、打击国内的反对势力，大量反对者被投进了监狱。厄鲁还建立了间谍系统，甚至在国外也收买告密者，以监视那些流亡在外的反对者。

厄鲁的独裁统治加剧了财政开支，加之他生活奢侈无度，政府财政入不敷出，财政赤字不断增长。为了避免银行业的崩溃，厄鲁政府只能大量发行货币，导致纸币极度贬值，引起多米尼加人民的强烈不满。一股新生的以奥拉西奥·巴斯克斯·拉哈拉（Horacio Vásquez Lajara）为首反对厄鲁独裁统治的革命者，在波多黎各成立了名为青年革命洪达（Junta Revolucionaria de Jóvenes）的革命组织。随后，巴斯克斯与另外两个骨干成员费德里科·贝拉斯克斯（Federcio Velásquez Lajara）和拉蒙·卡塞雷斯·巴斯克斯（Ramón Cáceres Vásquez）潜回国内，计划在锡瓦奥秘密发动起义。1899 年 7 月 26 日，革命者卡塞雷斯在莫卡成功刺杀了厄鲁，结束了厄鲁的独裁统治。

四 持续的派系之争（1899～1915）

厄鲁政府虽然带有独裁色彩，但在客观上保持了多米尼加的政治稳定，没有出现频繁的政权更迭。厄鲁被刺身亡，多米尼加再次陷入政治混乱局面，各种势力明争暗斗，武装冲突也频繁发生。1899 年 9 月，青年革命洪达成员巴斯克斯建立了临时政府，随后全国进行了自由选举，11

月15日，胡安·伊西德罗·希门尼斯·佩雷拉（Juan Isidro Jiménez Pereyra）当选总统。希门尼斯执政时期，由于法国要求多米尼加偿还厄鲁政府时期举借的外债，他不得不得用海关税收来偿还债务，但这一举措影响了美国支持的圣多明各发展公司（San Domingo Improvement Company）的切身利益，因为这家公司曾经借款给厄鲁政府，当时的条件是该公司可以掌握多米尼加的海关管理权，收取一定的税收来赎回债务。希门尼斯动用海关税收引起了圣多明各发展公司的不满，公司主管上诉到美国国会，这为后来美国政府大规模干涉多米尼加埋下了伏笔。

在巨额债务面前，希门尼斯无能为力，只能与外国协商寻求金融支持，但此举引起了国内民族主义势力的不满，尤其是锡瓦奥地区的民族主义者，他们担忧希门尼斯会出卖国家主权。反对派也发动了起义，这无异于雪上加霜。巴斯克斯指挥军队镇压了数次起义，但随后他与希门尼斯也出现了分歧，为了权力闹到了分道扬镳的地步。1902年，巴斯克斯率领军队向希门尼斯发起进攻，众叛亲离的希门尼斯无奈选择辞职，最后流亡海外。巴斯克斯与希门尼斯的分裂也意味着多米尼加国内的政治势力分裂为两大政治派别——希门尼斯派和巴斯克斯与卡塞雷斯联盟派，随后两大派系继续展开政权之争。

赶走了希门尼斯的巴斯克斯也没能稳定住国内的政治局势，1903年4月前总统阿莱杭德罗·沃斯·伊·吉尔（Alejandro Woss y Gil）担任总统。沃斯总统是希门尼斯派成员，他试图调和两大阵营的矛盾，谁知后院起火，盟友卡洛斯·弗朗西斯科·莫拉莱斯·朗瓜斯科（Carlos Francisco Morales Languasco）发动政变，随即成立了临时政府，并宣布自己为总统的唯一候选人，莫拉莱斯还试图与联盟派合作，邀请卡塞雷斯竞选副总统，无助的希门尼斯只能选择起义，但遭到莫拉莱斯与卡塞雷斯的镇压。1904年，二人成功当选为正副总统。

莫拉莱斯与卡塞雷斯的合作并没有持续太久。卡塞雷斯的权力不断扩大，引起了莫拉莱斯的担忧，他决定采取断然措施解除卡塞雷斯的职务，但卡塞雷斯早有防备，囚禁并流放了莫拉莱斯。1905年12月20日，卡塞雷斯顺利登上了总统宝座。

多米尼加国内政治派系的争斗引起了美国的注意，美国政府借口保护多米尼加人民而强加给多米尼加一些政治协定。20 世纪初，西奥多·罗斯福总统比较重视加勒比地区的稳定，认为多米尼加是通往巴拿马运河黄金海道的门户。随后美多又签订了多项协议，美国慢慢成为多米尼加的保护国。

客观而言，这些协议在一定程度缓解了卡塞雷斯政府的财政压力，卡塞雷斯利用这一难得的机会，实施经济体制改革，经济形势有所好转。国会也修改了宪法，总统任期延长为 6 年，副总统的职位被撤销。但多米尼加国内对这些措施褒贬不一，民族主义者认为卡塞雷斯过度亲近美国会损害多米尼加的国家利益，总统任期的延长、副总统职位的撤销致使反对者认为卡塞雷斯试图独裁，1911 年 11 月 19 日下午，卡塞雷斯被刺身亡。

卡塞雷斯遇难后，埃拉迪奥·维多利亚继任总统，此时多米尼加国内反对派继续频繁发动起义，为了实现多米尼加的和平与稳定，时任美国总统威廉·塔夫脱派遣了一支代表团前往多米尼加，试图调和不同派系之间的矛盾。派遣团扶植亲美势力，监督地方政府的选举，还督促召开国民代表大会，修改总统选举程序。在派遣团的调和下，希门尼斯派与联盟派同意停战，但随后的总统选举并没有顺利进行，又出现了混乱局面。

塔夫脱总统任期结束后，伍德罗·威尔逊当选为新一届美国总统。威尔逊总统对多米尼加的政治混乱局面深表担忧，甚至不惜发出最后通牒：如果多米尼加的总统选举不能如期举行，美国会强行指定一位总统。在美国的督促下，1914 年 8 月 27 日，多米尼加人民推选拉蒙·巴埃斯为临时总统，10 月 25 日，大选拉开序幕，希门尼斯再次当选。希门尼斯邀请各派力量来政府机关担任要职，但这些派系在政府机关内部依然水火不相容，希门尼斯束手无策。国家战争部部长德西代里奥·阿里亚斯（Desiderio Arias）乘虚而入，控制了国会，鼓动一些议员弹劾总统，希门尼斯处于风雨飘摇的境地。

第五节　美国军事占领多米尼加与随后的政治动荡（1915～1930）

1915 年，美国占领海地，对多米尼加而言，美国兵锋已近在咫尺，美国军队的入侵不过是时间问题。1915 年 5 月 16 日，第一批美国海军踏上了多米尼加的土地，不到两个月美军就完全占领了多米尼加，多米尼加进入美国军事占领时期。1915 年 11 月，美国宣布成立多米尼加军事政府，履行政府职责，保持原有的宪法与政府机构，但在新闻宣传领域，军政府实行严格的新闻传媒审查制度，禁止公开演讲。军事政府在客观上保持了多米尼加的政治稳定，并致力于改善经济状况，稳定政府财政。在军事政府的努力下，多米尼加首次兴建了标准化公路，成立了职业化警察部队以维护社会治安，多米尼加的人口也有所增加，1840 年全国人口约为 20 万人，到 1921 年增长到 91 万人。但是，军事政府的独裁本质没有改变，对内依然残酷剥削多米尼加人民，军事政府发展经济的努力也没能取得太好的效果，农业发展缓慢，甘蔗、可可与咖啡等农作物种植规模不大，工业水平也不高，只有一些规模较小的工业企业，多米尼加依旧没能摆脱贫困、落后的面貌。

希门尼斯不久宣布辞职，继任总统阿里亚斯还没有在总统宝座上坐热，就迫于美国在海地驻军的威胁选择离任。多米尼加人民不甘心沦为美国的军事占领区，发起了一次次反抗起义。第一次世界大战结束后，对于海地与多米尼加军事占领问题，美国国内舆论也出现了分歧。1921 年 3 月，曾经反对美国占领海地与多米尼加的沃伦·G. 哈定（Warren G. Harrding）当选为新一届总统，当年 6 月，部分国会议员提交了“退兵议案”，称为“哈定计划”。由于这项计划的部分内容严重干涉多米尼加的国家主权，遭到多米尼加人民的反对。多米尼加中立派势力利用民意尝试与美国政府谈判，最后达成协议，主要内容有“多米尼加共和国政府必须同意军事占领期间所公布的一切法律，并完全保留美国对财政和海关的监督权等”①。1924

① 〔苏〕楚卡诺娃等：《苏联大百科全书选译：古巴·海地·多米尼加》，潘洽、余敬昭译，新知识出版社，1957，第 33 页。

年 3 月 15 日，大选正式举行，奥拉西奥·巴斯克斯·拉哈拉战胜了联盟党候选人弗朗西斯科·佩纳多·巴斯克斯（Francisco J. Peynado Váquez），巴斯克斯·拉哈拉所在的政党也顺利占据了参众两院中的多数议席。7 月 12 日，美军正式撤离多米尼加，7 月 13 日，巴斯克斯·拉哈拉宣誓就职，这就标志着多米尼加重新行使国家主权，美国军事占领时期正式结束。

巴斯克斯·拉哈拉当选总统是多米尼加各派势力相互协调的结果，拉哈拉政府尝试扩大人民的民主权利，积极发展经济，政府也加大了对公共设施的投资力度。首都圣多明各就是在这一时期不断扩大面积，逐步发展为现代化大都市的。执政过程中，巴斯克斯·拉哈拉谨慎使用政府职权，成功削弱了政敌的实力，提拔自己的亲信担任政府要职，推行政府机构制定的各项措施。1927 年巴斯克斯·拉哈拉将总统任期从 4 年延长到 6 年，国会虽然通过了总统的提案，但这很明显违背了 1924 年宪法的一些条文，反对派认为巴斯克斯·拉哈拉对权力的欲望在不断增加，巴斯克斯·拉哈拉的支持度开始下降，权力之争再起风云。在随后的权力争夺过程中，一位传奇人物拉斐尔·特鲁希略正式登上了历史舞台，不久多米尼加就开始了长达 31 年以军国主义、极权主义、独裁主义的考迪罗主义为特征的特鲁希略独裁统治时期。①

第六节 特鲁希略独裁统治时期（1930～1961）

自 1918 年成为一名国家警察后，特鲁希略在这个系统内顺风顺水，并不断巴结一些军政长官，为他以后的攀升打下了基础。1925 年他就取得了军队的指挥权，最终于 1930 年当选为总统。当年 8 月 16 日，他与副总统一起宣誓就职，9 月 3 日他就遭遇到执政后的第一次考验，突如其来

① 赵重阳、范蕾编著《列国志：海地·多米尼加》，社会科学文献出版社，2009，第 249 页。

的飓风几乎摧毁了圣多明各。在灾后重建与灾区秩序管理的过程中，特鲁希略显示出一定的管理能力。在灾难面前，特鲁希略采取断然措施，首都实施戒严，严厉打击抢劫犯罪行为，确保了灾后秩序井然。特鲁希略向受灾群众分发食物和水，并在几天内率领圣多明各的人民努力重建家园。工作中他喜欢独断专行，牢牢依靠军队，打压政治对手，确保政策的顺利实施。统治基础稍稍稳固之后，特鲁希略解除了副总统的职务，副总统不得已选择前往美国寻求政治避难。特鲁希略组建了多米尼加人民党（El Partido Dominicano），政党的标志是手掌，口号为“正直、自由、工作、道德”，这四个单词的首字母正好与特鲁希略全名的开头字母相吻合。

特鲁希略政府的特点是残暴与经济进步。[①] 特鲁希略在政治上实行独裁，排除异己，剥夺多米尼加人民的各项权利，但是在发展经济方面，还是取得了一定的成效。1931 年，特鲁希略下令暂停支付外债，只支付贷款利息。1933 年多米尼加实现国家预算的平衡。1940 年，特鲁希略重新控制了一直由美国掌管的海关，这一举措在一定程度上增强了多米尼加人民的民族自信心，在某种程度上也维护了国家主权，故此，特鲁希略自诩为“多米尼加财政独立的恢复者”。在 20 世纪 40 年代中期，特鲁希略收购了第一国家城市银行（The First National City Bank）的一个分支机构，建立了多米尼加共和国储备银行（The Dominican Republic's Bank of Reserves）以偿还国债，并首次发行多米尼加比索（简称“比索”），取代了自 1899 年来就成为多米尼加货币的美元。1955 年，特鲁希略政府收购了由美国控股的圣多明各电气公司（The Electric Company of Santo Domingo），由多米尼加政府独立运营。特鲁希略政府还充分利用第二次世界大战爆发后美国对农产品需求增加的机会，加大了玉米和其他农产品向美国的出口，此举也使多米尼加获取了一定的外汇收入。

反海地主义是特鲁希略政府的基石。特鲁希略利用多米尼加人和海地

① D. H. Figueredo, Frank Argote-Freyre, *A Brief History of Carribean* (New York: An Imprint of Infobase Publishing, 2008), p. 177.

人之间的文化差异来培养强烈的民族主义意识，增强多米尼加人民对多米尼加的认同感。[①] 特鲁希略利用多米尼加的知识分子阶层，宣传多米尼加文化，认为多米尼加文化与代表进步的欧洲和天主教融为一体，而海地文化是非洲落后、迷信和恐惧文化的代表。更为血腥与恐怖的是，特鲁希略充分利用海地曾经入侵多米尼加的经历，煽动多米尼加对海地的民族仇恨。加之海地与多米尼加对国家分界线一直存在分歧，一些海地人非法进入多米尼加，特鲁希略最终向生活在多米尼加的海地人举起了屠刀。1937 年 10 月，特鲁希略下令屠杀生活在多米尼加的海地人，部队使用大刀杀死他们怀疑是海地人的人。大砍杀的过程中，特鲁希略仅仅命令军队采用一个简单的测试来分清哪些是真正的海地人。克里奥尔语在“欧芹”一词 pejeril（parsley）的发音方面存在一定的困难（多米尼加人称之为 perejil，海地人讲克里奥尔语，称之为 pèsi）。如果一个人不能顺利读出 perejil，他注定会被屠杀。大砍杀持续了三天，确切的死亡人数不详，但估计有 4000 ~ 20000 人。[②] 国际社会强烈谴责特鲁希略的非人道行为，在美国、古巴和墨西哥等国的压力下，特鲁希略象征性地处理了几位参与大砍杀的官员，他们被判处 30 年徒刑，但实际上没有被真正关进监狱。特鲁希略答应向海地政府支付 75 万美元损害赔偿金，但最后只支付了 50 万美元。

为了巩固统治基础，特鲁希略还动用政权力量控制了教育系统和新闻媒体机构。他的政治支持者在公开场合大肆赞美特鲁希略。学校教室里悬挂了把特鲁希略视为“太阳”和“闪电”的图片。全国各地都竖立了特鲁希略的雕像或半身像，一个居民家里如果没有特鲁希略的雕像，就意味着他不支持特鲁希略政府。公园、街道、山脉和城镇都冠上特鲁希略的名字，加勒比海最高峰杜阿尔特峰改为特鲁希略峰，甚至拥有数百年历史的城市圣多明各也改名为特鲁希略城（Ciudad Trujillo）。

---

① D. H. Figueredo, Frank Argote-Freyre, *A Brief History of Carribean* (New York: An Imprint of Infobase Publishing, 2008), p. 177.

② D. H. Figueredo, Frank Argote-Freyre, *A Brief History of Carribean* (New York: An Imprint of Infobase Publishing, 2008), p. 177.

特鲁希略规定多米尼加实行一党制，只有多米尼加人民党党员才能成为候选人。

得道多助失道寡助，特鲁希略的倒行逆施激起了多米尼加人民的反抗。为了打击政治对手、镇压反对势力，特鲁希略不惜使用酷刑，甚至采取暗杀手段，一些流亡到国外寻求庇护的人也很难逃脱特鲁希略的魔掌。1956 年，学者赫苏斯·德加林德斯（Jesús de Galíndez，1915～1956）曾写过关于特鲁希略非法积累财富的报道，被特鲁希略设立在纽约的秘密特务机关绑架，随后被挟持到多米尼加共和国，不久就被杀害。1960 年，特鲁希略的下属谋杀了米拉瓦尔（Mirabal）三姐妹，即帕特丽娅（Patria，1924～1960）、米纳瓦（Minerva，1926～1960）和玛丽亚·特蕾莎（María Teresa，1936～1960）三姐妹，她们的丈夫因为参加反对特鲁希略的独裁统治而被捕入狱，三姐妹也参加了反对独裁统治的地下运动，她们惨遭毒打而死，死后被放在车里推下悬崖。[①] 三姐妹被谋杀彻底激起了多米尼加人民的愤怒，特鲁希略的独裁统治已经很难维持。国际上，第二次世界大战结束后民族主义兴起，特鲁希略在多米尼加的独裁统治引起了国际社会的不满。为了向多米尼加施加压力，拉丁美洲的一些国家领导人开始孤立特鲁希略。特鲁希略试图刺杀委内瑞拉总统罗慕洛（Romulo Betancourt）的行为又遭到了美洲国家组织（Organization of American States）的贸易制裁。作为最友好的支持者，美国政府结束了同特鲁希略长达 30 年的“友好关系”，开始抨击特鲁希略的独裁统治，这意味着特鲁希略在国际社会上已经被彻底孤立，他的下台指日可待。1961 年 5 月 30 日特鲁希略在驾车时遭到刺杀，不治身亡，他在多米尼加长达 31 年的独裁统治宣告结束，臭名昭著的特鲁希略最终被扫入多米尼加的历史垃圾堆中。

① 1994 年，著名作家朱莉娅·阿尔瓦雷斯（Julia Alvarez）根据米拉瓦尔三姐妹被谋杀的事件创作了小说《蝴蝶时代》（*In the Time of the Butterflies*）；2001 年著名导演萨勒马·哈耶克（Salma Hayek）与爱德华·詹姆斯·奥尔莫斯（Edward James Olmos）把这部小说搬上了银幕。

第七节 民选政府过渡期和民选政府时期（1961 年至今）

一 政治混乱期与民选政府过渡期（1961～1996）

（一）特鲁希略被刺后的政治混乱与胡安·博什执政（1961～1966）

特鲁希略被刺身亡后，多米尼加再次出现了一定的政治混乱。傀儡总统华金·巴拉格尔（Joaquín Balaguer）履行总统职责，将军队的指挥权交给了特鲁希略的儿子拉姆菲斯·特鲁希略（Ramfis Trujillo），拉姆菲斯逮捕了参与或策划刺杀特鲁希略的成员，绝大多数参与者被判处死刑。但是花花公子拉姆菲斯并没有他父亲那样的魄力，毫无领导能力，他的叔叔埃克托尔·特鲁希略（Hector Trujillo）和何塞·阿里斯门迪·特鲁希略（José Arismendi Trujillo）试图与他一起管理政府。巴拉格尔在没有得到特鲁希略家族成员许可的情况下，就擅自发布命令，赦免那些曾经反对特鲁希略的人，此举遭到特鲁希略家族成员的反对，他们一起行动，逮捕了巴拉格尔，并谋杀了那些反对者。

多米尼加的政治局势引起了美国的担忧，为了防止多米尼加军事独裁政权死灰复燃，时任总统约翰·肯尼迪向多米尼加派遣了一艘战舰，劝说特鲁希略兄弟放弃权力。1961 年 11 月 22 日，特鲁希略去世六个月后，多米尼加首都的名字从特鲁希略城恢复到殖民地时期的名称圣多明各，特鲁希略政权遗迹被清除，他在全国各地的雕像也被推倒。巴拉格尔恢复了职务，并组成了国民事务委员会（Civilian State Council），行使总统职责。

1962 年，多米尼加共和国举行了第一次民主选举，多米尼加革命党候选人胡安·博什（Juan Bosch）当选为总统。胡安·博什既是一位伟大的政治家，也是著名的诗人、短篇小说作家和散文家。如果说巴拉格尔是特鲁希略守旧势力的代表，博什就是进步力量的象征，如同菲德尔·卡斯特罗等领导人一样。1909 年 6 月 30 日，博什出生于多米尼加拉贝加。1937 年，因参加抗议特鲁希略独裁统治而遭到迫害，前往古巴。两年多后博什在古巴成立了多米尼加革命党（Partido Revolucionario Dominicano），其宗旨是推翻特鲁希略独裁统治并在多米尼加推行社会主义。在接下来的两年里，博什和多米尼加革命党组织了几次推翻特鲁希略独裁统治的远征计划，并筹集了资金，但都未能成功。1962 年博什赢得选举后，实施了一系列进步计划，不允许一个人或公司持有或开发太多的土地，鼓励男女获得同等报酬，对于合法和非婚生子女实行平等的法律保护，提供同等的福利。但新政权很快遭到了守旧势力的反对。博什政府强调言论自由，尤其是允许信仰共产主义的知识分子表达自己的观点，并促进共产主义思想的传播。博什政府推行世俗教育取代教会教育触犯了天主教会的利益，天主教会认为博什是共产主义者，并担忧博什政府会把多米尼加变成第二个古巴。博什总统批准了一项限制制糖业出口利润的法律［每 100 磅（约 45.4 千克）出口蔗糖的利润只能为 5.83 美元，超过这个金额的利润将交给政府］，这项法律激怒了商人。曾经归博什总统领导的军队也失去了控制，策划反对总统。1963 年，军事政变爆发，博什总统被迫流亡，军政府接管了政府。

此后多米尼加革命党成员密谋邀请前总统出任总统，1965 年多米尼加革命党控制的军事力量占领总统府，正当他们计划邀请流亡在波多黎各的博什时，多米尼加空军袭击了总统府。内战持续了半年多，导致 2000 名多米尼加人死亡。为了稳定多米尼加国内的局势，美国海军陆战队降落在圣多明各。1965 年 8 月双方签署休战协议，成立临时政府，并计划举行选举。1966 年大选中巴拉格尔获胜，他获得了 57% 的选票，前总统博什获得了 40% 的选票。

（二）民选政府过渡期（1966～1996）

1. 华金·巴拉格尔执政（1966～1978）

1906 年 9 月 1 日，华金·巴拉格尔出生于多米尼加共和国的比索诺镇（Villa Bisono），23 岁时在圣多明各自治大学（The Universidad Autónoma de Santo Domingo）获得了法学学位。随后他前往巴黎继续学习，1934 年在法国索邦（Sorbonne）获得法学和经济学博士学位。1930 年，巴拉格尔成为特鲁希略的支持者，1932 年他被分配到多米尼加共和国驻西班牙大使馆工作，1934 年在巴黎任多米尼加共和国议会秘书。巴拉格尔在特鲁希略统治期间担任过许多政府要职，包括外交部部长、驻拉美一些国家的大使、共和国副总统等。在此期间他不仅为特鲁希略写演讲稿，还写了几本文学和多米尼加共和国历史领域的作品，其中最著名的有《多米尼加文学史》（*Historia de la Literatura Dominicana*，1944）、《文学肖像》（*Semblanzas Literarias*，1948）和《自由的基督》（*El Cristo de la Libertad*，1950）。1966 年巴拉格尔当选总统，1986 年、1990 年、1994 年连续赢得选举，巴拉格尔在多米尼加历史上创造了一项政治记录，在 22 年的时间里曾经 7 次当选为总统。1996 年，将近 90 岁的巴拉格辞去了总统职务。2002 年 7 月 14 日，巴拉格尔去世。巴拉格尔是多米尼加从 19 世纪向 20 世纪过渡的强人政治模式的代表，是一位愿意在民主框架内实施政治统治的政治家。

2. 古斯曼（1978～1982）与赫尔豪（1982～1986）执政时期

多米尼加革命党推选年轻领导人西尔韦斯特·安东尼奥·古斯曼·费尔南德斯（Silverstre Antonio Guzmán Fernández）参加 1978 年 5 月 16 日举行的总统大选，在之前的民意测验中，古斯曼的支持率遥遥领先巴拉格尔，但是随后军人控制了中央选举委员会（Central Electoral Board），强迫重新计票，很显然巴拉格尔试图操纵选举。这件事情受到了美国卡特总统的干预，在卡特总统的要求下，巴拉格尔不得已宣布大选计票工作继续进行，两周后，大选结果出炉，古斯曼顺利当选。

当年 8 月 16 日，古斯曼举行了就职仪式，他的政府面临多项挑战，为此他在政治与经济领域进行了多项改革，尤其是采取直接手段，收回军事领导权，逐步清除军队对政府的威胁。古斯曼推行军队非政治化政策，解除一些具有政治野心的军官的职务，或者把他们换到别的岗位，任命一些效忠于政府的年轻军官，成立军事训练学校，确保军队的非政治化。古斯曼的努力收到了一些成效，为以后的政治稳定奠定了基础。

在野的巴拉格尔不甘心失去权力，他所在的多米尼加改革党控制了中央选举委员会，随后又在参议院中占据了多数议席，改革党可以行使合法否决权，削弱古斯曼政府的权力。古斯曼只能采取温和的改革措施，小心谨慎地颁布一些法令。在经济领域，古斯曼将交通运输业国有化，推行最低工资制，但这些措施并没有取得预期效果，经济继续下滑。国际市场上，糖价继续下挫、油价持续攀升，严重影响了多米尼加的国际收支，为此，古斯曼不得不实行严厉的财政紧缩政策，提升石油的零售价，结果遭到了多米尼加人民的反对。1979 年 8 月，多米尼加又遭到飓风“戴维”的袭击，人民群众的财产受到严重损失。

当初就任总统时，古斯曼就立下誓言，表示不会谋求连选连任，为了备战下一届总统选举，多米尼加革命党推举萨尔瓦多·豪尔赫·布兰科（Salvador Jorge Blanco）为总统候选人，同时参加总统角逐的还有多米尼加改革党候选人巴拉格尔和脱离多米尼加革命党并自创了多米尼加解放党（Partido de la Liberación Dominicana）的博什。1982 年古斯曼自杀身亡，副总统哈科沃·马赫卢塔·阿萨尔（Jacobo Majluta Azar）继任为总统。古斯曼出师未捷身先死，在任期间没能实现从民选总统到民选总统的和平过渡，在多米尼加历史上留下了一丝遗憾。

1982 年的总统选举中，多米尼加革命党候选人豪尔赫胜出，在随后的 4 年任期内，豪尔赫致力于民主改革，注重发挥市场的作用，但是，这些措施也没能收到预期成效，经济仍未好转，加之豪尔赫政府深受腐败传言的影响，政局也不稳，多米尼加革命党的支持率大幅度下降，在 1986 年的大选中败北，巴拉格尔卷土重来。

3. 巴拉格尔连续执政（1986～1996）

1986 年，巴拉格尔重新掌权，开始基础设施建设，如改善道路和建设水力发电厂。他在 1990 年和 1994 年两次赢得选举，在执政过程中他平衡了财政预算并抑制了通货膨胀。1994 年的选举充满了争议，失败的候选人弗朗西斯科·培尼亚·戈麦斯（Francisco Peña Gómez）号召选民举行总罢工抗议巴拉格尔的选举舞弊行为。美国从中调和，将巴拉格尔的任期从 4 年改为 2 年。

二　民选政府时期（1996 年至今）

（一）莱昂内尔·费尔南德斯·雷纳政府（1996～2000）

1996 年巴拉格尔离职后，当年有两位候选人竞选总统，分别是培尼亚·戈麦斯和莱昂内尔·费尔南德斯·雷纳（Leonel Fernández Reyna）。培尼亚·戈麦斯是一位社会民主人士；费尔南德斯是一位保守主义者，长期在美国生活因而与美国保持着密切的联系。[①] 这次选举充满了种族主义色彩，培尼亚·戈麦斯被竞选对手描述为具有海地血统的候选人，选民们担心戈麦斯会让海地的势力渗透到多米尼加境内。这次选举是19世纪以来就在多米尼加国内盛行的反海地主义种族思潮的反映，是反海地主义最严重的行为。大选结果出来后，培尼亚·戈麦斯获得49%的选票，得到基督教社会改革党（El Partido Reformista Social Cristiano，PRSC）支持的费尔南德斯获得了51%的选票，取得大选的胜利，成功当选总统。

宣誓就职后，费尔南德斯总统结束了巴拉格尔推行的孤立主义外交政策，积极参加美洲国家组织开展的一系列论坛。在内政方面，费尔南德斯进行大刀阔斧的改革，通过整治贪污腐败、实行严格的海关管理、实施司法领域改革、与油气营销公司签订新的合同等措施，兑现竞选时的承诺。为了实现反腐败、治理贫困和实现国家现代化等三大目标，费尔南德斯召集所有的政党领导人举行会议，打出了“降下党旗、升起国旗”的口号，主张党派团结合作；改革宪法，规定候选人只有获得半数以上的选票才能成功当选，总统不能连选连任；在经济领域，他成功地抑制了通货膨胀，稳定了宏观经济，恢复了私营经济活力，对一些国有企业进行私有化，改革价格与税收政策，大力发展工农业，发展旅游业，建立自由贸易区等，这些措施收到了良好的效果，年均经济增长率为7%。

1996～1997年，多米尼加与海地的关系日益恶化，费尔南德斯总统一度下令强行驱赶生活在多米尼加的海地人，后来迫于国际社会的压力，费尔南德斯又表示要谨慎处理两国间的移民问题，通过协商建立起彻底解决这一问题的长久机制。

费尔南德斯总统在任期内虽然取得了一些经济业绩，但社会问题依然存在，生活在贫困线以下的家庭比例达到30%，18～25岁的适龄青年失

① D. H. Figueredo，Frank Argote-Freyre，*A Brief History of Carribean*（New York：An Imprint of Infobase Publishing，2008），p. 182.

业率也达到30%，为此，费尔南德斯政府遭到了反对党多米尼加革命党与多米尼加解放党的指责。2000年任期结束后，费尔南德斯就致力于与下一届总统实现政权的和平交接。

（二）伊波利托·梅希亚政府（2000～2004）

2000年大选时，参加总统角逐的有多米尼加革命党候选人伊波利托·梅希亚（Hipólito Mejía）、多米尼加解放党候选人达尼洛·梅迪纳（Danilo Medina）和基督教社会改革党的老政治家华金·巴拉格尔等。5月，第一轮选举结束，多米尼加革命党候选人伊波利托·梅希亚胜出，当选为总统，同时，多米尼加革命党获得了参议院多数席位，在众议院149个议席中也获得了73个席位。8月，梅希亚宣誓就职。

梅希亚政府致力于政治与经济改革，加大对社会项目与基础设施的投资力度，同时，梅希亚还把工作重心放在农村地区。这届政府推行了新的税收体系，强调企业每月按时上缴上年收入的1.5%，对消费品征收12%的消费税。新的税收体系改善了政府的财政状况，但社会项目和基础设施的投资也加大了财政压力，政府不得已采取举债的方式来筹集投资资金，最终带来了国际收支失衡的后果。由于国际油价上涨，梅希亚政府上调了国内油气和电力的零售价格，引起了低收入阶层的不满。2002年，多米尼加的经济再次出现衰退，能源不足迫使一些企业加大了裁员力度。多米尼加的自由贸易区工业和旅游业的发展也深受影响。

2002年中期选举，多米尼加革命党依然是赢家，巩固了执政党地位，继续占据了参众两院的绝大多数议席，但基督教社会改革党在众议院的席位数量多了一倍。选举结束后不久，一些多米尼加革命党党员提出了修改宪法的提案，提案顺利通过，修改后的宪法规定总统可以连选连任。

2003年3月，多米尼加爆发了金融危机，资本外逃引发了货币贬值，最终带来严重的通货膨胀。梅希亚政府求助于国际货币基金组织，8月国际货币基金组织向多米尼加提供6亿美元的贷款，但随后这笔贷款两度中断，多米尼加的宏观经济环境不断恶化。

大选临近，梅希亚宣布参加下一届总统的竞选。特鲁希略家族长达几十年的独裁统治给多米尼加人民留下了恐怖的心理阴影，选民们担心梅希亚也会成为极权主义总统，因此，2004 年大选中，选民们倾向于支持前任总统费尔南德斯，梅希亚败北。

（三）莱昂内尔·费尔南德斯·雷纳再度执政（2004～2012）

2004 年大选中，费尔南德斯再次当选为总统，当时，多米尼加经济濒临崩溃的边缘，通货膨胀率达到 50%，国内 250 亿美元的呆账准备金被挪用，银行业面临倒闭的危险，全国贫困人口占比达到 42%。面对严峻的社会与经济形势，费尔南德斯实施紧缩政策，减少公共部门的开支，增加税收，平衡国内预算。费尔南德斯的紧缩政策得到了国际货币基金组织的支持，该组织向多米尼加提供了 6.65 亿美元的贷款。费尔南德斯利用一部分贷款大力发展旅游业，这一产业每年为多米尼加带来了 20 亿美元的收入；与好莱坞合作来发展多米尼加的电影产业，并计划修建地铁等。

反对者抨击了这些措施，他们认为费尔南德斯挪用教育基金修建地铁，费尔南德斯政府也没能有效打击毒品活动，腐败现象也没能得以有效遏制。2006 年多米尼加进行了中期选举，执政党多米尼加解放党在参众两院的议席大大增加，在参议院 32 个议席中取得了 22 个，在众议院 150 个议席中取得了 96 个。中期选举结束后，费尔南德斯总统推动了宪法改革：赋予公民更多的权利、厘清现行宪法中前后不一致的条款、规定议会选举与总统选举同期举行、总统可连续两个任期等。

2007 年执政党多米尼加解放党举行了推举参加 2008 年总统大选候选人的会议，现任总统的得票率为 71.5%，另一位领导人获得了 28.5% 的选票，故此费尔南德斯总统作为候选人参加即将到来的大选。

2008 年 5 月，多米尼加解放党候选人费尔南德斯在第一轮投票中，获得了 53.43% 的选票，竞争对手多米尼加革命党候选人瓦尔加斯获得了 40.93% 的选票，费尔南德斯总统得以连任。

在本届任期内，由于腐败问题、经济和社会发展问题及电力匮乏问题没有得到解决，费尔南德斯的民众支持率有所下降。但是，执政党在参众两院仍占据优势，参议院议长和副议长均为该党成员。虽然多米尼加政局保持相对稳定，但费尔南德斯政府也面临着重重考验。多米尼加主要政党和商业团体中的年轻人强烈呼吁彻底改革政府机构，杜绝政府部门的浪费。社会上主张参众两院合并、把议员人数从182名缩减至150名的呼声越来越高。在2008年7月举行的一次记者招待会上，费尔南德斯首次就能源紧张和食品涨价问题表态。与前任政府不同，费尔南德斯强调利用双边和多边协议解决国内问题，如用石油生产国的获利创建“团结基金”（Solidarity Fund），把以优惠价格从委内瑞拉进口的石油数量从每日3万桶增至5万桶，等等。而多米尼加各界普遍认为，执政党没有提出明确的改革方案和行动计划，没有针对性地解决问题。面对外界的批评，费尔南德斯政府做出回应，提出“一揽子行动计划”：支持开发新型可再生能源、推动乙醇生产、使能源和食品补贴合理化、深化电力公司的改革、把国有土地用于农业生产、减少不必要的政府开支等。但是，面对价格上涨和断电现象日益频繁的现状，费尔南德斯政府只有提出更具体的实施计划，采取切实可行的行动，才能缓和来自社会各界的压力。8月，费尔南德斯总统宣誓就职，开始了他第三个总统任期。

2010年5月的议会选举中，多米尼加革命党在议会的席位缩减到了只有75个，多米尼加解放党一举获得了2/3的席位，这就意味着多米尼加解放党扩大了政治优势。

2012年大选到来之前，2011年9月的盖洛普（Gallup）民意调查显示，多米尼加革命党候选人梅希亚获得50%的民众支持，而多米尼加解放党候选人达尼洛·梅迪纳的支持率只有34%。但梅希亚与革命党主席米格尔·瓦尔加斯·马尔多纳多（Miguel Vargas Maldonado）的冲突日益公开化，导致相当一部分选民对他们失去了信任。此后，在大选候选人的公开辩论中，梅希亚的演讲极具争议，慢慢失去了选民的支持。一次次的民意调查清晰地揭示了民众态度的变化。自2011年10月多米尼加解放党采用副总统战略以来，多米尼加解放党的支持率开始持续上升，而多米尼加革命党的支持率持续下降。

（四）达尼洛·梅迪纳政府（2012年至2020年8月16日）

2012年新年伊始，佩恩·舍恩与柏兰德首次在调查中发现了多米尼加解放党支持率领先，其后在3月的民调中，盖洛普确认了多米尼加解放党的优势。在4月28日的一次民意调查中，梅迪纳的支持率上升到50.6%，而梅希亚的支持率只有44.6%。果不其然，在2012年5月20日举行的大选中，多米尼加解放党候选人达尼洛·梅迪纳首轮胜出，获得了51.21%的选票，主要反对党候选人伊波利托·梅希亚获得了46.95%的选票，其余的4位独立参选人获得了1.8%的选票。8月16日，梅迪纳宣誓就职。多米尼加解放党的获胜，有两大主要原因。一是执政党的优势。尽管面临高失业率、通货膨胀、高犯罪率以及电力紧张等诸多问题，但在大选之前，政府将大量的公共资金投入基础建设和福利项目，这在很大程度上转移了公众的注意力。二要归功于其与国内其他党派的联盟，尤其是与国内第三大党基督教社会改革党的联盟。在多米尼加解放党所获得的选票中，来自党内的票数占37.73%，多米尼加解放党的13个联盟党派，贡献了其余13.48%的选票，其中基督教社会改革党就贡献了5.87%的选票。在两大党派差距不大的情况下，这种支持起到了决定性作用。

在经济方面，2012年多米尼加经济温和增长，不过在大选之年，执政党大幅度增加了公共支出，导致财政赤字占GDP的比重猛增，好在当年国内通货膨胀控制较好，为货币政策提供了操作空间。在社会方面，贫困与失业状况并未得到缓解，犯罪问题依旧困扰着多米尼加，公共卫生领域也面临严峻的挑战，不过政府提出了新的社会目标，继续增加公共建设投资。在外交领域，新总统梅迪纳开始活跃在政治舞台上，希望通过一系列的双边、多边活动，扩大多米尼加在国际舞台上的影响力。

2014年达尼洛·梅迪纳总统表示，多米尼加政府推动成立发展银行以支持出口加工业发展，为保税区内的跨国公司提供更多优惠政策。保税区内的17家企业宣布将扩大投资规模。

2016年，多米尼加共和国举行了新一届总统、议会及地方政府首脑选举，5月15日大选计票开始，包括现任总统梅迪纳在内的8位候选人角逐总统职位。选举后，一些反对党指责在地方选举中存在收买选票和不正当计票等舞弊现象。此外，机器计票和人工计票双轨制也拖延了选票统计时间，计票结果在投票两周后才得以公布。多米尼加共和国选举委员会28日晚宣布，现任总统多米尼加解放党候选人梅迪纳获得连任，多米尼加解放党同时在议会选举和地方首脑选举中占绝对优势。这意味着梅迪纳总统将在第二个任期内，获得来自议会和地方的稳定支持。近年来，多米尼加经济实现了连续稳定增长，并在2016年成为拉美经济增长速度最快的国家。多米尼加经济持续增长的主要原因有梅迪纳执政以来，实施了建设电厂、兴建自由贸易区、旅游港口及物流中心等一系列举措，使建筑业持续繁荣；加之美国经济温和复苏，带来了侨汇和投资，带动了旅游业迅猛发展，2016年第一季度，来自美国的游客占全部外来游客的38.5%，2016年前往多米尼加旅游的人数继续创下新高；同时在一系列自由贸易协定与国际大宗商品价格下跌的影响下，多米尼加进口成本大幅下降。多米尼加经济实现持续繁荣，梅迪纳总统也得到选民的认可与支持。

2016年8月，多米尼加总统梅迪纳在其第二任期就职典礼致辞中提出多米尼加2016~2020年施政目标，主要内容如下。

第一，脱贫。实现83万人口脱贫，35万人口脱离赤贫。创造40万个就业岗位，为生产者提供570亿比索的贷款。加强农业保障，提高基础设施水平，建设更多公路、村路、水渠、水库和水井。农村贫困人口减少11%，生产1.324亿担粮食（约66.2亿千克），到2020年农业生产提高10%，贫瘠地区生产力提高48%。为小微企业提供30万项优惠贷款，简化小微企业申办手续，实现24小时办结，费用不超过500比索。建设30个中小企业中心，为30万个企业提供培训、咨询和技术服务。设立国家创业网络，为25万名创业者创造生态创业条件，为小微企业和创业者提供企业管理和金融方面的培训。

第二，教育。教育投入达到GDP的4%，教师平均工资提高60%，推广幼儿教育1200项服务基斯克亚计划，提高高等教育质量，提供2万个国内奖学金机会和1万个出国留学奖学金机会，加强师资培训，为青年人提供英语学习机会，提高他们获得知识和快速就业的能力。采取多项措施提高识字率，消除不少于13.5万名文盲。

第三，健康。提高全民健康水平，实施医疗体制改革，加快全国卫生体系建设，强化公共卫生部职能，发展社区和家庭卫生服务新业态，完善医院经营模式，发展整体紧急救护网络，在全国普及强化 911 勤务中心功能，实现公共服务和私人服务相结合。

第四，社保。加强社会保障能力建设，确保药品质量和价格公平。普及基础医疗计划，减少家庭医疗开支，为全国 5 万名贫困老年人提供社会保障金。

第五，住房。采取一切措施保证每个家庭拥有体面住房，加强与私营企业合作，创造新的信贷模式，为贫困家庭提供条件较好的社会租房。

第六，水务。提高饮用水质量，重组和强化水务管理部门职能，提高人力技术水平，加强社区参与度；到 2020 年全国自来水供水率提高到 83%，城市达到 88%，农村达到 70%。提高农业和旅游业水利基础设施和技术水平，管道送水实现 100% 氯化；推行国家清洁水战略；继续开展河流整治。

第七，公共工程。建设 10 大公共工程，包括巴尼环路、南圣胡安环路、阿苏阿环路、卡巴雷特环路、圣地亚哥北环路延伸、纳瓦雷特—普拉塔港高速公路、圣多明各胡安·博什环城高速三期工程、伊莎贝尔·阿吉亚尔大道地下管道、东圣多明各哈托马约尔—港口—巴亚瓜纳高速公路及圣弗朗西斯科环路工程等。

第八，交通。将家庭用于交通的费用减少 30%。加大公共交通投资力度，提高运营水平，政府推动对公交公司的培训，执行道路安全计划。

第九，能源。推进能源转型和现代化，减少能源流失，将能源流失率从 31% 降低到 15%，提高输配电企业效率。

第十，数字化建设。制订"数字多米尼加计划"，2017～2018 年向公立学校提供 95 万台电脑。

第十一，透明政府建设。加强透明教育培训，反腐倡廉，推进政党法和选举法立法。

第十二，公共支出和税收。提高公共支出效率，实行公共支出网上公开，加强税收管理。

2018 年 1 月，多米尼加总统府发布消息，重点介绍了梅迪纳总统执政 5 年来在推动政企合作方面取得的显著成绩。

第一，促进公私对话，共创经济繁荣。梅迪纳政府最显著的政绩是促进公私对话和政企互信，为私人企业繁荣增长创造条件。多米尼加企业界对梅迪纳政府为促进经济增长所做的努力表示肯定。5 年来，企业利润创历史纪录，私人企业规模扩大，在此基础上，多米尼加经济增速始终处于拉美各国前列。

第二，公私共建低成本住房，切实改善民生。胡安·博什住宅城项目是多米尼加政企携手合作改善民生的典型项目。该项目使首都圣多明各和第二大城市圣地亚哥共 3.5 万个职工家庭买得起低成本住房。梅迪纳政府通过此项举措来偿还政府对社会欠下的数十年债务，同时使百姓获得住房的渠道更体现民主化。该住宅城项目共 360 万平方米，每套住房成本控制在 90 万 ~240 万比索（按 2018 年汇率约合 1.9 万 ~5 万美元）。建设方式为政府负责供地、道路开发、水电及排污等基础设施建设，负责建设学校、医疗中心、警务所、消防站、幼儿园等社会配套设施。私人部门负责住宅楼、配套商务区的建设和出售等。买房者可享受政府提供的土地基金与工业品和服务流转税基金两种优惠贷款，两项基金均可提供占住房成本 10% ~12% 的支持，贷款期限为 20 年，利率为 9%。

多米尼加创立的信托机制可以称得上一场建筑业革命。胡安·博什住宅城项目就是在此机制框架下开发的。信托机制是多米尼加政府为了确保降低住房成本而引入市场的一种新抵押模式，梅迪纳总统计划通过利用国家日益累积的养老金来实现这一目的。住宅建筑商也称赞政府为解决中低收入家庭住房困难所做的努力，愿意继续与梅迪纳政府一道努力，开发更多低成本住房。

第三，设立促进出口办公室，着力强化竞争力。2015 年 7 月，梅迪纳在总统府专门设立促进出口办公室，召集 15 个政府部门和 8 家私人机构，制定统一出口促进措施，研讨跨部门合作方案，提升竞争力。2012 ~2014 年全国出口总值（含自由贸易区）增加 11%，从 89.35 亿美元增长到 99.20 亿美元，年均增长 5.4%。5 年来，梅迪纳政府在恢复市场信心、改善内外投资环境方面做出了积极努力。

第四，创造就业，提供高质量公共服务，实现脱贫目标。梅迪纳总统鼓励私人部门和政府联手合作，通过创造更多就业机会，提供高质量公共服务，实现消除贫困，扩大中产阶层数量，建立真正的福利国家。

第五，共建数字化教育，实施数字化共和国计划。梅迪纳总统与Altice、微软等多家跨国公司签署合作协议，共同建设未来数字化教育，推进实施数字共和国计划。

第六，大力宣传多米尼加投资潜力，积极吸引外国投资。2013 年 10 月，梅迪纳总统作为演讲嘉宾出席巴拿马伊比利亚美洲企业家峰会，展现出与企业家加强合作的战略眼光，并在第 23 届伊比利亚美洲国家首脑峰会上明确表示多米尼加正处于社会和经济发展潜力日益增长时期，将为企业家在多投资和建设项目提供广阔空间。

第七，重视中小微企业发展，建设中小微企业创业中心。在执行关于货物和服务采购与承包的第 340 - 6 号法的过程中，通过提高执行力和透明度，保证每年政府采购的 20% 服务于中小微企业，已有 5672 家中小微企业取得向国家供应资格。①

（五）路易斯·阿比纳德尔政府（2020 年 8 月 16 至今）

2020 年 7 月 5 日，多米尼加举行新一届总统大选，8 日，多米尼加共和国中央选举委员会公布的全部计票结果显示，现代革命党候选人、多米尼加经济学家与企业家路易斯·阿比纳德尔（Luis Abinader）获得 52.52% 的选票，以过半得票率当选新总统，现代革命党也结束了多米尼加解放党连续 16 年执政的局面。阿比纳德尔的主要竞选对手、多米尼加解放党候选人贡萨洛·卡斯蒂略（Gonzalo Castillo）得票率为 37.46%，在 6 名总统候选人中排名第二。阿比纳德尔获胜后在推特上发文说，此次胜选是“所有人的胜利”，并感谢国人对他的信任。阿比纳德尔生于 1967

① 中华人民共和国驻多米尼加共和国大使馆经济商务处：《多米尼加总统梅迪纳执政 5 年来积极推进政企合作取得显著成效》，中华人民共和国驻多米尼加共和国大使馆经济商务处网站，2018 年 1 月 24 日，http://dom.mofcom.gov.cn/article/ztdy/201801/20180102703082.shtml，最后访问日期：2019 年 5 月 20 日。

年，是现代革命党领导人，他拥有经济专业学士学位和项目管理专业硕士学位，曾在2016年总统竞选中失利。

多米尼加当地时间2020年8月16日，阿比纳德尔在议会大厦宣誓就职。当天阿比纳德尔总统发表就职演说，他表示，肆虐全球的新冠肺炎疫情使国家陷入严重的危机，新政府将增加公共卫生投入，推出更有力的防控措施以遏制疫情蔓延，为全体国民提供有效的医疗保障。阿比纳德尔总统还表示，在内政方面，新政府将集中于恢复经济、扶持产业、改善教育、保障就业、防止腐败、加强治安以及基础建设等；而在外交方面，新政府将致力于加强与世界各国的关系，特别是要巩固与唯一的陆上邻国海地的友好合作。

第八节　著名历史人物

胡安·巴勃罗·杜阿尔特　多米尼加独立之父，出身于圣多明各的一个上层家庭，曾经在欧洲留学7年，回国后立即投身争取民族独立的运动，年仅20岁的杜阿尔特领导了1838年起义。他是一位理想主义者、禁欲者与真正的民族主义者，还是一位坚持原则、充满传奇色彩的英雄，为争取多米尼加民族独立而奋斗终生。他创立“三位一体”组织，团结多米尼加人民，开展反抗海地统治的武装斗争。“三位一体”曾改名为“博爱”组织。1843年12月，杜阿尔特在返回圣多明各途中身染重病。1844年3月14日，杜阿尔特病愈后回到多米尼加，受到了多米尼加人民的热烈欢迎。杜阿尔特随后到北部地区圣地亚哥的农业区锡瓦奥担任执政官，最后在与桑塔纳的政权之争中被流放。

佩德罗·桑塔纳　“三位一体”的成员，多次担任多米尼加总统，具有一定的考迪罗色彩，依靠军事力量来实施铁腕统治。1844年7月12日，桑塔纳率军占领了圣多明各，并宣布自己出任多米尼加总统。任职期间，桑塔纳授权国民代表大会制定宪法，1844年11月6日多米尼加历史上的第一部宪法正式诞生。1848年2月，桑塔纳被迫下台，1849年4月，他率军击败了海地军队，1853年2月，再次当选总统。1861年3月17

日，桑塔纳邀请西班牙占领多米尼加，1864 年 6 月 14 日，桑塔纳在绝望中离世。

布埃纳文图拉·巴埃斯 巴埃斯也是一位具有一定考迪罗色彩的总统。1849 年 8 月 19 日，巴埃斯在第二轮选举中获胜，登上了多米尼加的政治舞台。1856 年巴埃斯担任副总统，随后总统辞职，巴埃斯顺利担任总统。1865 年巴埃斯再次出任总统。1866 年由于爆发武装起义，巴埃斯于 5 月流亡海外。返回多米尼加后，巴埃斯又多次担任总统，但由于他的政治立场偏向出卖祖国利益，并渴求得到大国保护，以至于每届任期都很短暂。1878 年 2 月，巴埃斯再次被流放，1882 年客死他乡。

尤利塞斯·厄鲁 1882 年当选为多米尼加总统，此后开启在多米尼加长达 17 年的独裁恐怖统治。1886 年再次当选为总统，1891 年厄鲁政府与美国达成了互惠协议，自由进入多米尼加的美国商品种类达到 20 种，多米尼加的部分商品也可以免税进入美国市场。厄鲁坚持高压统治，残酷迫害反对他的政治势力，为了监视流外在外的反对者，厄鲁不惜建立间谍系统。1899 年 7 月 26 日，革命者卡塞雷斯在莫卡成功刺杀厄鲁。

拉斐尔·莱昂尼德斯·特鲁希略 1930 年特鲁希略当选为总统。特鲁希略是多米尼加著名的独裁者，他独断专行，利用军队来打击政治对手。特鲁希略政府的特点是残暴与经济进步，为了稳固独裁统治，他组建了多米尼加人民党。特鲁希略独裁政府奉行反海地主义，利用多米尼加人和海地人之间的文化差异来培养强烈的民族主义意识。1937 年 10 月，特鲁希略命令部队使用大刀杀死他们怀疑是海地人的人。为了巩固统治基础，特鲁希略不惜用政权力量来控制教育系统和新闻媒体机构。特鲁希略的雕像和半身像遍布全国各地，公园、街道、山脉和城镇也都冠上特鲁希略的名字，杜阿尔特峰改为特鲁希略峰，首都圣多明各也改名为特鲁希略城。1960 年，特鲁希略的下属谋杀了米拉瓦尔三姐妹。1961 年 5 月 30 日特鲁希略遭到刺杀，不治身亡，这标志他在多米尼加长达 31 年的独裁统治正式宣告结束。

胡安·博什 胡安·博什不单是一位伟大的政治家，还是著名的诗人、短篇小说作家和散文家。1909 年 6 月 30 日出生于多米尼加拉贝加。

1937年，因参加抗议特鲁希略独裁统治而遭到迫害，博什不得已前往古巴。两年多后博什在古巴成立了多米尼加革命党。1962年博什成为多米尼加第一位民选总统，执政后他主张言论自由，尤其允许信仰共产主义的知识分子表达自己的观点，并促进共产主义思想的传播。1963年军事政变爆发后，博什被迫流亡。

华金·巴拉格尔 华金·巴拉格尔是多米尼加从19世纪向20世纪过渡的强人政治模式的代表，是一位愿意在民主框架内实施政治统治的政治家。1906年9月1日，巴拉格尔出生于多米尼加比索诺镇，23岁时在圣多明各自治大学获得了法学学位。1930年，巴拉格尔成为特鲁希略的支持者，1932年他被分配到多米尼加共和国驻西班牙大使馆工作，1934年巴拉格尔在法国索邦获得法学和经济学博士学位，同年在巴黎任多米尼加共和国议会秘书。在特鲁希略独裁统治期间，他不仅为特鲁希略写演讲稿，还写了几本文学和多米尼加共和国历史领域的作品。1966年当选总统，1986年、1990年、1994年连续当选。巴拉格尔在22年的时间里曾经7次当选总统，这是多米尼加历史上的一项政治记录。1996年，年事已高的巴拉格尔辞去了总统职务。2002年7月14日，巴拉格尔去世。

西尔韦斯特·安东尼奥·古斯曼·费尔南德斯 多米尼加革命党成员，1978年当选为总统。执政期间内古斯曼在政治与经济领域都进行了多项改革，采取直接手段，收回军事领导权，推行军队非政治化政策，解除一些具有政治野心的军官的职务，确保军队的非政治化。古斯曼的努力收到了一些成效，为以后的政治稳定奠定了基础。1982年古斯曼自杀身亡。

第三章

政　治

第一节　国体与政体

多米尼加的国体是资产阶级专政的国家[①]，是代议制民主国家，政体是美国模式的总统制共和制。多米尼加行政机构中设立总统和副总统，总统行使行政权，有权组建内阁，任期4年。总统由公民选举产生。1994年8月，多米尼加对1966年宪法进行了修改，规定总统任期4年，不得连选连任。2002年6月，多米尼加修改宪法恢复总统连选连任制。2010年1月，多米尼加再次修改宪法并成立宪法法院。新宪法规定，总统是国家元首、政府首脑和武装部队最高统帅。总统不得连选连任，但可隔届参选。总统和议会选举于同一年举行。2015年6月，多米尼加通过修宪提案，废除宪法中"总统不得连选连任"条款，规定现任总统可参与下届总统选举。根据多米尼加宪法，立法权赋予国会，实行两院制。国会由参议院和众议院组成，目前参议院有32个席位，众议院共190个席位，参议院成员由每个国家区和省选举一名参加，众议院包括7名海外议员，每个省（区）至少选2名。参众两院的2/3以上多数可以行使对总统的否决权。根据多米尼加宪法，最高法院、检察院和司法部门共同行使司法权。最高法院由16名大法官组成，最高法院院长由参议院任命。总检察长由总统任命。选举是多米尼加政治生活中的一件大事。总统、副总统、

① 《中美洲和加勒比国家的国体和政体》，《拉丁美洲研究》2007年第4期。

参众两院议员都由直接选举产生，2015 年宪法第二部分第四章第 75 条中的第 2 小条规定，“每个多米尼加公民都有投票的义务，条件是他具有投票的法定资格”[①]；多米尼加宪法确保了多米尼加人民的选举权与被选举权。政党在多米尼加政治生活中发挥着重大作用，多米尼加是多党制，主要政党有多米尼加解放党（又称紫党）、多米尼加现代革命党（Partido Revolucionario Moderno）、多米尼加革命党（又称白党）、基督教社会改革党（又称红党）等。目前的执政党是多米尼加现代革命党。

第二节　宪法

一　独立之前的宪法

（一）1787 年西班牙殖民期间的宪法

这部宪法规定的行政权一直影响至今。

（二）1801 年图森特·卢瓦特执政期间的宪法

1795 年，伊斯帕尼奥拉岛的东部地区归属法国。1801 年 1 月，图森特·卢瓦特出任圣多明各执政官，2 月，他召开了制宪会议，颁布了宪法，这部宪法仅仅维持到 1802 年初。

（三）1804 年法国统治时期的宪法

1802 年图森特·卢瓦特下台，1804 年新政府颁布宪法，这部宪法的有效期截止到 1809 年。

（四）1812 年西班牙统治时期的宪法

1809 年，西班牙再次控制伊斯帕尼奥拉岛东部地区，1812 年 3 月 19 日颁布了新的宪法。

（五）1816 年海地宪法

1822 年 2 月，海地占领了伊斯帕尼奥拉岛东部地区，随后在这一带

① 多米尼加高等教育、科学和技术部网站：“wp. soldeva. com/transparencia/wp - content/uploads/2017/10/constitucion - de - la - republica - dominicana - del - 2015. pdf”，https：//mescyt. gob. do，最后访问日期：2019 年 5 月 30 日。

推行海地宪法，即1816年海地宪法。

（六）1843年海地统治时期的宪法

1843年11月，海地统治政府颁布了一部新的宪法，4名多米尼加代表参加了制宪会议。

二 1844年宪法

1844年2月27日，获得独立后的多米尼加决定颁布宪法，巩固独立运动中所取得的胜利果实。当年11月6日，制宪会议颁布了独立后的第一部宪法，即1844年宪法，这也是多米尼加法制进程中具有现代意义的一部宪法。1844年宪法宣布多米尼加为独立自由的主权国家，并对国家的领土、行政区划、国籍、公民权利、立法权、行政权、选举制度和宪法的修订等做出了规定。随后，1844年宪法多次修订，截止到1994年，这部宪法共经历了36次修订。修订内容包括对公民权利的修订、对议会制度的修订、对总统选举资格的修订、对总统任期的修订、对总统选举方式的修订和对副总统设立与否的修订等。

三 多米尼加现代宪法

1966年11月，多米尼加颁布了新的宪法，规定多米尼加为总统制国家，设立总统与副总统。总统任期为4年，由公民选举产生，享有行政权。总统有权任命各部部长和其他重要官员、有权否定参众两院的决议。这部宪法还规定，参众两院的2/3以上多数就可以行使对总统的否决权。

总统是国家元首、政府首脑与武装部队最高指挥官。总统因故不能履行职务时，由副总统继任总统。总统选举与议会、地方选举分期进行。如果总统候选人在第一轮投票中都没能获得超过50%的选票，必须进行第二轮投票。多米尼加成立国家司法委员会，负责挑选最高法院的法官。

2002年7月，多米尼加又颁布了新的宪法，这部宪法对多米尼加现行政治体制的基本框架、公民的权利与义务、国家机构与组织机构、宪法的地位以及法律体系等都做出了明确规定。其中修改最大的就是规定“总统可以连选连任”，但是“总统当选的选票数量从50%下降到45%的提案”却没能获得通过。

2010年1月，多米尼加再次修改宪法并成立宪法法院。新宪法规定，总统是国家元首、政府首脑和武装部队最高统帅。总统不得连选连任，但可隔届参选。总统和议会选举于同一年举行。

2015年6月，多米尼加通过修宪提案，废除宪法中“总统不得连选连任”条款，修改为“共和国总统可能选择连续第二个宪法任期，也可能永远不会竞选共和国的同一职位或副总统职位”①。

2015年宪法在多米尼加政治生活中发挥着重大作用，除了对多米尼加政治体制、公民的基本权利与义务、国际机构与组织机构、宪法的地位等内容进行了明确规定，还强调了国家安全与领土安全、环境保护、外交关系、宪法法院、宪法改革与修订等内容。②

2015年宪法共分为13个部分277条。③ 第一部分规定了多米尼加国家与政府的基本原则，明确指出：多米尼加是一个自由和独立的国家，名为多米尼加共和国；主权完全存在于人民中，根据本宪法和法律规定，人民通过其代表或直接行使所有权利；国家政府的基本原则是民主、共和与选举，分为立法权、行政权和司法权，这三种权力在履行各自职能时是独立的。第二部分规定了多米尼加公民的基本权利与政治权利，所有的人都生而自由，在法律面前人人平等，接受同样的保护，享受同样的权利、自由和机会，不存在性别、肤色、年龄、残疾等歧视；每个人都有权获得个人自由和安全。第三部分讲述了参众议院的组成原则，规定立法权由国民议会代表人民行使，由共和国参议院和众议院组成；参议院由每个省和国

① 多米尼加高等教育、科学和技术部网站：“wp. soldeva. com/transparencia/wp - content/uploads/2017/10/constitucion - de - la - republica - dominicana - del - 2015. pdf”，https：//mescyt. gob. do，最后访问日期：2019年5月30日。

② 多米尼加高等教育、科学和技术部网站：“wp. soldeva. com/transparencia/wp - content/uploads/2017/10/constitucion - de - la - republica - dominicana - del - 2015. pdf”，https：//mescyt. gob. do，最后访问日期：2019年5月30日。

③ 多米尼加高等教育、科学和技术部网站：“wp. soldeva. com/transparencia/wp - content/uploads/2017/10/constitucion - de - la - republica - dominicana - del - 2015. pdf”，https：//mescyt. gob. do，最后访问日期：2019年5月30日。

家区各选出一名成员组成，其任期为4年；每5万居民或超过2.5万居民可以选出一名众议院议员，每省（区）至少选出2名众议员。第四部分规定了总统、副总统和政府机构的产生方式与行政权力。第五部分规定了多米尼加的司法机构。第六部分规定了全国治安法官委员会的产生方式与工作职能。第七部分强调了宪法管理，认为宪法法院将保证宪法至上，维护宪法秩序和保护基本权利；其决定是最终的，不可撤销的，是公共当局和所有国家机构具有约束力的范例。第八部分讲述了监察机构。第九部分陈述了多米尼加的土地规划。第十部分规定了选举委员会的工作职责。第十一部分强调了经济与社会发展的各项要求。第十二部分规定了武装部队与国家警察的神圣使命与工作职责。第十三部分规定了宪法改革与修订的相关要求，还规定了一些补充条款与过渡条款等。

第三节 选举制度

随着多米尼加政治革新、国家转型的加速，民主制度不断发展巩固，政党与选举制度日趋完善，选举已经成为多米尼加人民政治民主生活中的一件大事。尤其是进入民选政府时期、总统权力实现和平交接以来，多米尼加的选举制度也不断优化，民主过渡后多米尼加政府对选举制度进行了三项改革：一是将间接选举改为直接选举；二是将相对多数制改为两轮多数制；三是加强和完善选举机构，保障选举权利。①

多米尼加2015年宪法明确规定，多米尼加人民具有“选举并有资格获得本宪法规定的职位、通过公民投票来决定他们提出的事项”等基本权利，规定选举政府当局和参加公民投票是公民行使选举权的权利和义务，投票是个人的、自由的、直接的和秘密的。任何人都不得以任何借口强迫他们行使投票权或公开投票权。法定年龄未满18岁的居民不具有选举权或被选举权；武装部队和国家警察的成员没有选举权。

为了保证选举工作的有序进行，多米尼加在大选之前设立投票站，

① 石晶：《2016年多米尼加大选述评》，《西江文艺》2016年第16期。

投票站将每4年开放一次，以选举共和国总统和副总统、立法代表、市政当局和其他官员或代表。选举由中央选举委员会和选举委员会组织、指导和监督，选举委员会有责任保证选举的自由、透明、公平和客观。中央选举委员会是一个自治机构，具有法人资格，实行行政、预算和财务独立，其主要目的是组织用于本宪法和法律确定的选举和建立民众参与机制，由一名总统和4名成员及其候补成员组成，下设“民事登记总局”和“身份证件总局”两个机构。中央选举委员会根据宪法接受政党注册登记、各参选政党公共职务候选人提名、印制选票、任命和安排各计票点，组织和指导民主、公平投票选举。“民事登记总局”承担全国出生、婚姻等民事登记；“身份证件总局”负责全国选举身份证的颁发。

为了对选举过程进行有效监督，对选举过程中出现的问题进行司法裁定，多米尼加设立高级选举法庭来加强对选举的管理与监督。高级选举法庭是对有争议的选举问题进行最终判断和裁决的主管机构，并对在党派、团体和政治运动内部或之间产生的争端做出裁决。它将依法管理其权限程序以及与其组织、行政和财务职能有关的所有事项。法院将由不少于3名、不超过5名选举法官及其候补人员组成，由全国治安法官委员会任命，任期4年。

第四节　行政机构

一　总统与副总统

多米尼加是仿照美国模式建立起的总统制共和制国家，行政权、立法权、司法权三权分立，总统行使行政权。根据2015年宪法，多米尼加总统参选必须具备以下资格：出生于多米尼加或是多米尼加人；年满三十岁；享有完全公民权利和政治权利；在总统选举之前至少三年内不是现役军人或警察。多米尼加还设置一名副总统，选举办法、任期与参选资格与总统相同。总统与副总统都由公民普选产生，选举同期举行。未经国会允许，总统不得离境超过 15 天。在大选中当选的总统和副总统应在其当选后的 8 月 16 日在国民议会面前宣誓就职，誓言为："我在上帝面前，在人民面前，为祖国和我的荣誉发誓，履行和遵守宪法和共和国法律，保护和捍卫共和国的独立，尊重国家权力，尊重公民的权利和维护公民的自由，忠实地履行我的职责。"假如新当选的总统由于生病或不可抗力等不能宣誓就职，暂时当选的副总统代行总统职权；新当选的副总统也不能履行职权时，由最高法院院长暂时代行总统职权。新当选的总统宣誓后不能履职，由副总统代行总统职权；新当选副总统宣誓后离职，由最高法院院长代行总统职权。新当选的总统宣誓后永久离职，副总统代行总统职权；副总统宣誓就职后永久离职，则由最高法院院长暂时代行总统职权。最高法院院长应在任职当日起的 15 天内，召集国民议会在接下来的 15 天内举行大选，选举新的总统和副总统，在选举结束前不能关闭或宣布休会；如果由于种种原因无法召开国民议会，国民议会将立即自动召开会议，选举出继任总统与副总统。

多米尼加总统是国家元首、政府首脑与武装部队的最高统帅。总统的职权如下。第一，作为国家元首，主持国家仪式；颁布并公布国民议会的法律和决议，并监督法律与决议的执行情况，必要时颁布法令、规章和指示；任命或解雇军事和警察司法管辖区的成员；庆祝和签署条约或国际公约，并提交国民议会批准，否则这些公约将无效或对共和国无约束力；根据法律，安排武装部队和国家警察做好本职工作，自己或通过相应的部门发送指令，确保对武装部队和国家警察的指挥，确定武装部队和国家警察人数，确保武装部队和国家警察为公民服务；如有外国或外国势力实际或即将发动武装攻击，授权武装力量进行正当防卫，确保国家安全，必须向国会报告国家所采取的紧急措施与防御性行为；如有违反或威胁公共秩序、国家安全、公共服务或公用事业的行为，或阻止经济活动发展的行为，授权国家警察采取措施；依照法律规定，在国家安全事务中，出现与航空、海事、河流、陆地、军事和警察区域有关的所有事项，应与各部委及其行政单位积极磋商；根据法律和国际公约，在每年的 2 月 27 日、8 月 16 日和 12 月 23 日给予赦免；依法逮捕或驱逐其活动有损或可能有损公共秩序或国家安全的外国人；出于公众利益的考虑，有权禁止外国人进入国境。第二，作为政府首脑，总统应委任部长和副部长及其他政府官员，并接受他们的辞职；指定国家自治机构的负责人，并依法接受他们的辞职；在认为必要时更换总统官邸；在每年 2 月 27 日第一次立法常规会议期间向国民议会提交各部委的报告，并报告上一年的行政管理情况；每年 10 月 1 日之前向国民议会提交下一年的国家总预算法草案。第三，作为国家元首和政府首脑，总统负责任命参议院通过的外国大使和国际组织常驻代表团团长，任命外交团的其他成员，并接受他们的辞职；负责外交谈判并接待外国国家元首及其代表；允许或拒绝授权多米尼加公民担任政府公共职务，或在多米尼加共和国境内的国际组织职务，允许或拒绝多米尼加公民接受其他国家政府授予的勋章或职称；享有宪法和法律规定的其他权力等。①

多米尼加现任总统为现代革命党党员路易斯·阿比纳德尔，2020 年 7 月 8 日当选为总统，8 月 16 日宣誓就职；副总统为拉克尔·培尼亚（Raquel Peña）。多米尼加历任领导人见表 3－1。

表 3－1　多米尼加历任领导人

姓名	任期
中央委员会主席托马斯·博瓦迪利亚·布里奥尼斯(Tomás Bobadillay Briones)	1844 年 3 月 1 日～1844 年 11 月 13 日
佩德罗·桑塔纳(Pedro Santana)	1844 年 11 月 13 日～1848 年 8 月 4 日
曼努埃尔·何塞·希门尼斯·冈萨雷斯(Manuel José Jimenes González)	1848 年 9 月 8 日～1849 年 5 月 29 日
布埃纳文图拉·巴埃斯(Buenaventura Báez Méndez)	1849 年 5 月 29 日～1853 年 2 月 15 日
佩德罗·桑塔纳(Pedro Santana)	1853 年 2 月 15 日～1856 年 5 月 26 日
曼努埃尔·德雷格拉·莫塔	1856 年 5 月 26 日～1856 年 10 月 8 日

① 多米尼加高等教育、科学和技术部网站：“wp. soldeva. com/transparencia/wp－content/uploads/2017/10/constitucion－de－la－republica－dominicana－del－2015. pdf”，https：//mescyt. gob. do，最后访问日期：2019 年 5 月 30 日。

续表

姓名	任期
布埃纳文图拉·巴埃斯	1856 年 10 月 8 日 ~ 1858 年 6 月 13 日
何塞·德西德里奥·巴尔维德(José Desiderio Valverde Pérez)	1858 年 6 月 13 日 ~ 1858 年 8 月 31 日
佩德罗·桑塔纳(Pedro Santana)	1858 年 8 月 31 日 ~ 1861 年 3 月 18 日
西班牙驻圣多明各总督佩德罗·桑塔纳(Pedro Santana)	1861 年 3 月 18 日 ~ 1862 年 7 月 20 日
西班牙驻圣多明各总督费利佩·里韦罗(Felipe Ribero)	1862 年 7 月 20 日 ~ 1863 年 10 月 22 日
西班牙驻圣多明各总督卡洛斯·德瓦加斯(Carlos de Vargas)	1863 年 10 月 22 日 ~ 1864 年 3 月 30 日
西班牙驻圣多明各总督何塞·德拉冈达拉(José de la Gándara)	1864 年 3 月 31 日 ~ 1865 年 7 月 11 日
佩德罗·安东尼奥·皮蒙特尔(Pedro Antonio Pimentel)	1865 年 3 月 25 日 ~ 1865 年 8 月 4 日
最高长官何塞·玛丽亚·卡夫拉尔(José María Cabraly Luna)	1865 年 8 月 4 日 ~ 1865 年 11 月 15 日
临时总统佩德罗·吉列尔莫(Pedro Guillermoy Guerrero)	1865 年 11 月 15 日 ~ 1865 年 12 月 8 日
布埃纳文图拉·巴埃斯	1865 年 12 月 8 日 ~ 1866 年 5 月 29 日
三人执政	1866 年 5 月 29 日 ~ 1866 年 8 月 22 日
何塞·玛丽亚·卡夫拉尔	1866 年 8 月 22 日 ~ 1868 年 1 月 3 日
曼努埃尔·阿尔塔格拉西亚·卡塞雷斯(Manuel Altagracia Cáceresy Fernández)	1868 年 1 月 3 日 ~ 1868 年 2 月 13 日
军政府执政	1868 年 2 月 13 日 ~ 1868 年 5 月 2 日
布埃纳文图拉·巴埃斯	1868 年 5 月 2 日 ~ 1874 年 1 月 2 日
伊格纳西奥·玛丽亚·冈萨雷斯(Ignacio María González)	1874 年 1 月 2 日 ~ 1874 年 1 月 22 日
军事委员会	1874 年 1 月 22 日 ~ 1874 年 4 月 6 日
伊格纳西奥·玛丽亚·冈萨雷斯	1874 年 4 月 6 日 ~ 1876 年 2 月 23 日
国务院秘书长	1876 年 2 月 23 日 ~ 1876 年 4 月 29 日

续表

姓名	任期
尤利塞斯·弗朗西斯科·埃斯派利亚特(Ulises Francisco Espaillat Quiñones)	1876年4月29日~1876年10月5日
军政府执政	1876年10月5日~1876年11月11日
伊格纳西奥·玛丽亚·冈萨雷斯	1876年11月11日~1876年12月9日
军政府主席马科斯·安东尼奥·卡夫拉尔(Marcos Ezequiel Antonio Cabraly Figueredo)	1876年12月9日~1876年12月26日
布埃纳文图拉·巴埃斯	1876年12月26日~1878年3月2日
国务院秘书长	1878年3月2日~1878年3月5日
塞萨雷奥·吉列尔莫(Cesáreo Guillermoy Bastardo)	1878年3月5日~1878年7月6日
伊格纳西奥·玛丽亚·冈萨雷斯	1878年7月6日~1878年9月2日
人民军参谋长	1878年9月2日~1878年9月6日
代总统哈辛托·德卡斯特罗(Jacinto del Rosario de Castro)	1878年9月7日~1878年9月29日
国务院秘书长	1878年9月30日~1879年2月27日
塞萨雷奥·吉列尔莫	1879年2月27日~1879年12月6日
格雷戈里奥·鲁佩隆(Gregorio Luperón)	1879年12月6日~1880年9月1日
费尔南多·阿图罗·德梅里尼奥(Fernando Arturo de Meriño)	1880年9月1日~1882年9月1日
尤利塞斯·厄鲁(Ulises Heureaux)	1882年9月1日~1884年9月1日
弗朗西斯科·格雷戈里奥·比利尼(Francisco Gregorio Billini)	1884年9月1日~1885年5月16日
阿莱杭德罗·沃斯·伊·吉尔(Alejandro Woss y Gil)	1885年5月16日~1887年1月6日
尤利塞斯·厄鲁(Ulises Heureaux)	1887年1月6日~1889年2月27日
代总统曼努埃尔·玛丽亚·高蒂埃尔(Manuel María Gautier)	1889年2月27日~1889年4月30日
尤利塞斯·厄鲁(Ulises Heureaux)	1889年4月30日~1899年7月26日
胡安·文塞斯劳·菲格雷奥(Wenceslao Figuereo)	1899年7月26日~1899年8月30日
国务院秘书长	1899年8月30日~1899年8月31日
人民革命军政府	1899年8月31日~1899年9月4日
人民革命军政府主席霍拉西奥·巴斯克斯(Horacio Vásquez)	1899年9月4日~1899年11月15日
胡安·伊西德罗·希门尼斯·佩雷拉(Juan Isidro Jimenes Pereyra)	1899年11月15日~1902年5月2日

续表

姓名	任期
霍拉西奥·巴斯克斯	1902 年 4 月 26 日 ~ 1903 年 4 月 23 日
阿莱杭德罗·沃斯·伊·吉尔	1903 年 4 月 23 日 ~ 1903 年 11 月 24 日
卡洛斯·费利佩·莫拉莱斯(Carlos Felipe Morales)	1903 年 11 月 24 日 ~ 1905 年 12 月 29 日
国务院秘书长	1905 年 12 月 29 日 ~ 1906 年 1 月 12 日
拉蒙·卡塞雷斯(Ramón Cáceres)	1906 年 1 月 12 日 ~ 1911 年 11 月 19 日
国务院秘书长	1911 年 11 月 19 日 ~ 1911 年 12 月 5 日
埃拉迪奥·维多利亚(Eladio Victoria)	1911 年 12 月 5 日 ~ 1912 年 11 月 30 日
临时总统阿道尔弗·阿莱杭德罗·诺埃尔(Adolfo Alejandro Nouel)	1912 年 12 月 1 日 ~ 1913 年 4 月 13 日
临时总统何塞·博达斯·巴尔德斯(José Bordas Valdez)	1913 年 4 月 14 日 ~ 1914 年 8 月 27 日
临时总统拉蒙·巴埃斯·巴斯克斯	1914 年 8 月 28 日 ~ 1914 年 12 月 5 日
胡安·伊西德罗·希门尼斯·佩雷拉	1914 年 12 月 5 日 ~ 1916 年 5 月 7 日
阿里亚斯	1916 年 5 月 7 日 ~ 1916 年 7 月 31 日
弗朗西斯科·亨里克斯·伊·卡瓦哈尔(Francisco Henríquez y Carvajal)	1916 年 7 月 31 日 ~ 1916 年 11 月 29 日
哈利·谢泼德·克纳普(Harry Shepard Knapp)	1916 年 11 月 29 日 ~ 1918 年 11 月 18 日
本·赫巴德·福勒(Ben Hebard Fuller)	1918 年 11 月 18 日 ~ 1919 年 2 月 25 日
托马斯·斯诺登(Thomas Snowden)	1919 年 2 月 25 日 ~ 1921 年 6 月 3 日
塞缪尔·罗比森(Samuel Robison)	1921 年 6 月 3 日 ~ 1922 年 10 月 21 日
临时总统胡安·巴蒂斯塔·比西尼(Juan Bautista Vicini Burgos)	1922 年 10 月 21 日 ~ 1924 年 7 月 12 日
霍拉西奥·巴斯克斯(Horacio Vásquez)	1924 年 7 月 12 日 ~ 1930 年 3 月 3 日
代总统拉斐尔·埃斯特雷利亚·乌雷涅(Rafael Estrella Ureña)	1930 年 3 月 3 日 ~ 1930 年 8 月 16 日
拉斐尔·莱昂尼达斯·特鲁希略·莫利纳(Rafael Leónidas Trujillo Molina)	1930 年 8 月 16 日 ~ 1938 年 8 月 16 日
哈辛托·佩纳多(Jacinto Peynado)	1938 年 8 月 16 日 ~ 1940 年 2 月 24 日
曼努埃尔·德赫苏斯·特隆科索·德拉孔查(Manuel de Jesús Troncoso de la Concha)	1940 年 2 月 24 日 ~ 1942 年 5 月 18 日
拉斐尔·特鲁希略	1942 年 5 月 18 日 ~ 1952 年 8 月 16 日
埃克托尔·特鲁希略(Héctor Trujillo)	1952 年 8 月 16 日 ~ 1960 年 8 月 3 日

续表

姓名	任期
华金·巴拉格尔(Joaquín Balaguer)	1960年8月3日~1962年1月16日
公民军事委员会	1962年1月16日~1962年1月18日
拉斐尔·菲利韦托·邦内利(Rafael Filiberto Bonnelly)	1962年1月18日~1963年2月27日
胡安·博什(Juan Bosch)	1963年2月27日~1963年9月25日
军政府临时主席维克托·埃尔比·比尼亚斯·拉蒙(Víctor Elby Viñas Román)	1963年9月25日~1963年9月26日
三人执政委员会主席埃米利奥·德洛斯桑托斯·伊·萨尔西埃(Emilio de los Santos y Salcié)	1963年9月25日~1963年12月22日
三人执政委员会主席唐纳德·里德·卡夫拉尔(Donald Reid Cabral)	1963年12月22日~1963年12月29日
三人执政委员会主席拉蒙·塔皮亚·埃斯皮纳尔(Manuel Enrique Tavares Espaillat)、曼努埃尔·恩里克·塔瓦雷斯·埃斯派利亚特(Ramón Tapia Espinal)	1963年9月26日~1965年4月25日
革命委员会	1965年4月25日~1965年4月25日
临时总统何塞·拉斐尔·莫利纳·乌雷涅(José Rafael Molina Ureña)	1965年4月25日~1965年4月27日
无政府时期	1965年4月27日~1965年5月1日
临时总统佩德罗·巴托洛梅·贝诺伊特(Pedro Bartolomé Benoit)	1965年5月1日~1965年5月7日
安东尼奥·英韦托·巴雷拉(Antonio Imbert Barrera)	1965年5月7日~1965年8月30日
无政府时期	1965年8月30日~1965年9月3日
临时总统埃克托尔·加西亚·戈多伊(Héctor García-Godoy)	1965年9月3日~1966年7月1日
华金·巴拉格尔(Joaquín Balaguer)	1966年7月1日~1978年8月16日
西尔韦斯特·安东尼奥·古斯曼·费尔南德斯(Silverstre Antonio Guzmán Fernández)	1978年8月16日~1982年7月4日
哈科沃·马赫卢塔·阿萨尔(Jacobo Majluta Azar)	1982年7月4日~1982年8月16日
萨尔瓦多·豪尔赫·布兰科(Salvador Jorge Blanco)	1982年8月16日~1986年8月16日

续表

姓名	任期
华金·巴拉格尔(Joaquín Balaguer)	1986年8月16日~1996年8月16日
莱昂内尔·费尔南德斯·雷纳(Leonel Fernández)	1996年8月16日~2000年8月16日
伊波利托·梅希亚(Hipólito Mejía)	2000年8月16日~2004年8月16日
莱昂内尔·费尔南德斯·雷纳(Leonel Fernández)	2004年8月16日~2012年8月16日
达尼洛·梅迪纳(Danilo Medina Sánchez)	2012年8月16日至2020年8月16日
路易斯·阿比纳德尔(Luis Abinader)	2020年8月16日至今

注：未做特殊说明的皆为总统。

资料来源：根据百度百科整理而成，https://baike.baidu.com/item/%E5%A4%9A%E7%B1%B3%E5%B0%BC%E5%8A%A0%E6%80%BB%E7%BB%9F/7002447?fr=aladdin，最后访问日期：2020年12月11日。

二 政府各部

根据宪法，多米尼加政府机构中设立各部，行使公共事务的执行权与管理权。部长及副部长的任职条件如下：多米尼加人，享有完全公民权利和政治权利，并且年满25岁；外籍人士只有在获得多米尼加国籍10年后才能成为部长或副部长；部长和副部长不得进行任何可能产生经济利益的商业活动。多米尼加本届政府成立于2020年8月16日，设总统府秘书长1名和21个部：国防部，外交部，内政和公安部，财政部，工业、贸易和中小微企业部，经济、计划和发展部，教育部，公共工程和通信部，总统府行政部，高等教育、科学和技术部，旅游部，劳工部，能源和矿业部，公共卫生部，妇女部，农业部，文化部，环境部，公共管理部，体育部，青年部等。多米尼加2020届政府总统府秘书长及各部长名单见表3-2。

表3-2 2020年多米尼加政府总统府秘书长及各部长名单

职务	姓名
总统府部长	利桑德罗·马卡鲁利亚（Lizandro Macarrulla）
国防部部长	卡洛斯·卢西亚诺·迪亚斯·莫尔法（Carlos Luciano Díaz Morfa）
外交部部长	罗伯托·阿尔瓦雷斯·希尔(Roberto Álvarez Gil)

续表

职务	姓名
内政和公安部部长	赫苏斯·巴斯克斯·马丁内斯(Jesús Vásquez Martínez)
财政部部长	霍奇·比森特(Jochi Vicente)
工业、贸易和中小微企业部部长	维克托·比索诺·阿萨(Víctor Bisonó Haza)
经济、计划和发展部部长	米格尔·塞亚拉·阿顿(Miguel Ceara Hatton)
教育部部长	罗伯托·富尔卡尔(Roberto Fulcar)
公共工程和通信部部长	德利涅·阿森西翁·布尔戈斯(Deligne Ascención Burgos)
总统府行政部部长	何塞·伊格纳西奥·帕利萨(José Ignacio Paliza)
高等教育、科学和技术部部长	富兰克林·加西亚·费尔明(Franklin García Fermín)
旅游部部长	戴维·科利亚多(David Collado)
劳工部部长	路易斯·米格尔·德坎普斯(Luis Miguel De Campus)
能源和矿业部部长	安东尼奥·阿尔蒙特(Antonio Almonte)
公共卫生部部长	普卢塔科·阿里亚斯(Plutarco Arias)
妇女部部长	迈拉·希门尼斯(女,Mayra Jiménez)
农业部部长	林韦尔·克鲁斯(Limber Cruz)
文化部部长	卡门·埃雷迪亚(女,Carmen Heredia)
环境部部长	奥兰多·豪尔赫·梅拉(Orlando Jorge Mera)
公共管理部部长	达里奥·卡斯蒂略·卢戈(Darío Castillo Lugo)
体育部部长	弗朗西斯科·卡马乔(Francisco Camacho)
青年部部长	金伯莉·塔韦拉斯(女,Kimberly Taveras)

资料来源：中华人民共和国外交部网站，https://www.fmprc.gov.cn/，最后访问日期：2020年12月11日。

多米尼加主要经济部门的职能如下。

经济、计划和发展部：负责制定和完善国内可持续发展的公共政策，特别是在经济政策、社会、环境和文化等方面的工作。

工业、贸易和中小微企业部：负责制定和实施工业、商业和矿业政策，参与能源政策的制定，负责中央政府经济政策和总体计划的决策。

财政部：维护和确保国家财政秩序和可持续发展，促进宏观经济的稳定性，设计和实施有效公平的收支和公共金融政策。

多米尼加中央银行：负责本国货币的发行，保持币值稳定，维护宏观经济平衡，确保经济有序发展，保管国际储备；制定和实施相关货币和汇率政策，对银行及金融机构进行监管，建立保障和限制机制规范国内金融体系，采取措施消除通货膨胀。

出口和投资中心：促进和发展多米尼加的出口和外国投资，提高本国商品和服务在国际市场中的竞争力。

三 地方政府

多米尼加中央政府下设省级与市级机构。国家区相当于省级单位，国家区、省级和市级政府独立履行各自的政府职能。多米尼加宪法和其他法律规定了政府的职权、职责与义务，并约束或限制政府职能的行使。

多米尼加每个省设省长一名，省长由总统任命。省长的任职资格如下：多米尼加人，享有完全公民权利和政治权利，并且年满25岁。国家区长官或市级政府长官及其候补人的数量根据人口比例来确定，但国家区和各市不得少于5人，每4年选举一次，根据宪法和其他法律规定的方式来选举。外籍人士只有在获得多米尼加国籍10年后才能担任省级与市级政府长官。

各级政府在编制与实施预算时，必须兼顾各行各业，在得到宪法规定的相关单位的许可后，政府可以制定税种，但税种的制定不得违反与国家税收、政府间协议或出口贸易及宪法和其他法律的相关条文。

第五节 立法机构

一 国会

根据宪法，多米尼加立法权赋予国会，国会由参议院与众议院组成。根据2020年的选举，参议院共设32个席位，众议院设190个席位。国会有立法监督与控制监督两大职责。立法监督职责如下。负责各项立法；确定税收或一般捐款，并确定征收和投资方式；了解行政机关的执法情况；对一切历史古迹、文化和艺术遗产进行保护；建立或撤销省、市或其他行政区划单位，确定各省、市及其他行政区划单位的边界和构成，对建立或撤销行政区划单位做社会、政治、经济、司法等各方面适应性的先期调研；根据宪法授权共和国总统某些特殊权力；如果国家主权面临严重或迫在眉睫的威胁，国会可以宣布国家处于紧急状态，暂停行使个人权利，但第263条规定的权利除外。如果国会在休会期间发生上述情况，共和国总统可以代为发布公告，召集国会会议，以便了解所发生的事件和处置情况。制定与移民和移民制度有关的法律；在咨询最高法院之后，增加或减少上诉法院的数量，并规定特别法庭的组织机构和资格；每年对“国家预算法草案”进行投票表决，并批准或拒绝行政部门申请特别开销贷款；根据宪法和法律，对公共债务进行立法，批准或否决行政机关申请的贷款；根据宪法的相关条款，批准或否决共和国总统提交的合同；批准或否决行政机关签署的国际条约和公约；依法宣布宪法修订的必要性；为向国家或人类提供特别服务的杰出公民颁发奖项；共和国总统出国超过15天需要得到国会的审批；由于不可抗力或适当的客观原因，改变立法机构的办公地点；出于政治原因给予大赦；通过关于共和国签署的与特定国家或关于国际秩序问题的决议。国会的控制监督职责有根据会计分庭的报告，批准或否决行政机关在每年第一个常规会议期间提交的收入和投资状况报告；保护公共利益和国有资产，批准或否决国家私人领域的资产处置决议；在国会常设委员会许可下，任命国家自治和权力机关的部长、副部长、主任或行政人员，确保预算执行和行政管理的顺利进行；根据宪法和法律的调整情况，每年度检查行政机关的所有行为并批准合法、正当的行为；应国会成员的要求，任命常设和特别委员会，调查与公共利益相关的事项，并提交相应的报告；监督政府及其自治和权力机关实施的所有公共政策，不论其性质和范围如何等。①

二　参议院和众议院工作准则

依据宪法，多米尼加参众两院举行联席会议，必须有半数以上的议员

① 多米尼加高等教育、科学和技术部网站：“wp. soldeva. com/transparencia/wp - content/uploads/2017/10/constitucion - de - la - republica - dominicana - del - 2015. pdf”，https：//mescyt. gob. do，最后访问日期：2019年5月30日。

出席会议，每项决议的讨论与通过，都必须在各自半数议员到会的情况下才能进行，决议以绝对多数票通过；紧急事件在第二次讨论时，须2/3多数投票通过。参众两院联席会议可以审查共和国总统与副总统的选举结果、宣布共和国总统与副总统的任命、听取他们的就职宣誓、接受或否决他们的辞职，并行使宪法规定的其他职权。

参众两院联席会议召开之前，需要各自先期召开会议；可以先期召开与其各自立法职责或与宪法规定的特有职责无关的纪念性或其他性质的会议。每年的2月27日和8月16日参众两院须召开例会。每次立法会议的会期一般为90天，根据实际情况可以延期60天。每年8月16日的例会上，参众两院分别选举各自的领导机构成员，包括议长、副议长与两名秘书长。如果应行政机关召集，参众两院也可以临时召开特别会议。①

在联席会议期间或其他会议期间，参议院议长担任会议主席职务，会议期间在职的众议院议长担任会议副主席，会议期间在职的两院秘书长担任会议秘书长职务。参议院议长缺席且没有选出新的议长时，由众议院议长主持；参众两院议长均缺席时，由参议院副议长主持；参议院副议长也缺席时，则由众议院副议长主持。

参众两院各自为其内部事务及特别事务制定相应章程，并在行使其纪律职能时制定相应的惩罚措施。参众两院根据国会行政职业法指定行政人员和助理工作人员。

根据宪法，多米尼加参众两院议员均由直接选举产生，参议员和众议员均不得兼任其他政府职务。在未经其所属的参议院或众议院同意的情况下，立法会议期间不得剥夺参议员或众议员的自由，在职期间被认定有犯罪行为的情况除外。无论是参议院还是众议院，不论是会议期间还是未达到法定表决人数，参议院和众议院的任何成员都可以要求在任职期间保证人身自由；如果参众两院议员被逮捕、扣留、拘留或剥夺自由，两院有权

① 多米尼加高等教育、科学和技术部网站：“wp. soldeva. com/transparencia/wp - content/uploads/2017/10/constitucion - de - la - republica - dominicana - del - 2015. pdf”，https：//mescyt. gob. do，最后访问日期：2019年5月30日。

要求恢复其自由。根据实际情况，参众两院议长或任一参议员或众议员可向共和国大检察官提出请求；必要时，可以在公证员的见证下，直接下令恢复其应有的自由。

参议员或众议员席位出现空缺时，参议院或众议院从3名候选人中推选出1名候选人，这名候选人还需要经过所在政党最高机构的提名方能当选参议员或众议员。国会开会期间，出现席位空缺的议院必须在30个工作日内推选出3名候选人；国会休会期间，出现席位空缺的议院必须在开会前的30个工作日内推选出3名候选人。如果各自政党的领导机构没有在规定的期限内提名候选人，出现席位空缺的议院应举行自由选举。

两院议员对会议期间表达的意见享有豁免权；参议院议长和众议院议长在会议期间拥有纪律处分权。两院议长应在每年8月的第一周召开各自的全体会议，向议员提交其间开展的立法、行政和财务活动报告。议员必须每年向他们所代表的选民提交立法活动报告，向选民负责。

三 参议院

根据多米尼加宪法，参议院由每个省和国家区各选出一名代表组成，任期为4年。参议院议员的任职资格如下：多米尼加公民，具有完全公民权利和政治权利，年满25周岁，是所在选区的当地人或连续在所在选区住满5年。外国入籍公民在获得多米尼加国籍10年后才有参议院议员参选资格，且在参选的近5年内一直居住在所在选区。参议员资格的撤销需要至少参议院议员的3/4多数通过。

参议院的职责有：了解众议院对公职人员的指控，有权解除确实有犯罪行为的公职人员的职务，该决定需要至少2/3的参议员同意方可生效，被解雇的人将依法受到普通法院的指控和审判；批准或否决共和国总统提交的驻外大使和常驻代表团团长的任命人选；选举中央选举委员会成员及其候补成员；从众议院提出的3名候选人名单中选出监察员及其副手，并获得出席会议议员2/3的赞成票；授权共和国总统下达关于外国军队因为军事演习在共和国境内的驻扎时间和逗留条件的命令；批准或否决联合国授权的维和部队的派遣任务与维和期限。①

2020 年议会选举中，参议院中现代革命党 17 席，人民力量党 8 席，多米尼加解放党 4 席，基督教社会改革党 2 席，多米尼加变革党 1 席。现任参议长爱德华多·埃斯特雷利亚（Eduardo Estrella），于 2020 年 8 月 16 日就职。

四 众议院

多米尼加众议院议员由各省和国家区公民直接选举产生，每 4 年改选一次。每 5 万居民或超过 2.5 万居民可选出 1 名众议员。每省（区）至少选出 2 名众议员。众议院还需要选出 7 名海外议员。众议员的参选资格同参议员。

众议院的主要职责是向参议院指控参议院议员和全国治安法官委员会选出的公职人员在行使职权时所犯下的罪行，该项指控需要出席众议院会议 2/3 以上众议员的同意，指控共和国总统和副总统需要出席众议院会议 3/4 以上众议员的同意。②

2020 年议会选举中，众议院中现代革命党 95 席，多米尼加解放党 72 席，人民力量党 11 席，基督教社会改革党 3 席，多米尼加革命党 3 席，国家联合 2 席，公民创新党 1 席，社会制度党 1 席，广泛阵线 1 席，多米尼加基督教民主党 1 席。现任众议长阿尔弗雷多·帕切科（Alfredo Pacheco），于 2020 年 8 月 16 日就职。

五 立法过程

根据多米尼加宪法，参议院与众议院、共和国总统、司法事务中的最

① 多米尼加高等教育、科学和技术部网站：“wp. soldeva. com/transparencia/wp - content/uploads/2017/10/constitucion - de - la - republica - dominicana - del - 2015. pdf”，https：//mescyt. gob. do，最后访问日期：2019 年 5 月 30 日。

② 多米尼加高等教育、科学和技术部网站：“wp. soldeva. com/transparencia/wp - content/uploads/2017/10/constitucion - de - la - republica - dominicana - del - 2015. pdf”，https：//mescyt. gob. do，最后访问日期：2019 年 5 月 30 日。

高法院、选举事务中央选举委员会有权制定法律。其中，参议员与众议员有权在另一个议院申请制定法律，共和国总统、司法事务中的最高法院与选举事务中央选举委员会有权通过在参众两院的代表申请制定法律。

在参议院或众议院通过的法案必须经过两次讨论，两次讨论之间至少间隔 1 天，紧急法案必须提交连续两次的会议讨论。在参议院或众议院通过的法案必须提交到另一个议院进行讨论，讨论中不得改变原来的法案形式；如果后者对前者的法案进行了修改，必须将原法案以及随后的修改意见交给前者。若前者接受后者的修改意见，则向国家行政机关提交法案；若前者不接受后者的修改意见，必须再次将法案及新的修改意见交给后者。若后者接受新的修改意见，即向国家机关提交法案；若后者不接受新的修改意见，则该法案无效。

参众两院通过的任何法案都必须提交给国家行政机关。若国家行政机关没有修改意见，则在收到法案的 5 天内颁布法案，并在颁布法案的 15 天内出版发行法案。如果国家行政机关对法案做出修改，则必须在自法案提交之日起的 10 日内将法案退还给提交法案的议院；如果是紧急法案，则必须在 5 天内。收到法案的议院必须把法案列入下次集会的议程，并再次讨论法案。如果经过讨论，该议院以 2/3 的多数通过这项法案，则将这项法案提交给另一个议院，若后者也以 2/3 的多数通过，则认为该法案有效。共和国总统必须在指定的时间内颁布并出版这项法案。

在参众两院的立法会议期间讨论未果的法案，必须在下次立法会议期间继续讨论，直到法案通过或被否决。在一个议院通过并移交到另一个议院的法案，必须列入后者的议程。

已经出版发行的法律，超过法定的法律认知时间后，即对共和国全体居民具有法律效力。颁布的法律应根据法律的要求来出版发行。一旦超过法定的在国家各个行政区划单位的法律认知时间，该法律就可以强制执行。法律只对其生效后的案件具有法律效力，而没有追溯已判决案件的效力（对二审案件或服刑已满案件的判决有利的除外）。任何法律或公民权利都不得改变或影响依据原有立法建立起来的司法安全。与公共秩序、警察、社会安全及道德有关的法律对全体居民具有法律效力，不得通过特别协约更改上述法律。

基本法包括规范基本权利的法律，如公共权力的结构和组织、公共职能、选举制度、金融经济体制、预算、规划和公共投资、领土组织、宪法程序、安全与防卫、宪法明确提及的事项和性质相同的其他事项等。这些法律获得批准或修改，应得到参众两院 2/3 以上的赞成票。①

第六节 司法机构

根据 2015 年宪法，多米尼加司法权由最高法院和其他根据宪法及其他法律设定的法庭来行使。司法机构拥有管理及预算自主权。除了最高法院外，多米尼加还设立了上诉法院、土地法庭、初审法庭、和平法院等司法机构，各市都设立市长法官（Juez Alcalde）。

一 最高法院

最高法院是多米尼加所有司法机构的最高管辖机构，由不少于 16 名法官组成。参与人数达到法院组织构成法规定的法定人数的集会、案件审理与判决均视为有效。最高法院的大法官由国家行政官员理事会任命，总统主持理事会工作，最高法院大法官的成员包括参议院议长、与参议院议长分属于不同政党的参议员 1 名（由参议院选举产生）、众议院议长、与众议院议长分属于不同政党的众议员 1 名（由众议院选举产生）、最高法院院长等，同时由最高法院选举产生的 1 名大法官担任理事会秘书长。若总统空缺，则由副总统主持；若总统与副总统都空缺，则由总检察官主持。

假如最高法院院长不能继续履职，国家行政官员理事会应选举出新的法官来履职，或将其职务授权于另一名法官。最高法院院长的任职资格如下：出生于多米尼加或多米尼加人；年龄超过 35 岁；具备完全行使公民

① 多米尼加高等教育、科学和技术部网站：“wp. soldeva. com/transparencia/wp - content/uploads/2017/10/constitucion - de - la - republica - dominicana - del - 2015. pdf”，https：//mescyt. gob. do，最后访问日期：2019 年 5 月 30 日。

权利和政治权利能力；具有法官资格或法律博士；至少具有 12 年律师、上诉法院法官、初审法庭法官、土地法庭法官、公共工程部在上述法院的代表、大学法律教学等从业经历，律师和法官的从业时间可以累加。

除宪法规定之外，最高法院法官还享有如下职权：总统、副总统、参议员、众议员、各部部长、各部副部长、最高法院法官、总检察官、土地法庭的国家律师代表、最高土地法庭法官、外交官员、中央选举委员会委员、记录问责成员（Camara de Cuentas）、税收争议法庭法官、制宪法庭法官、参众两院议长或相关单位负责人知情后，唯一有权了解刑事案件；根据宪法规定废除上诉；最终审理由上诉法院初审的案件；选举上诉法院、土地法庭、初审法庭、指导法庭、和平法院的法官与继任者；选举税收争议法庭及其他依据宪法和法律职业设立的法庭的法官；行使规范法律系统工作人员纪律的最高权力，并有权依据宪法暂停或解除法律系统工作人员的职务；根据实际情况，将上诉法院法官、初审法庭法官、土地法庭法官、指导法庭法官、和平法院法官及其他依据宪法和法律职业设立的法庭的法官暂时或永久调离原先的管辖区；设立必要的管理岗位，保证宪法和其他法律规定的司法权的完全行使；任命司法系统的所有官员；确定法官和司法系统工作人员的薪酬及其他报酬等。多米尼加现任最高法院院长是路易斯·亨利·莫利纳·佩尼亚（Luis Henry Molina Peña）。

总检察官是公共事务部在最高法院的代表，总检察官或宪法规定的代任者行使代表职权。总检察官与最高法院院长平级，行使法律规定的职权。总检察官的任职资格与最高法院院长相同，现任总检察官是米丽娅姆·赫尔曼（女，Miriam Germán）。

二　上诉法院

上诉法院根据宪法确定每个法院的法官人数与每个法院的管辖区，在选举上诉法院法官的同时，最高法院应指定大法官人选，以及大法官缺席时第一、第二继任人选。若上诉法院法官不能继续履行职权，最高法院应选举出新的法官来履职，或将其职权授予另一名法官。

上诉法院法官的任职资格如下：出生于多米尼加或多米尼加人；年龄

超过35岁；具备完全行使公民权利和政治权利能力；具有法官资格或法律博士；至少具有4年律师、上诉法院法官、初审法庭法官、土地法庭法官、公共工程部在上述法院的代表、大学法律教学等从业经历，律师和法官的从业时间可以累加。

上诉法院的职权有依法了解对初审法庭法官做出的判决的上诉；初审法庭法官、土地法庭原管辖区的法官、指导法官、财政检察官与省长知情后，第一时间了解一审判决的刑事案件或其等同案件；了解法律规定的其他事项。

三 土地法庭

土地法庭行使宪法规定的职权。土地法庭大法官和法官的任职资格同上诉法院法官，土地法庭原管辖区法官的任职资格同初审法庭法官。

四 初审法庭

每个司法辖区设一个初审法庭。宪法规定初审法庭的职权、司法管辖区的数量、每个初审法庭的法官人数与每个初审法庭可以设立的科室数量。初审法庭法官的任职资格如下：出生于多米尼加或多米尼加人；具备完全行使公民权利和政治权利能力；至少具有2年律师、和平法院法官或财政官的从业经历。

五 和平法院

根据宪法，多米尼加国家区及各市设立和平法院。宪法规定和平法院法官与财政官的职权。和平法院法官、财政官或他们的代任者的任职资格如下：出生于多米尼加或多米尼加人；职业是律师且具备完全行使公民权利和政治权利能力。没有选举或任命律师权力的各市，任职资格可以不包括“职业是律师”这一条（但国家区与省会城市除外）。

六 司法权力委员会

司法权力委员会是司法权力的常设行政和纪律机构，具有以下职能：

根据法律，向最高法院全体会议提出促进司法权的各法院法官的候选人；司法机构的财务和预算管理；监督与约束法官与工作人员，但最高法院的成员除外；申请和执行评估组成司法部门的法官和行政人员的业绩；法官司法权的移交；设立司法机构的行政职务；任命司法部门的所有官员和工作人员；法律赋予的其他职能。

第七节　主要政党与重要社团组织

一　政党制度

多米尼加第一个合法政党是诞生于1930年的多米尼加人民党，独裁者特鲁希略为了扩大统治基础，组建了这一政党。1961年多米尼加人民党解体，随后诞生了一些政党，截至2014年，多米尼加全国性政党有20多个，主要政党有多米尼加解放党、多米尼加革命党、基督教社会改革党、多米尼加劳动党、多米尼加现代革命党等，其中多米尼加解放党、多米尼加革命党、基督教社会改革党是影响力最大的3个政党。

为了规范政党制度，多米尼加共和国1997年颁布的选举法第七章对政党的成立条件、经费来源、消亡与结盟等做出了明确规定。关于政党的成立：所有在宪法和法律框架内组成并参加公共职位或国家选举的群众、团体均被视为政党；组建新政党须向中央选举委员会提交申请，政党创始人必须向中央选举委员会提交一份有关党的原则及成立目的的综述、党的临时领导机构名单（包括一个位于国家首都的临时全国领导委员会，该委员会主席将作为该党在中央选举委员会的法定代表）、党的宗旨、党名（其中禁止出现国父之名）、党徽及党旗，其形式与颜色均不得与业已存在的政党重复，禁止部分或完全使用共和国国徽或国旗图案；政党创始人必须声明该党党员不少于最近一次总统选举有效选票的2%，此外设立该党领导机构的省份的党员数量不少于最近一次总统选举有效选票的1%；政党必须在全国各省省会及国家区（即首都）的市区内建立临时领导机构，并向中央选举委员会提交临时领导机构的名单和详细情况；必须将政党自组建起截至批准成立前的经费来源、收支明细提交中央选举委员会核实；政党创始人必须在下次大选至少8个月前向中央选举委员会提交成立申请；中央选举委员会审核批准后通知政党创始人，该政党即宣告成立并可召集各临时领导机构代表召开党代会，大会投票通过党章并选举出党的首届正式领导机构成员；党代会结束后，代表选举产生的全国领导机构必须向中央选举委员会提交大会召开文书，包括全体与会代表姓名、大会决议、选举结果以及党章全文；每次大选至少60天前，政党应向中央选举委员会提交一份最近一次选举以来的收支清单，中央选举委员会委任专人进行审计；每次大选后3个月内向中央选举委员会提交收支清单以证明其资金来源合法且用于正当的竞选。

关于政党经费来源：政党的唯一合法收入来源为国内具有法人地位的私人捐助。国家、国家机构、地方政府及机构、外资企业、外国政府直接或间接为政党提供竞选资金或赞助政党活动均被视为非法。根据国家总预算法草案和公共开支法中的相关规定，国家每年拨出一定数额的费用作为政党活动基金：选举年为国家总收入的0.5%，非选举年为0.25%。分配方式如下：选举年内，政党活动基金的25%均分给成功推出独立候选人的政党或政党联盟，其余75%根据最近一次总统选举和市政选举中各政党或政党联盟获得的有效选票的多少按比例分配；非选举年内，0.25%的国家收入作为政党活动基金，根据最近一次大选中各政党获得的有效选票在12个月内逐月分发，总统选举中，进入第二轮投票的两位得票最多的候选人所在政党或政党联盟将额外获得25%的政党活动基金；如政党已经接受活动基金且未遇不可抗力而退出竞选，必须向国家偿还所得经费；结盟参选的政党应事先协商如何分配活动基金。

关于政党代表：宣布参加选举并推出候选人的政党可选择一名代表及一名候补人员常驻中央选举委员会和各级选举委员会，其主要职责为转达本党意见、要求、声明、抗议等，参加选举委员会的会议，有发言权但无投票权；在最近一次大选中得票率不低于2%的政党可另推选一名技术观察员常驻中央选举委员会下属的数据处理中心，参与该中心的各项信息处理，得票率低于2%的政党共同推选两名技术观察员。

关于政党的消亡与结盟，出现以下情况的政党视为消亡：党的代表大会通过决议、与其他政党合并、在选举中未达到规定票数、在市政选举中未获得席位、连续两次未参加大选。政党自成立之日起便可合并、结盟或联合。合并即两个或多个政党为参选或其他合法目的组成一个新政党，新党成立即宣告原有政党消亡。政党结盟，即两个或多个政党达成协议共同参加各个级别、各个选区的选举活动。政党联合，即多个政党和竞选联盟共同组成联合体，支持共同的候选人并由一个政党作为代表。①

二　主要政党

多米尼加解放党（Partido de la Liberación Dominicana）　又称紫党，从多米尼加革命党（简称“革命党”）分裂出来。1973 年著名总统胡安·博什根据多米尼加革命党内部个人主义、民众主义与个人思想较为严重的实际情况，为了继承民族英雄杜阿尔特提出的捍卫社会公正、尊重民族和人民尊严的伟大理想，建立起自由、主权和独立的国家，创建了多米尼加解放党（简称“解放党”）。创始人胡安·博什认为，必须在民主集中主义的基础上，建立起一个思想统一、崇尚集体主义的牢固的党组织，确保强有力的领导、科学的工作方法，并执行严格的工作纪律。

在多米尼加解放党的创建过程中，胡安·博什发挥了不可磨灭的贡献。为了给多米尼加解放党树立明确的指导思想，他把自己的理论思想融入解放党的纲领中，1973 年 12 月，也就是在政党成立的前几天，在一次接受记者的采访中，胡安·博什宣称，解放党将与革命党有本质区别，解放党具备民主解放政党的思想与纲领性特征，必将在多米尼加政治生活中发挥重要作用。在成立初期，解放党是在质疑当时的社会制度的基础上成立的，故具有马克思列宁主义色彩。为了加强领导，解放党成立之初就建立了严密的政治教育体系，要求所有党员和申请入党者必须学习由胡安·博什亲自编写的教学资料。20 世纪 80 年代，解放党中一些马克思主义理论学习小组组成了中央委员会。

① 王家瑞主编《当代国外政党概览》，世界知识出版社，2009，第 879 ~ 880 页。

在巴拉格尔执政期间，解放党呼吁政府尊重大多数民众的意志，避免外国势力干预多米尼加内政。1978～1986 年革命党执政，虽然多米尼加经济发展缓慢，但在政治领域慢慢塑造了尊重人权和政治宽容的气氛，多米尼加不再因为政治问题或不同政见因素而流放政治对手。在此环境中，从 1982 年起，解放党逐渐改变了对民主选举的立场，参加了当年举行的大选，但仅仅获得了 10% 的选票。

20 世纪 80 年代，解放党开始关注发展对外关系，主张同城乡民众组织建立起广泛联系，更多的民众参与解放党的组织生活，但是解放党的大部分成员不理解这种工作思路，依旧主张建立“精英政党”。20 世纪 90 年代，博什主张在多米尼加发展资本主义，实施国有企业私有化，偏离当初的马克思主义与国家主义思想。1994 年大选失败后，博什宣布退出政坛，解放党新的指导机构也变成了政治委员会（Comité Político）。这年的大选中，解放党遭遇失败，参议院议席由 1990 年的 12 个减少为 1 个，众议院席位从 44 个减少到 13 个。

1995 年，莱昂内尔·费尔南德斯·雷纳当选为解放党主席。1996 年，费尔南德斯在大选中获胜，解放党成为执政党。2004 年 5 月，费尔南德斯再次获胜。在 2006 年的中期选举中，解放党在参众两院中均获得多数议席，巩固了执政地位。在 2008 年大选中，费尔南德斯第三次获胜。在 2010 年 5 月的议会选举中，革命党在议会的席位缩减到 75 个，解放党一举获得了 2/3 的多数席位。2012 年 5 月 20 日举行的大选中，解放党候选人达尼洛·梅迪纳首轮胜出，获得了 51.21% 的选票，解放党继续保持执政党地位。2016 年，多米尼加共和国举行了新一届总统、议会及地方政府首脑选举，达尼洛·梅迪纳成功连任，解放党同时在议会和地方政府首脑选举中占绝对优势。2020 年 7 月 5 日举行的全国大选中，解放党败于多米尼加现代革命党，成为在野党。

多米尼加解放党现有党员 260 余万人。总书记为前任参议长雷纳尔多·帕雷德·佩雷斯（Reinaldo Pared Peréz），代理党主席为胡安·特米斯托克莱斯·蒙塔斯（Juan Temístocles Montás）。

多米尼加革命党（Partido Revolucionario Dominicano） 多米尼加革命

党又称白党。1939 年 1 月 21 日，一群因特鲁希略政治迫害而选择逃亡海外的多米尼加人在古巴首都哈瓦那附近成立了多米尼加革命党，其中就包括胡安·博什。创立者通过了革命党的指导纲领和一些章程，旨在为推翻特鲁希略的独裁统治、实现多米尼加的政治民主而斗争。1940 年革命党在纽约设立了第一个正式活动场所，后来，又在墨西哥、波多黎各、委内瑞拉和阿鲁巴等国家或地区都设立了活动场所。随后，革命党又吸收了进步民族主义思想，革命党人积极准备有组织的反对特鲁希略独裁统治的斗争。革命党同其他几个流亡组织一起，组织了反抗特鲁希略的武装起义，但都没能获得成功。1961 年特鲁希略被刺身亡后，革命党领导层认为可以通过回国参加选举获取政权，就放弃了武装斗争的立场。当年 7 月，一些革命党人回到多米尼加，组织积极的政治活动，希望在国内扩大革命党的影响力。不久，胡安·博什也回到国内，作为革命党的候选人参加 1962 年举行的总统大选。1963 年 2 月 27 日，博什宣誓就职，但 7 个月后就被军事政变所取代。1966 年，博什再次参加总统竞选，但被基督教社会改革党击败。1970 年，博什认为多米尼加国内政治局势不够透明，拒绝参加大选，与革命党另一位领导人发生了分歧。1973 年，博什宣布退出革命党，组建了解放党，随后，革命党内部也发生了分裂，分成布兰科派、马赫卢塔派与戈麦斯派等派系。

1978 年革命党候选人安东尼奥·古斯曼·费尔南德斯在大选中获胜，但古斯曼没能履行完 4 年的任期，就在总统的岗位上自杀，副总统哈科沃·马赫卢塔（Jacobo Majluta）代行总统职务。1982 年革命党候选人萨尔瓦多·豪尔赫·布兰科在大选中获胜，但 1986 年革命党候选人哈科沃·马赫卢塔被华金·巴拉格尔击败。1994 年议会大选中，革命党成为最大的反对党。1996 年的总统选举，革命党败于解放党，随后一直是在野党。2000 年革命党候选人伊波利托·梅希亚在大选中获胜，革命党再次成为执政党。2004 年参加总统大选时，革命党内部出现了分裂。2006 年 5 月，改组后的革命党与基督教社会改革党联合，共同角逐议会与地方选举。2008 年革命党候选人提出了“为了更好而改革”的竞选口号，但依旧败给了解放党。2010 年 5 月的议会选举中，革命党在议会中的席位缩减到75个。2012年大选之前，革命党候选人梅希亚的支持率一度领先，但随后梅希亚与革命党主席米格尔·巴尔加斯·马尔多纳多的冲突日益公开化，导致相当一部分选民对他们失去了信任，2012年大选中，梅希亚败给了解放党候选人达尼洛·梅迪纳。在2016年大选中，革命党依然没能战胜解放党，梅迪纳顺利连任，革命党依旧是在野党。2020年大选中革命党依旧没能获胜。革命党现有党员50余万人，党主席为前任外长米格尔·巴尔加斯·马尔多纳多。[①]

基督教社会改革党（Partido Reformista Social Cristiano） 基督教社会改革党又称红党。1961年特鲁希略独裁政权终结后，多米尼加政党进入了新的发展阶段。1963年6月21日，多米尼加真正革命党与社会行动党合并，成立改革党，这就是基督教社会改革党的前身。流亡在纽约的华金·巴拉格尔在海外推动着改革党的发展，随后改革党在波多黎各召开党代会，巴拉格尔出任党主席，多米尼加政坛的各界人士都出席了这次大会。

1965年大选前，巴拉格尔被推选为改革党候选人。1966年大选中，改革党以绝对优势获胜，首次成为执政党，一直执政到1978年。随后成为在野党，1982年3月改革党召开了党代会，会议上把基督教社会理论作为党的一项指导思想。1985年，改革党正式改名为基督教社会改革党。基督教社会理论指的是尊重人的尊严、实现共同福利与讲究团结，故此基督教社会改革党是基督教思想指导下民族主义的、民众的、多元化的政党。党的指导方针包括以下内容：按照基督教人文主义思想与民主思想坚持改革；尊重公民自由与平等接受教育的权利；多米尼加人民坚持历史斗争的最终目的是建立独立的自由国家；推崇民主制度与法治精神，主张思想多元化；尊重男性和女性的各项权利，主张把人民从压迫、苦难、滥用职权、文化蔑视和不公正的状况中解放出来；主张共同福利，人类应与他人和谐共存；主张爱护女性，男性与女性应和平相处；认为家庭是社会发展与政治生活中最基本的单位；推崇以人为本，

① 中华人民共和国外交部网站，https：//www. fmprc. gov. cn/，最后访问日期：2020年12月11日。

鼓励实现人的全面发展；主张保护私有财产，抑制财富过度积累，宣称人人拥有平等的权利；主张维护和平、反对暴力、反对压迫、反对剥削，支持自由，捍卫公正，主张扶持弱小、坚持希望，强调精神价值观；抨击个人主义和由极权集体主义导致的物质主义；反对任何形式的侵犯人权和自由的极权主义和独裁主义；主张美洲人民和谐共处，以国际合作来代替强制与暴力。

以基督教人文主义思想为指导、按照社会公正与各种族共同发展的原则，基督教社会改革党主张在多米尼加进行政治、经济、社会与文化等领域的全方位改革。在政治领域，主张坚持代议制民主，建立起团结合作、尊重个性化、全体公民均能参与的平等社会；巩固公民社会，确保每位公民都能拥有平等发展的机会；实现政治共存，巩固民主制度，建设法治国家。在经济领域，主张以人为本，满足个人和群体尤其是弱势群体的基本需要；认为人是经济生活中最重要的要素，企业应为人民服务，鼓励劳动者参与企业管理；认为劳动是生产的第一要素，应建立公正、公平、合理的财富分配制度，经济政策的制定应服从服务于社会发展目标；重点关注经济发展目标的实现情况，重视生产与消费在经济领域中的作用；优化经济结构，实现公有部门、私有部门和混合经济的优化组合，但公有部门应履行一定的社会公共职责，在一些战略领域如工业、初级加工、能源、信贷等领域发挥基础性作用；重视农业问题，实施土地改革；重点保护森林、河流、矿藏等可再生和不可再生资源，确保资源合理化开采与利用。在社会领域，主张保障人权，确保每位多米尼加人都能获得接受教育和创造财富的机会；通过明确的指导方针，确保那些被边缘化的多米尼加人拥有真正的民主权利；加强医疗建设，优先发展教育，让教育与医疗成为多米尼加人的基本权利；消除性别歧视，保护妇女权益。在外交和国际合作领域，基督教社会改革党认为应对当今世界所面临的严重问题有清醒认识，加强与志同道合的政党和政治团体的合作，寻求新的解决方案；基督教社会改革党还强调多米尼加应认真研究本国与拉丁美洲各国的历史，站在发展的角度上看待问题，依照共同遵循的原则制定最佳解决方案。

1986 年大选中，基督教社会改革党再次胜出，顺利执政到 1996 年。

这次执政期间，虽然总统巴拉格尔的执政风格饱受质疑，但基督教社会改革党仍取得了不错的业绩。巴拉格尔与前任总统梅希亚保持着不错的友谊，故此革命党一直公开支持基督教社会改革党。

2002年，著名党主席巴拉格尔逝世后，基督教社会改革党内部发生了主席之争，影响了组织凝聚力。2004年中期选举，基督教社会改革党仅获得4个参议院席位与28个众议院席位。2012年大选中，基督教社会改革党没能获胜；2016年大选中，基督教社会改革党获得参议院席位1个，众议院席位11个；2020年大选中，基督教社会改革党获得参议院议席2个、众议院议席3个。现任党主席依然为费德里科·安东·巴特耶（Federico Antún Batlle）。

多米尼加现代革命党（Partido Revolucionario Moderno） 2014年多米尼加现代革命党（简称“现代革命党”）从多米尼加革命党中分裂出来，多米尼加现任执政党。该政党带有民主社会主义色彩，以多米尼加共和国创始人之一弗朗西斯科·培尼亚·戈麦斯博士的思想和政治实践为指导，主张引导多米尼加人民在民主、自由、公正的氛围内实现发展。前任主席路易斯·罗杜尔夫·阿比纳德尔·可罗纳（Luis Rodolfo Abinader Corrona）曾作为该党候选人参加2016年大选。2020年大选中现代革命党战胜了解放党，路易斯·阿比纳德尔当选为新一届总统。现任党主席为何塞·伊格纳西奥·帕利萨（José Ignacio Paliza）。

多米尼加劳动党（Partido de los Trabajadores Dominicanos） 多米尼加劳动党成立于1980年12月21日，是多米尼加左翼政党之一。

多米尼加共和国共产党 成立于1942年，原名为民主革命党，1944年改名为多米尼加人民革命党，1965年定名为多米尼加共和国共产党，1977年取得合法地位。

三 重要社团组织

多米尼加的各派工会都为实现自己的目标积极开展活动，工会与其他群众组织相比具有更为重要的作用。重要工会组织有多米尼加工人总联盟、多米尼加阶级工会自治联合会、多米尼加工人统一中央工会和多米尼加教师协会等。长期以来，工会和政党关系密切，工会既受政党影响，又是党内具有某种独立性的实力派。工会经常会针对经济、社会事务中的不公正现象开展有组织的抗争。多米尼加的一些非政党组织也是国家政治生活中的重要政治力量，颇具影响力的有天主教会和国家私营企业委员会等。

为了维护在多米尼加的华人华侨的利益，生活在这里的华人华侨组建了多米尼加华侨总会（Centro de La Colonia China de La República Dominicana）与多米尼加中华总商会（Cámara China de Comercio de La República Dominicana）两个社团组织，发挥出团结全体华人华侨、维护华人群体合法利益的作用。

第四章
经　济

第一节　概况

多米尼加是加勒比地区经济体量最大的国家，也是拉美地区经济增长最强劲的国家之一。根据世界银行等机构的数据，2008～2018年多米尼加年均经济增长率为5.1%。由于国内需求的强劲刺激，2014～2018年年均经济增长率达到6.6%，2018年增长率为7%。多米尼加是近五年来经济增长最快的拉美经济体。①

一　经济发展历程

西班牙殖民者到来之前，生活在这片土地上的泰诺人以原始的农业生产为主。他们主要种植木薯与玉米，在长时间的农业生产实践中，还探索出了糖类作物的种植方法。除了农作物种植外，泰诺人也广泛采集水果、浆果，还在浅海与深海海域捕鱼，并拥有当时较为先进的捕鱼技术。除此之外，他们还捕捉一些啮齿类动物作为食物储备。泰诺人使用尖木棍、石斧、简易的弓箭等劳动工具来从事农业生产与动物捕捉工作。

殖民者的入侵中断了原始农业的顺利发展。殖民者推行委托监护制与大庄园制，强迫这里的土著人在庄园里从事耕作，并把这里的经济发展纳入宗主国的经济轨道，满足西班牙、法国的整体经济利益。土著人人口锐

① 世界银行网站，http：//www.worldbank.org/en/country/dominicanrepublic/overview，最后访问日期：2019年6月5日。

减后，殖民者又大量引入黑奴当作劳动力，在殖民者的总体安排下，多米尼加先后兴起了烟草业、制糖业、畜牧业与采矿业等产业。

1822～1844年，海地控制了整个伊斯帕尼奥拉岛，岛上东部地区的制糖业受到严重冲击，一些制糖厂被迫关门。1844年，东部地区获得独立、多米尼加正式建国后，制糖业再度兴盛。19世纪70年代，圣多明各建立了第一家蒸汽机制糖厂，大大提升了蔗糖的产量。但不久以后，国际糖价出现了大跌，多米尼加的制糖业又受到重创，这种低迷的状况一直持续到1889年。19世纪末期到20世纪初期，多米尼加处于政治混乱阶段，为了巩固政权，历届当选总统都使用举借外债的方式来缓解国内的财政压力，使多米尼加背上了沉重的外债负担，不时面临着法国、比利时、德国、意大利、西班牙与美国逼债的威胁。

20世纪初期，美国不断干涉多米尼加，伴随着军事力量的干涉，美国资本也大量渗透到多米尼加，失去土地的多米尼加人，只能选择到美国资本控制的种植园当农业工人。1930～1961年特鲁希略独裁统治时期，多米尼加经济获得了难得的平稳发展，最终偿还了全部外债，物价稳定，对外贸易也处于出超状态。特鲁希略在致力于发展经济的同时，横征暴敛，大肆掠夺社会财富，特鲁希略家族霸占了约10亿美元的国家财产，一跃成为全国最大的资本家与大庄园主。

1961年特鲁希略身亡后，多米尼加又陷入了政治混乱，继任总统又走上了举借外债的发展道路。1961～1965年多米尼加爆发了内战，经济发展受到严重影响，美国资本趁机加大了渗透力度，巩固了在多米尼加的垄断地位，这一期间，美国的直接投资达到1.8亿～2.5亿美元。

1966年巴拉格尔当选为总统，开启了他在多米尼加长达12年的执政。巴拉格尔政府执行了通过吸引外资发展国民经济的决策，外国资本在多米尼加的投资大幅度增加。19世纪后期，由于国际烟草业的利润开始下滑，美国资本开始控制多米尼加的制糖业，制糖业逐步成为多米尼加的支柱产业，这种状况一直持续到20世纪80年代。

20世纪80年代，古斯曼总统、豪尔赫总统执政时期，政府意识到单一产业经济的危害性，多米尼加按照进口替代工业化的发展思想，开启了经济多样化发展模式的初步尝试。随后，采矿业、自由贸易区工业、旅游业得以充分发展，多米尼加经济多样化取得了初步成效。自由贸易区工业开始在工业领域中发挥主导作用，采矿业一跃成为最主要的出口创汇产业。但在当时，多米尼加仍属于中低收入国家。国际糖价的波动也给多米尼加国民经济的发展带来了冲击，加之进口替代工业化发展模式的弊端开始显露，同时政府的经济决策也出现了偏差，多米尼加深陷外债泥潭，不得已接受国际货币基金组织开出的财政紧缩政策，这一措施遭到多米尼加人民的反对，随后巴拉格尔再次执政，他尝试不接受国际货币基金组织提出的附加条件，但多米尼加又出现了严重的通货膨胀与持续上升的赤字率。

1990 年前后，多米尼加的经济局势依然严峻，通胀问题严重，财政赤字与外债也增加了不确定因素。多米尼加的经济局势直到 1994 年才有所好转，随着政治局势的稳定、民选政府实现了政权的和平过渡，尤其是解放党执政后，费尔南德斯总统进行了大刀阔斧的改革，实施了严格的财政政策，稳定货币，有效地抑制了通货膨胀。在宏观经济政策的刺激下，多米尼加旅游业与自由贸易区工业得以发展，对外贸易总额也稳定上升，国内生产总值实现了稳步增长，这种增长的势头持续到 2000 年。其中，1994～1995 年国内生产总值年均增长率为 4.6%，1996～2000 年则达到 7.9%，但 1997～2001 年的平均通货膨胀率也达到 7.2%。尽管费尔南德斯政府取得了一些经济成就，但多米尼加的财政收入依然不乐观，失业和社会贫困问题也没有得到有效解决。

2001 年，多米尼加的旅游业和自由贸易区工业的发展势头放缓，出口创汇受到影响，加之国际石油价格的攀升与比索的贬值，多米尼加又出现了通胀压力。2002 年，受到国际经济形势整体欠佳的影响，作为多米尼加支柱出口创汇产业的旅游业与自由贸易区工业依旧受到较大影响，为了应对通胀压力，多米尼加政府采取了调整汇率、稳定利率、调整央行国际储备等措施。

2003 年第二季度，多米尼加银行业发生危机，给金融业带来了严重恐慌，相对于比索，多米尼加人民更加信任美元，加快了美元化进程，也导致大量资本外逃。比索迅速贬值，物价随之飞速上涨，11 月物价上涨幅度达到 40.1%。为了缓解金融危机，多米尼加实施了银行援助计划，政府向出现问题的银行注入一定的资金，但这种措施增加了政府的财政压力。

2004 年，政府继续实施财政紧缩政策与货币紧缩政策。这一年，多米尼加与国际货币基金组织签署了一项协议，主要内容有恢复银行信心、加强金融监管、强化货币规则、规范公共金融秩序与建立灵活的兑换制度等。根据这项协议，国际货币基金组织承诺向多米尼加提供 6 亿美元的援助贷款。在先期提供了 1.2 亿美元后，由于多米尼加政府对两家配电企业实施国有化引起了市场恐慌，国际货币基金组织推迟了后续贷款的发放进度。当年多米尼加的自由贸易区工业依然停滞不前，内需不足，只有旅游业成为亮点。总体来看，多米尼加的外债问题依然严重，失业状况有所好转，但实际工资有所下降。2004 年经济增长率为 2.7%，通货膨胀率为 28.7%。2005 年，由于外资回流与金融领域日益稳定，多米尼加经济出现了强劲反弹，经济增长率达到 9.2%，GDP 为 347.17 亿美元，人均 GDP 为 3815.1 美元，增长率为 7.6%，通货膨胀率成功降到 7.4%。2006 年多米尼加 GDP 为 387.83 亿美元，增长率首次超过两位数，为 10.7%，人均 GDP 增长率为 9.1%。虽然 2007 年的经济增长出现放缓趋势，但增长率仍然达到 8.5%。

二　当代经济成就

2008 年，受国际经济危机、世界经济发展放缓的外部环境影响，多米尼加的经济发展放缓，通胀压力上升。2008 年，GDP 增长率为 4.5%，人均 GDP 增长率为 3%，其中服务业产值在三大产业中对 GDP 的贡献最大，农牧业产值和工业产值在 GDP 中的比重呈下降趋势，全年通货膨胀率为 7%，外债达 79.29 亿美元。2009 年，多米尼加经济状态依然不容乐观，但依然保持着增长态势，GDP 增长率为 2.9%，人均 GDP 增长率为 1.1%，农牧业、通信业、金融服务业和住宅租赁业增长加速，工业与其他服务业则出现下滑态势。中央政府的财政赤字与经常项目逆差分别占 GDP 的 3% 与 5.2%。2009 年底的通货膨胀率约为 6%。

2010年，多米尼加经济增长出现反弹，GDP为516.57亿美元，较2009年增长了7.8%，人均GDP为5231.6美元。2011年多米尼加经济增长率为4.5%。2011年1~9月多米尼加进口109.66亿美元，出口1.98亿美元，同比分别增长了16.7%和22.4%。2012年多米尼加GDP为589.55亿美元，增长了3.9%，人均GDP为5762.10美元，通货膨胀率为3.9%。2013年多米尼加GDP为606.36亿美元，增长了4.1%，人均GDP为5822.00美元，通货膨胀率为4.83%，失业率为7.0%。[①] 2014年、2015年多米尼加的经济又出现了加快增长，经济增长率分别为7.61%、7.04%。

根据多米尼加央行公布的数据，2016年多米尼加经济增长率为6.6%，GDP为715亿美元，人均GDP为7083美元，年平均通货膨胀率为1.7%，失业率为14%。据CIA公布的数据，2016年多米尼加GDP构成分别是家庭消费67.4%、政府消费10.7%、固定资产投资24.8%、库存投资-0.1%、货物和服务出口24%、货物和服务进口-26.8%。第一、第二、第三产业分布比例分别是5.1%、32.8%、62.2%。国家预算收入111.7亿美元，支出130亿美元，预算赤字率为-2.6%。根据多米尼加财政部公共信贷总局公布的数据，截至2016年12月31日，政府债务规模为267.57亿美元，占当年GDP的37.4%，其中内债93.58亿美元，占债务总额的34.97%，外债173.99亿美元，占债务总额的65.03%，分别占当年GDP的13.1%和24.3%。2016年7月，多米尼加首次偿清了向国际货币基金组织举借的长达33年、规模为17亿美元的债务。2017年多米尼加GDP为748.7亿美元，增长率为4.6%，通货膨胀率为4.2%，失业率下降到5.5%。根据世界银行的统计数据，2018年多米尼加经济增长率又上升到7.0%，远高于拉美与加勒比地区的平均增长率。2012~2017年多米尼加GDP的增长情况与人均GDP见表4-1。

---

① 《2013年多米尼加主要经济指标》，中华人民共和国驻多米尼加共和国大使馆经济商务处网站，2015年5月22日，http://dom.mofcom.gov.cn/article/jmxw/201404/20140400539714.shtml，最后访问日期：2019年6月5日。

表 4-1 2012~2017 年多米尼加 GDP 增长情况与人均 GDP

年份	GDP(亿美元)	增长率(%)	人均 GDP(美元)
2012	606.58	2.79	5660
2013	626.62	4.74	5890
2014	660.65	7.61	6170
2015	688.02	7.04	6320
2016	723.43	6.6	6480
2017	759.32	4.6	6630

资料来源：世界银行网站，https：//data. worldbank. org. cn/country/dominican-republic? view = chart，最后访问日期：2019 年 6 月 5 日。

21 世纪以来，多米尼加经济呈现飞速发展的特征，尤其是 2013 年以来，GDP 增长率超过 4%，创造了拉美与加勒比地区的一个增长奇迹。多米尼加的经济发展之所以能在拉美与加勒比地区一枝独秀，除了 20 世纪 90 年代政权实现和平交接、国内政治局势稳定之外，还得益于 20 世纪 80 年代开启的经济多样化发展决策。经过 20 世纪末到 21 世纪初的努力，多米尼加的工业、农业、服务业等三大产业的布局相对较为均衡，尤其是服务业的发展更快，成为多米尼加国内的第一大产业，对 GDP 的贡献率超过了一半。2013~2018 年多米尼加各产业经济增长率见表 4-2。

表 4-2 2013~2018 年多米尼加各产业经济增长率

单位：%

产业	2013~2014 年	2014~2015 年	2015~2016 年*	2016~2017 年*	2017~2018 年*
农业	4.4	1.0	10.6	5.8	6.3
采矿业	20.3	-6.9	22.4	-3.4	-1.3
当地制造业	5.5	5.5	5.3	2.9	5.7
自由贸易区工业	4.2	5.8	1.6	4.6	8.1
建筑业	13.8	18.2	12.2	4.1	12.2
服务业	5.7	6.3	6.2	4.2	5.8
能源及水务业	4.7	6.5	4.5	3.7	5.6
商业	4.9	9.1	6.4	3.0	8.3

续表

产业	2013～2014年	2014～2015年	2015～2016年*	2016～2017年*	2017～2018年*
酒店、酒吧与餐饮服务业	7.5	6.3	6.1	6.7	5.7
交通运输及仓储业	6.0	6.4	5.7	5.0	6.3
通信业	5.2	5.2	5.2	3.9	12.3
金融服务业	9.1	9.2	11.3	4.4	7.1
房地产及租赁服务业	3.3	3.9	4.2	3.7	3.7
公共管理业	4.7	5.1	3.6	-0.5	2.8
教育服务业	8.4	8.6	6.4	2.5	2.4
医疗健康服务业	7.4	5.8	8.8	1.3	8.7
其他服务业	4.4	4.1	7.5	3.1	4.2

注：其中带星号（*）的为当年初步统计数字。

资料来源："Resultados Preliminares de la Economía Dominicana Enero-Diciembre 2015、2016、2017、2018"，多米尼加中央银行网站（Banco Central de la República Dominicana），https：//gdc. bancentral. gov. do/Common/public/mig/otras－publicaciones/ENCUESTA_ CONSUMOCULTURAL. pdf，最后访问日期：2019年6月7日。

第二节 农业

一 农业发展概览

农业曾经是多米尼加的一个支柱产业，在多米尼加经济发展进程中发挥着极其重要的作用。多米尼加属于热带海洋性气候，三面被海水环绕，全国温度相差不大，雨量充沛，土壤肥沃，这种得天独厚的优势使多米尼加适宜种植多种农作物。西班牙殖民者的入侵中断了多米尼加土著农业的发展进程，殖民者在这里种植香蕉、甘蔗、咖啡、烟草、可可等农作物，把多米尼加农业纳入殖民者经济圈。

独立后，多米尼加农业开启了新的发展阶段。特鲁希略独裁统治时期，多米尼加全国的土地面积为 487 万公顷，其中可用耕地面积为 140 万公顷，约占全国总面积的 28.7%。这一时期，土地分配极其不公，大庄园主占有约一半的可用耕地，有大量的农户仅仅拥有 1 公顷左右的土地。特鲁希略身亡后，1962 年多米尼加颁布了土地改革法，重新分配了从特鲁希略家族没收的土地和一些荒地，虽然土地改革并不彻底，进展也比较缓慢，但在一定程度上调整了农业生产关系，促进了农业的发展。到了 20 世纪 80 年代，多米尼加的农业除了发展传统的经济作物外，还发展了水稻、玉米以及水果等农作物，吸收了全国约 40% 的劳动力。这一时期多米尼加也开启了经济多样化进程，制造业、采矿业与旅游业开始兴起，农业在国民经济中的地位开始下降。1988 年，农业收入仅占 GDP 的 15%。

由于政府的工作重心在工业与服务业领域，农业的发展就受到一定的影响，加之这一时期一些农产品的国际市场价格下跌，美国也下调了对多米尼加蔗糖的进口数量，20 世纪 80 年代多米尼加的农业陷入停滞局面。面对这种客观形势，多米尼加政府采取了扩大非传统农作物品种的种植面积，大力种植装饰性植物、冬季蔬菜、酸性水果、热带水果、香料、坚果等经济作物。为了促进农产品出口，多米尼加政府组建了出口促进中心，同一些非政府组织一起，促进农业生产多样化，鼓励农产品出口。1989 年酸性水果的种植面积不断扩大，一些原先种植甘蔗的农业区也积极种植非传统农作物。

继开启经济多样化的尝试后，20 世纪 90 年代，多米尼加农业发展也走上了多样化道路，凤梨、柑橘与香蕉等经济作物的产量稳步提升，蔬菜与鲜花也成为拳头产品，农用工业也开始缓慢发展，咖啡、可可、蔗糖、小香蕉、鲜花、烟草、装饰性植物等也成为主打出口产品。1996 ~ 2000 年费尔南德斯首次执政期间，政府鼓励发展农业，为了促进农业信贷，政府简化了农村信贷体系，鼓励消费者通过分期偿还的方式来申请信用贷款，农业迎来了发展良机。2000 ~ 2004 年梅希亚总统执政时期，继续增加对农业的投入，完善灌溉设施、加强农村基础设施建设等，2004 年，林业、渔业和畜牧业的产值都有所增加。2005 年、2006 年农业继续保持稳步增长的势头，农业成为多米尼加国民经济中的第四大产业。

2007 年、2008 年，多米尼加频受热带风暴的袭击，农业生产受到一定的不利影响。为了减少农户的损失，多米尼加政府加大对受灾农户的补贴力度，农业银行提供的救助贷款显著增加。受恶劣天气与国际市场价格因素的影响，2008 年多米尼加农业的产值有所下降。2009 年以来，多米尼加农业实现了稳定发展。为了控制与改善水果和蔬菜的农药使用情况，满足全球对果蔬质量的要求，2011 年多米尼加农业部制定了 61 号决议，规定禁止销售 5 种农药，限制 22 种农药在生物领域中的使用。根据世界银行的统计数据，2009～2017 年，多米尼加农业增加值占 GDP 的比重分别为 6.1%、6.1%、5.6%、5.4%、5.3%、5.2%、5.6%、5.8%、5.7%。①

2013～2017 年多米尼加农作物的播种面积见表 4－3，2013～2017 年多米尼加农作物的产量见表 4－4。

表 4－3 2013～2017 年多米尼加农作物的播种面积

单位：公顷

农作物		2013 年	2014 年	2015 年	2016 年	2017 年[P]
谷物	水稻	174042	164557	161707	169913	190418
	玉米	28851	28232	28872	25633	25936
	高粱	2430	1148	934	1082	1019
炼油类作物	花生	3863	3873	4000	4457	3939
	椰子	96	142	219	86	286
豆科植物	红菜豆	23856	20864	17236	16025	16094
	黑豆	20668	17449	13886	16012	16730
	白菜豆	624	586	641	732	617
	木豆	16093	15002	14278	13393	16230

① 世界银行网站，https://databank.worldbank.org/data/reports.aspx?source=2&country=DOM，最后访问日期：2019 年 6 月 7 日。

续表

农作物		2013 年	2014 年	2015 年	2016 年	2017 年[P]
根茎类植物	马铃薯	2468	2811	2604	2949	2817
	甘薯	6363	5072	5767	5951	6326
	丝兰	19515	19435	18300	18151	17304
	山药	3395	4752	4567	4261	4435
	黄体芋	4554	5353	4460	4013	4493
芭蕉科水果	小香蕉	4426	4339	4316	3990	5740
	香蕉	15691	16068	16375	14878	15436
蔬菜	洋葱	3218	3857	3749	3668	3560
	大蒜	594	640	434	163	275
	番茄	889	1024	1053	810	739
	疣瓜	6264	6197	5579	4517	4264
	辣椒	2900	3255	2880	1916	2524
	茄子	1304	1627	1360	2656	1497
	工业番茄	3428	4087	4569	0 *	3787
其他水果类	鳄梨	1494	1416	1207	834	2006
	番木瓜	1664	1536	1344	1912	1944
	菠萝	5405	4396	3137	2304	2561
	甜橙	208	519	25	47	34
	西番莲	1165	1723	1981	1728	1946

注：其中 2016 年工业番茄种植面积数据原文如此；2017 年为当年初步统计数据。

资料来源：多米尼加国家统计局："Dominicana en Cifras 2018"，pp. 93 – 97，http：//www. one. gob. do. cn/，最后访问日期：2019 年 6 月 8 日。

表 4 – 4　2013 ~ 2017 年多米尼加农作物的产量

单位：吨

农作物		2013 年	2014 年	2015 年	2016 年	2017 年[P]
谷物	水稻	536027	532028	535797	556870	588283
	玉米	45416	35974	34056	41666	44007
	高粱	3898	1595	1894	1135	1155

续表

农作物		2013 年	2014 年	2015 年	2016 年	2017 年[P]
炼油类作物	花生	5279	5307	5088	5855	6332
	椰子	286934	333630	368612	374474	390939
豆科植物	红菜豆	21587	21573	16777	20124	20018
	黑豆	18317	15256	9763	13054	15000
	白菜豆	484	517	408	770	759
	木豆	26855	24624	20948	21420	22962
根茎类植物	马铃薯	64716	67195	72861	84127	84162
	甘薯	49364	44817	41311	48620	48809
	丝兰	175573	178372	159407	167498	173795
	山药	26734	25181	29048	30173	32880
	黄体芋	29104	28180	31198	30863	33314
芭蕉科水果	小香蕉	1080061	1115838	1130088	1140182	1145149
	香蕉	908028	1007261	895338	979685	1031813
蔬菜	洋葱	49537	60699	57571	57133	58060
	大蒜	2747	2714	3359	2368	1524
	番茄	26039	27968	31995	32457	32395
	疣瓜	43267	38739	34570	35787	36226
	辣椒	39971	40715	44067	41548	42629
	茄子	24283	22203	20970	24211	24955
	工业番茄	195991	132179	127978	117375*	163015
其他水果类	鳄梨	465055	513961	526438	601349	637688
	番木瓜	531601	704786	758106	863201	869306
	菠萝	485737	436304	409155	375506	384165
	甜橙	157881	167413	149880	134543	130938
	西番莲	41188	46948	51626	46808	42057

注：其中 2016 年工业番茄的产量数据原文如此；2017 年为当年初步统计数据。

资料来源：多米尼加国家统计局："Dominicana en Cifras 2018", pp. 103 - 107, http: //www.one.gob.do.cn/，最后访问日期：2019 年 6 月 8 日。

二　主要农作物

多米尼加领土面积的52%是森林、20%是牧场、26%是耕地、2%是自然保护区，其中可用耕地面积约150万公顷。多米尼加充分利用这些耕地大力发展农作物种植业，农作物品种包括经济作物与粮食作物两大种。经济作物有甘蔗、咖啡、可可、烟草、酸性水果、杧果、柠檬、绿咖啡、可可等，粮食作物包括稻米、玉米、高粱、小麦与薯类等。蔗糖、咖啡、可可、烟草和香蕉是多米尼加主要的出口农产品。

（一）甘蔗

甘蔗在多米尼加的农业产业中具有相当重要的地位，制糖业也是多米尼加国民经济中的一个重要行业，多米尼加共和国是加勒比海地区的第二大甘蔗生产国，甘蔗产量仅次于古巴。

多米尼加甘蔗的种植开始于哥伦布的尝试，他把甘蔗引入伊斯帕尼奥拉岛，然后在这片土地上逐渐扩大种植面积，但是1870年之前，多米尼加甘蔗种植园的规模都不大，全靠奴隶种植与收割，由于交通不便，甘蔗种植园都集中在沿海港口一带，故此，在当时甘蔗的种植并没有给多米尼加带来太大的经济收益。19世纪末20世纪初，美国资本的渗透加速了多米尼加甘蔗种植业的发展，甘蔗种植园的面积不断扩大，美国的一些糖业公司如美国南波多黎各公司与古巴－多米尼加糖业公司也开始看重多米尼加的甘蔗种植业，加大了资金投入，这就使甘蔗的种植与蔗糖的提炼开始成为促进多米尼加经济发展的一个引擎。这段时间，多米尼加蔗糖的出口量增加了两倍。美国军事占领期间，蔗糖的产量更是飞速增加。1948年独裁者特鲁希略下令建造了一些糖厂，大部分厂家归他本人所有。1959年古巴革命胜利后，美国宣布不再进口古巴的蔗糖，多米尼加就成为美国蔗糖的供应国。除了向美国供应蔗糖之外，多米尼加还积极开拓苏联市场，1987年多米尼加同苏联签订了一份为期三年的双边销售协议，多米尼加成为苏联第二大蔗糖供应国。但是，蔗糖产业的一枝独大也在一定程度上制约了多米尼加经济的健康发展，蔗糖的种植具有季节性，收割也费工费时，甘蔗种植园的工人在非劳动季节会有失业的危险。20世纪后期，多米尼加与海地达成了一项协议，多米尼加的甘蔗种植园允许海地的劳动力来收割甘蔗。

20 世纪 80 年代世界蔗糖价格下滑，多米尼加蔗糖产业受到严重冲击，大批蔗农失业，许多国有制糖厂倒闭，甘蔗产量由 1970 年的 860 万吨减少到 2006 年的 50 万吨。为了应对蔗糖产业危机，多米尼加对国内制糖厂进行了重组，重组后的蔗糖生产公司主要有三家：国有的国家糖业公司（Consejo Estatal de Azucar）、私营的中部拉罗马纳公司与维西尼集团。2007 年，多米尼加通过了可再生能源法，鼓励用甘蔗作为原材料加工乙醇，生物乙醇工业得以发展，此举加大了对甘蔗的需求，为甘蔗的种植提供了新的机遇。2008 年，多米尼亚共和国生物 E 集团公司与其他国外投资商合作，投资 3 亿美元建立 2 家乙醇加工厂，乙醇年加工量达到 1320 万升（3500 万美制加仑），再生电力年加工量为 30 兆瓦。该生物燃料的加工原料是甘蔗，蔗渣将用于供热机组。这项生物燃料计划促进了多米尼加蔗糖产业发展和农村经济发展，为多米尼加的劳动力提供了大量的就业机会。

根据多米尼加央行当年的初步统计数据，2013～2014 年甘蔗的产量增加了 4.5%；2014～2015 年甘蔗主产区的降水量减少造成减产，甘蔗的产量减少了 5.5%；2015～2016 年，多米尼加一些蔗糖财团向种植甘蔗的小农户提供了资金和技术支持，甘蔗产量增加了 13.7%；2016～2017 年，由于甘蔗主产区降雨量增加，同时，多米尼加政府增加了对机器和设备的投资，引进了先进的收割技术，提升了甘蔗收割的机械化程度，甘蔗产量增长了 17.8%；2017～2018 年，甘蔗主产区气温过高、人力资本不断提高影响了甘蔗的种植与收割，虽然政府加大了对技术与设备的资金投入，但收效并不明显，甘蔗的产量仅仅增长了 1%。[①] 2013～2017 年多米尼加甘蔗产量见表 4－5。

① “Resultados Preliminares de la Economía Dominicana Enero-Diciembre 2015、2016、2017、2018”，多米尼加中央银行网站（Banco Central de la República Dominicana），https：//gdc. bancentral. gov. do/Common/public/mig/otras－publicaciones/ENCUESTA_ CONSUMOCULTURAL. pdf，最后访问日期：2019 年 6 月 8 日。

表 4-5　2013~2017 年多米尼加甘蔗产量

单位：吨

年份	2013	2014	2015	2016	2017P
产量	4771211	5033601	4535333	3980684	5460761

注：其中 2016 年甘蔗的产量数据原文如此；2017 年为当年初步统计数据。

资料来源：多米尼加国家统计局："Dominicana en Cifras 2018", pp. 110-114, http://www.one.gob.do.cn/，最后访问日期：2019 年 6 月 8 日。

（二）咖啡

咖啡是多米尼加第二大经济作物。自 1715 年殖民者把咖啡引入伊斯帕尼奥拉岛，这种经济作物就成为山区农民的首选。同甘蔗一样，咖啡也是经济型、劳动密集型作物，咖啡的种植与加工旺季需要大量劳动力，一部分海地人也到多米尼加咖啡种植园里充当劳动力。多米尼加的咖啡种植园规模不太大，种植园主的经济实力也有限，难以承受大规模种植与开发的资金压力，故此，多米尼加的咖啡种植技术相对较为落后，咖啡树龄也较长，产量也不太高，咖啡的出口量随着国际市场咖啡价格的波动而浮动。多米尼加咖啡的种植园偶尔还会遭受飓风的袭击，飓风带来的破坏也影响了咖啡的产量，如 1979 年多米尼加咖啡就连续受到两次飓风的袭击。

20 世纪 80 年代，国际市场咖啡价格下滑，多米尼加咖啡的出口量锐减，1989 年出口量创 8 年来的新低。20 世纪 90 年代，多米尼加的咖啡种植才有所恢复，1993 年咖啡种植面积约为 8.5 万公顷。21 世纪初期，多米尼加咖啡的产量基本维持在 7 万~9 万吨。

根据多米尼加央行当年的初步统计，2013~2014 年，咖啡产量减少了 9.5%，2014~2015 年咖啡产量有所回升，增长了 1%。2015~2016 年，多米尼加政府同多米尼加咖啡委员会（el Consejo Dominicano del Café, CODOCAFE）和一些私营部门共同实施咖啡种植园改造计划，恢复咖啡种植，促进咖啡生产，并积极对抗咖啡锈病，这一时期内多米尼加的咖啡产量显著增长，产量增长了 16%。2016~2017 年，多米尼加咖啡委员会实施咖啡生产促进计划，对咖啡种植者开展技术培训，继续改造种植园，继续对抗咖啡锈病，这一时期咖啡产量增长了28.7%。2017~2018年多米尼加咖啡委员会继续实施咖啡生产促进计划，这一时期咖啡产量增长了4%。[①] 2013~2017年多米尼加咖啡产量见表4-6。

表4-6 2013~2017年多米尼加咖啡产量

单位：吨

年份	2013	2014	2015	2016	2017P
产量	18552.12	13213.28	9888.42	11470.58	15240.86

注：2017年的数据为当年初步统计数据。

资料来源：多米尼加国家统计局："Dominicana en Cifras 2018"，pp. 110 - 114，http：//www.one.gob.do.cn/，最后访问日期：2019年6月8日。

（三）可可

可可在多米尼加大面积种植开始于20世纪70年代，随着国际市场可可价格的上涨，多米尼加可可的种植面积从1971年的6.5万公顷增加到1980年的11.7万公顷。到了1987年，多米尼加一跃成为加勒比地区最大的可可生产国。随后由于生产效率不高与质量问题，多米尼加可可的种植陷入低谷，出口量开始下降，1991年出口量锐减。1995年出口量才有所回升，随后在国际市场可可价格上涨的带动下，加之政府重视技术更新、加大了资金投入力度，多米尼加可可产量持续增长。

根据多米尼加央行当年的初步统计，2013~2014年，可可产量增长1.2%。2014~2015年，多米尼加政府为可可种植者制订了一系列奖励计划，农业部可可司（el Departamento de Cacao del Ministerio de Agricultura）也鼓励种植者改造可可种植园、增加光照、科学施肥、有效预防病虫灾害，一些私人机构也加大了投资，改进可可制品的发酵技术，这一时期可

① "Resultados Preliminares de la Economía Dominicana Enero-Diciembre 2015、2016、2017、2018"，多米尼加中央银行网站（Banco Central de la República Dominicana），https：//gdc.bancentral.gov.do/Common/public/mig/otras - publicaciones/ENCUESTA_ CONSUMOCULTURAL.pdf，最后访问日期：2019年6月8日。

可产量继续上升，增长率达到8%。2015～2016年多米尼加农业部继续加大技术援助力度，改造可可种植园，防治病虫灾害，同时农业银行也加大了贷款力度，向可可种植园主提供了11.477亿比索的研发贷款，这一时期可可产量又增长了6.8%。2016～2017年，多米尼加农业部可可司继续加大资金投入，并向可可种植园主合理分配资金，鼓励他们继续改造种植园，改进收割技术，这一时期可可产量又实现了10%的增长。2017～2018年多米尼加农业银行发放了12.626亿比索的研发贷款，农业部可可司也帮助种植园主采用先进的可可种苗培育技术，这一时期多米尼加可可产量增长率为2.5%。[①] 2013～2017年多米尼加可可产量见表4－7。

表4－7　2013～2017年多米尼加可可产量

单位：吨

年份	2013	2014	2015	2016	2017[P]
产量	68020.57	69913.30	75499.98	81245.84	86599.00

注：2017年为当年初步统计数据。

资料来源：多米尼加国家统计局："Dominicana en Cifras 2018", pp.110－114, http://www.one.gob.do.cn/，最后访问日期：2019年6月8日。

（四）烟草

多米尼加的烟草业兴盛于20世纪60年代，随着国际市场烟草价格的上涨，多米尼加主动引入了新的品种，烟草的出口数量在1978年达到峰值。在国际烟草市场中，多米尼加雪茄品牌的知名度虽然不及尼加拉瓜、洪都拉斯、巴西、古巴和秘鲁等国的雪茄品牌，但多米尼加雪茄仍然以其温和的味道而深受雪茄爱好者的欢迎。20世纪80年代，国际市场上烟草价格出现了下跌，虫害防治不力，加之不恰当的营销策略，多米尼加烟草的出口额出现下滑。20世纪80年代中后期，多米尼加又打

① "Resultados Preliminares de la Economía Dominicana Enero-Diciembre 2015、2016、2017、2018"，多米尼加中央银行网站(Banco Central de la República Dominicana)，https://gdc.bancentral.gov.do/Common/public/mig/otras－publicaciones/ENCUESTA_ CONSUMOCULTURAL.pdf，最后访问日期：2019年6月8日。

造了新的烟草品牌——空气与阳光晾晒，新品牌的产量占烟草总产值的80%以上，黑烟叶加工成的香烟成为当时主打的烟草出口产品。20世纪80年代末期烟草种植面积又出现下降，直到1992年烟草的种植面积才开始恢复，达到2.12万公顷。20世纪90年代中期，美国市场对烟草的需求量大大增加，多米尼加成为美国烟草的最大供应国，1996年多米尼加烟草行业的出口产值达到4360万美元。世纪之交，多米尼加烟草产量出现波动，2001~2002年，由于新的烟草种植区的开辟、营销技术的更新，多米尼加烟草产量又有所增加。多米尼加的烟草主要出口到西班牙、美国、德国与法国等国家。

根据多米尼加央行当年的初步统计，2013~2014年，烟草产量增长15.3%。2014~2015年，多米尼加烟草研究所（el Instituto Dominicano del Tabaco，INTABACO）对烟草种植者提供了技术指导，对一些落后的种植园进行了修复，引导种植者合理规划土地、科学施肥与使用农药，这一期间烟草产量实现了飞速上涨，增长率达到35.1%。2015~2016年多米尼加烟草产量出现下滑，减少17%。2016~2017年，多米尼加烟草产量继续下滑，又减少1.8%。2017~2018年多米尼加烟草研究所重新加大了技术指导力度，科学规划种植面积，这一时期烟草产量终于实现反弹，增长10.3%。① 2013~2017年多米尼加烟草产量见表4-8。

表4-8　2013~2017年多米尼加烟草产量

单位：吨

年份	2013	2014	2015	2016	2017^{P}
产量	9253.72	9162.66	12922.66	8890.27	8797.38

注：烟草包括金烟叶、黑烟叶与雪茄外卷叶的产量；2017年为当年初步统计数据。

资料来源：多米尼加国家统计局："Dominicana en Cifras 2018", pp.110-114, http://www.one.gob.do.cn/，最后访问日期：2019年6月8日。

① "Resultados Preliminares de la Economía Dominicana Enero-Diciembre 2015、2016、2017、2018"，多米尼加中央银行网站（Banco Central de la República Dominicana），https://gdc.bancentral.gov.do/Common/public/mig/otras-publicaciones/ENCUESTA_ CONSUMOCULTURAL.pdf，最后访问日期：2019年6月8日。

（五）香蕉

香蕉产业对多米尼加经济起着重要作用。多米尼加共和国是加勒比海国家的主要香蕉供应国之一，也是有机香蕉的主产国之一。多米尼加香蕉味道甜美、大小适中，深受消费者的欢迎。多米尼加的香蕉种植园主要集中在西北部地区，这里的气候比较适宜种植有机香蕉。2010 年初，位于蒙特塞拉特的苏弗里耶尔火山（Montserrat's Soufriere）爆发，引起干旱，严重影响了多米尼加香蕉的种植。2011 年多米尼加共和国西北部的香蕉遭黑斑病菌的影响，损失高达 40%，约 200 万美元。多米尼加农业部拨款 164 万美元控制该类疾病，运送了 5500 升农药和 240 罐 55 美制加仑（约 208 升）规格的矿物油，对西北部、阿苏阿全省和其他地区的种植园进行处理。2012 年多米尼加的有机香蕉种植面积达 16.2 万平方公里，持证的种植者达 2.42 万人，出口香蕉达 2 亿美元。[①] 为了促进有机香蕉的种植，多米尼加农业部成立了有机香蕉管理部门（DAO），来保持有机香蕉修复土壤的稳定性和提高土壤的生产力，为有机香蕉提供一个健康良好的生态环境。2013 年多米尼加有机香蕉营业额多达 1.4 亿美元，成为农业部门最有生产力的农产品，多米尼加也成为全球最大的有机香蕉出口国。2014 年多米尼加政府、欧盟和来自巴尔韦德省的香蕉种植户签署了一项合作协议，投入 10 亿比索以提高多米尼加香蕉产业的竞争力。该协议使阿苏阿和西北部超过 2 万户香蕉种植户受益。这项协议是香蕉产业配套项目（BAP）的一部分，旨在提高多米尼加香蕉产业的地位。这项协议给国内香蕉种植者提供了更多的支持。政府推广新的种植方法，提高种植效率，同时淘汰传统的低产栽培措施。除了提高生产力和竞争力，这项协议还追求促进香蕉生产环境的可持续性、改善香蕉行业组织间的关系、方便种植户获得资助以及加强工人和种植者之间的关系等。这个项目的实施大大改善了种植户的生产条件，加之有来自欧盟的财政安全保障，在全国范围内设立了生产区域办事处以及代理机构等，

---

① 郑淑娟：《多米尼加有机香蕉出口带来 2 亿美元收入》，《世界热带农业信息》2013 年第 3 期。

并在全国范围内设置了5个实验室，以保障香蕉植株安全。2014年多米尼加已有1500个农场通过认证，实现了认证项目的目标：香蕉出口增加10%；化学农药使用量减少50%；增加就业机会20%。2016年持续的干旱使多米尼加国内香蕉减产，进口香蕉的零售价格不断上升，为了平抑香蕉零售价，多米尼加政府宣布加强对进口香蕉的价格监管，确保进口香蕉价格稳定。2017年在多米尼加高等教育、科学和技术部（MESCYT）的支持下，多米尼加农业与森林研究所（IGIAF）提出香蕉线虫病防治建议，即采用生物防治手段。该研究所的植物保护专家潘特列恩指出，线虫是影响植物营养吸收的主要病虫害，会影响芭蕉科植物（如香蕉、芭蕉等）的生长和发育，进而降低其产量和质量。多米尼加60%的香蕉用于出口，均实现了有机认证。2017年多米尼加香蕉出口额达1.981亿美元。[①]

（六）粮食作物与其他农作物

多米尼加最主要的粮食作物是水稻，水稻大面积种植始于特鲁希略独裁统治时期。1979年多米尼加历史上第一次实现了粮食自给自足，不过，20世纪80年代，多米尼加的水稻产量出现了下降，粮食再次依赖进口。1987年水稻产量达到32万吨，随后，政府更加重视水稻的种植，在位于伯纳奥（Bonao）附近的胡马（Juma）组建了水稻研究中心，超过一半的水稻种植者接受了该中心提供的技术指导与灌溉机械设备，从这一年开始，多米尼加政府又把水稻经销权逐渐转让给私营部门与多米尼加农业银行。多米尼加消费的其他粮食作物还有玉米、高粱与小麦。玉米是伊斯帕尼奥拉岛的原产农作物，20世纪80年代，家禽业的兴盛导致玉米需求增加，多米尼加的玉米种植面积有所扩大，随后由于外国捐赠量增加，国内市场上玉米价格下降，多米尼加玉米种植者的积极性又开始下降。作为一种耐旱性粮食作物，多米尼加的高粱主要用作饲料。20世纪80年代，高粱又成为冬季的轮换作物，同时也适宜在甘蔗种植园里生长，高粱的产量大大增加。多米尼加的小麦主要依赖进口，美国与法国是主要的小麦进口

① 童彤：《多米尼加：香蕉线虫病的生物防治》，《中国果业信息》2018年第5期。

来源国。

除了重要粮食作物外，多米尼加还种植了木薯、芋头、甜土豆、山药、黄体芋等根茎类作物，还有红豆、黑豆、菜豆、木豆等豆类作物。除此之外，还盛产一些水果、蔬菜与香料等，如番石榴、椰子、西红柿、胡萝卜、莴苣、甘蓝、洋葱、大蒜、甜橙、鳄梨、油梨、胡椒、菠萝等。

三　畜牧业、林业与渔业

（一）畜牧业

由于地处热带，加之境内多山与丘陵，多米尼加拥有广阔的天然牧场，殖民者发现这一优势后，就开始在这里发展畜牧业，随后畜牧业就成为当时的一个支柱产业。一战后，国际蔗糖价格上涨，多米尼加的经济重心又向蔗糖产业倾斜，畜牧业的地位不断下降。美国军事占领期间，美国资本开始向畜牧业渗透，建立了保护私有财产的土地制度，取消了传统的自由放牧模式，改革粗放经营的牧场，大力发展用铁丝网圈起来的现代化牧场，开展有计划的繁殖，畜牧业再次繁荣。20 世纪 60 年代至 70 年代，畜牧业一直保持着稳定增长。

多米尼加主要饲养的家畜与家禽有食用牛、奶牛、生猪与食用鸡等，肉类基本实现了自给，并能适度出口。20 世纪 80 年代，多米尼加最主要的家畜是牛类，包括食用牛与奶牛，总量超过 2000 万头，但食用牛的数量占绝大多数，主要生长在东部规模较大的牧场中。这一时期内，政府曾一度压低牛奶定价，影响了奶牛的养殖，奶牛的数量不断减少，一些私人牛奶加工厂纷纷倒闭，最少时全国仅剩下 4 家牛奶加工厂。20 世纪 80 年代后期，多米尼加牛肉主要出口美国，年均出口量超过 8 万吨。20 世纪 80 年代生猪的数量也不断增加，但随后由于饲料成本的增加，猪肉加工业受到一定的影响。20 世纪 80 年代中期，猪肉加工业又得以发展，多米尼加逐步建成了系统化、现代化的猪肉加工体系。这一时期多米尼加生猪数量约为 50 万头，但仍低于 1979 年的 75 万头。20 世纪 80 年代，多米尼加的家禽业也快速发展，几家大型家禽饲养企业向多米尼加人民供应了几亿个鸡蛋与约 9 万吨适合烤焙的嫩鸡肉。

（二）林业与渔业

多米尼加境内多山，群山上覆盖的森林为多米尼加提供了宝贵的森林资源。由于管理不当，加之受急功近利的影响，多米尼加一些宝贵的森林被滥砍滥伐，森林资源遭到严重破坏。1967 年，为了保护森林，降低森林资源减少可能引发的自然灾害，多米尼加政府宣布砍伐商业性森林为非法行为，从此，森林资源的破坏与过度开发行为得到了一定的遏制，但多米尼加每年仍然需要进口约 3000 万美元的林木。20 世纪 80 年代，在一些国际组织的帮助下，多米尼加开始实施植树造林工程，经过一段时间的努力，21 世纪初期，森林覆盖面积超过了 60 万公顷。根据《里思汀报》2018 年 1 月 15 日的报道，2017 年是多米尼加的农林开发年，一年来，多米尼加共植树 400 万株，其中农业经济林树木 340 万株，包括咖啡、油梨和可可，创多米尼加历史上造林最多的纪录，共达 7800 公顷（11.7 万亩）。2017 年度多米尼加共计划造林 9000 万株树，总投资 60 亿比索（1.3 亿美元）。多米尼加政府与重点造林省区当地居民签订社会协议，对从事耕作和采摘的居民每月补助 5000 比索（约 110 美元）。

虽然三面环海，但多米尼加的渔业并不发达，由于资金不足、捕捞设施陈旧、简陋，多米尼加渔民只能在近海地带从事一些捕捞活动。同时，多米尼加政府对发展渔业的重视力度也不够，并没有给渔民提供太多的资金扶助。20 世纪 90 年代，渔业平均年产量约为 2.2 万吨。2013 ~ 2016 年多米尼加渔业产量见表 4 – 9。

表 4 – 9 2013 ~ 2016 年多米尼加渔业产量

单位：吨

年份	2013	2014	2015	2016
产量	13189	13784	11895	14641

资料来源：多米尼加国家统计局：“Dominicana en Cifras 2018”，pp. 110 – 114，http：//www.one.gob.do.cn/，最后访问日期：2019 年 6 月 10 日。

2013～2018 年多米尼加畜牧业、林业与渔业增长率见表 4－10，2013～2017 年多米尼加畜牧业、渔业与林业的产量见表 4－11。

表 4－10　2013～2018 年多米尼加畜牧业、林业与渔业增长率

单位：%

指标 \ 年份		2013～2014	2014～2015	2015～2016	2016～2017	2017～2018
总体增长率		2.9	3.0	5.3	5.3	6.9
具体项目	食用牛	1.8	1.1	1.1	1.0	0.9
	生猪	－7.5	1.5	2.2	2.3	－1.1
	食用鸡	7.9	3.2	3.0	4.5	3.4
	奶牛	4.5	6.0	15.1	10.7	14.2
	鸡蛋	1.8	1.9	－1.8	5.7	11.5
	鱼类产品	3.1	3.1	4.6	4.6	4.6

注：表中数据均为当年初步统计数据。

资料来源："Resultados Preliminares de la Economía Dominicana Enero-Diciembre 2015、2016、2017、2018"，多米尼加中央银行网站（Banco Central de la República Dominicana），https：//gdc. bancentral. gov. do/Common/public/mig/otras－publicaciones/ENCUESTA_ CONSUMOCULTURAL. pdf，最后访问日期：2019 年 6 月 10 日。

表 4－11　2013～2017 年多米尼加畜牧业、渔业与林业产量

单位：吨

年份	2013	2014	2015	2016	2017P
产量	48889.3	52984.2	56697.9	60047.5	64074.4

注：2017 年为当年初步统计数据。

资料来源：多米尼加国家统计局："Dominicana en Cifras 2018"，p. 139，http：//www. one. gob. do. cn/，最后访问日期：2019 年 6 月 10 日。

第三节　工业

工业是多米尼加支柱产业之一，占领伊斯帕尼奥拉岛后，从 19 世纪初期开始，西班牙殖民者就在岛屿的东部地区开发采矿业、兴建制糖厂，为多米尼加工业发展奠定了基础。独立后，多米尼加在种植甘蔗的基础上，兴建了一些制糖厂，制糖业在多米尼加的经济生活中发挥着极其重要的作用。特鲁希略独裁统治时期，独裁政府利用从民间收取的大量间接税，兴建了一些工厂，多米尼加的工业得以快速发展。[①] 20世纪80年代，多米尼加开始了经济多样化的发展浪潮，这一期间多米尼加的工业也开始了多样化尝试，在继续发展采矿业的基础上，多米尼加的自由贸易区工业也得以发展，逐渐在工业领域中发挥主导作用。21世纪以来，多米尼加工业多样化的发展又取得了实质性进展，采矿业、制造业、建筑业与能源工业都得以充分发展，其中制造业包括国内制造业与自由贸易区工业。根据世界银行的统计数据，2009～2017年工业产值占GDP的比重分别为27.8%、27.9%、28.4%、28.4%、29.2%、29.6%、28.1%、26.7%、27.0%。[②]

一 采矿业

（一）采矿业发展情况

让殖民者对伊斯帕尼奥拉岛产生兴趣的最主要的原因就是这里曾经遍地都是黄金，殖民者占领这个岛屿后，曾疯狂开采这里的黄金，黄金的开采成为多米尼加采矿业兴起的先声。多米尼加采矿业大规模发展，成为国民经济的一个支柱产业开始于20世纪60年代。当时，大量外国资本把投资方向瞄准了多米尼加丰富的矿藏资源，认为投资这一行业肯定会带来大量收益。外国资本促进了采矿业的繁荣，但也使多米尼加的矿业领域一直被外国资本控制。20世纪70年代，多米尼加政府意识到外国资本控制矿藏命脉的危害，开始采取一些措施夺回控制权，包括加征税收、国有资本入股、将一些外国公司收归国有等。例如，金矿一直由多米尼加政府与美

① 〔美〕塞尔登·罗德曼：《多米尼加共和国史》，南开大学《多米尼加共和国史》翻译小组校译，天津人民出版社，1972，第233页。

② 世界银行网站，https：//databank. worldbank. org/data/reports. aspx？source = 2&country = DOM，最后访问日期：2019年6月11日。

国罗萨里奥采金公司合作，随后多米尼加政府不断增加国有资本的股份，把占股比重从20%提升至46%，1979年10月，多米尼加政府出资1.1亿美元收购了美国公司的股权，最终金矿的开采完全由国有资本控制；铝土矿一直由美国梅隆财团的下属公司阿尔考采铝公司负责开采，1974年多米尼加政府与该公司达成协议，每年阿尔考采铝公司上缴的税额从320万美元上升到700万美元，1975年双方又签订协议，规定阿尔考采铝公司开采的每吨铝土除了向多米尼加政府缴纳55美分的专利费与40%的所得税外，还需要缴纳44美分的铝土资源附加税。

为了促进采矿业的有序发展，1971年多米尼加政府颁布了第146号法令，其主要内容就是实施矿业特许制，允许国内和国外的自然人和法人注册，申请特别许可从事勘探和开采矿藏。勘探特许，给予特许获得者从事地面和地下勘探活动的权利，以便确定矿藏区域，为此允许在勘探区域采用科学技术手段建造安装必要的机器设备以及通信线路和其他任何必要的科研设施；矿业开采特许可以在勘探进行的任何阶段提出申请，特许获得者有权从开采区域开采含矿物质并进行选矿、提炼、冶炼、铸造等任何出于商业目的利用，特许期为75年。给予矿业特许权的条件还包括：特许区域只限于20000公顷、外国政府不能获得特许权、外国公司在多米尼加必须有合法代表。第146号法令对多米尼加的矿业发展发挥了重要的促进作用。20世纪70年代，采矿业对GDP的贡献率不断提升，占GDP的比重不断提升，1970年，采矿业产值占GDP的比重为1.5%，1980年提升到5.3%。在传统的金矿与铝土矿的基础上，镍铁矿与金银混合矿也得以开采，采矿业吸收了全国约1%的劳动力，却是当时最大的出口创汇产业。

20世纪80年代后期，多米尼加政府开始鼓励私人资本向采矿业投资，通过这种方式来吸引外国先进的开采技术、吸收更多的外国资本。为了使矿业产品的出口实现多样化，提升多米尼加的国际信贷可信度，1983年3月，时任总统豪尔赫颁布了第900号法令，减少政府对采矿业的行政干预，为私人资本提供准入便利，为私人企业投资采矿业创造了有利条件。虽然一些私人资本开始注资，但政府还是保持着对金矿、石膏矿与大理石矿的垄断地位。1987 年，为了扩大开放程度，多米尼加开放了一些此前拒绝外国资本投资的领域，美国、日本、澳大利亚和一些欧洲公司纷纷进入多米尼加的采矿业。虽然政府采取了一些有效策略，但由于国际市场上金、银、矾土、镍等矿藏资源的价格不断下跌，多米尼加的采矿业面临严重的危机。为了摆脱困境，20 世纪 80 年代后期，多米尼加政府开始尝试开采别的矿藏资源，吸引更多的外国资本或私人资本，实现出口矿产品的多样化。

20 世纪 90 年代初期，国际市场上一些矿藏资源的价格继续下跌，1993 年多米尼加采矿业的出口额下降到 1.32 亿美元，1995 年出口额创新高，达到 2.87 亿美元，但 1996 年又出现了下滑，出口额为 2.71 亿美元。此后，国际市场矿藏资源的价格继续走低，加之投资失误，多米尼加的采矿业出口额一直下滑，直到 2002 年才有所恢复。2004 年的产量为 29477 吨，2005 年产量减少了 2.7%，2006 年产量增加了 3.5%。

2015 年多米尼加金矿与银矿的提取率分别下降了 9.0% 与 22.6%，加之主要的几家矿业开采公司进行了开采设备维护，这一年度矿业开采量下降了 6.9%。2016 年，黄金、白银和铜的开采量分别增长 21.1%、21.8% 和 25.3%，加之从 2013 年停止开采的镍矿重新开采，这一年度多米尼加矿业开采量大幅度提升，增长了 26.5%。2017 年由于未能遵守当地法律，一些矿业公司在多米尼加近一半的矿权受到被取消的警告。多米尼加能矿部在公告中表示，已经同 58 个矿权所有人进行了接触，警告这些矿权人如果不能解决当下存在的问题，就取消这些矿权。这些矿权人存在的问题包括未缴纳税费、没有按时进行报告、不能按期投产等。58 个矿权占地 6.1 万公顷，多米尼加共有 128 个矿权，占地面积 16.6 万公顷。能矿部部长安东尼奥·艾萨·康德（Antonio Isa Conde）表示，政府不希望将矿权作为商品炒作。能矿部已经会同矿业监察部门对矿权进行详细修改。政府允许矿权人根据矿业法持有一段时间，但是如果矿权人不遵守法律，那么政府将颁布命令取消这些矿权，以释放这些矿权占用的土地。另外 4 个占地 1.1 万亩的矿权申请因为违反矿业法和不符合国家利益而遭拒，包括巴里克黄金公司同加拿大黄金集团合资的旧普韦布洛（Pueblo Viejo）

金银矿项目，梦美镍业（Americano Nickel）的法尔康多（Falcondo）镍矿，金询矿业（Gold Quest）的罗梅罗（Romero）和蒂莱奥（Tireo）金矿项目。2017 年多米尼加镍铁、银、大理石和石膏开采量分别增长了 47.1%、30.8%、6.1% 和 5.8%，但铜、金和砾石开采量分别下降了 10.8%、9.6% 和 4.5%，总体上 2017 年矿业开采量下降了 4.5%。2018 年矿业开采量又下降了 1.3%。[①]

（二）主要矿产品

1. 金银矿

多米尼加盛产黄金与白银，西班牙殖民者 1520 年就开始在这片土地上开采金银，但开采规模并不大，一直到 1975 年，美国资本控制的罗萨里奥公司开发了旧普韦布洛矿，多米尼加的金银矿藏才得以大规模开采，旧普韦布洛矿也成为西半球最大的露天金矿。1979 年，多米尼加收购了罗萨里奥公司的全部股权，组建了多米尼加最大的国有矿业公司。1975 年多米尼加的金银矿没能实现出口，1980 年出口量增长了 27%。20 世纪 80 年代，国际金价的上涨提升了金矿的出口创汇能力，金矿开采超过制糖业，成为多米尼加最大的出口创汇产业。国有罗萨里奥公司经营的科图尔 - 普埃尔托矿是全国最大的金矿，1981 年科图尔 - 普埃尔托矿的黄金开采量达到了峰值，当年开采了约 11708 千克（41.3 万盎司）黄金。随后，由于科图尔 - 普埃尔托矿上层氧化带的黄金开采殆尽，黄金开采量逐渐下降，科图尔 - 普埃尔托矿出现了严重亏损而不得不暂停开采。

1994 年，科图尔 - 普埃尔托矿再度开采。1996 年黄金、白银的开采量分别为 3334 千克（11.76 万盎司）、15513 千克（54.72 万盎司），出口产值接近 4900 万美元。不过，由于浅层硫化带已开采殆尽，公司只能加大投资，开采深层硫化带，导致该公司一直处于亏损状态。科图尔 - 普埃

① “Resultados Preliminares de la Economía Dominicana Enero-Diciembre 2015、2016、2017、2018”，多米尼加中央银行网站（Banco Central de la República Dominicana），https://gdc.bancentral.gov.do/Common/public/mig/otras - publicaciones/ENCUESTA_ CONSUMOCULTURAL.pdf，最后访问日期：2019 年 6 月 11 日。

尔托公司试图与私营公司合作开采黄金，但并没有取得实质性进展。2000年后，多米尼加金银矿的开采基本上处于停滞状态。来自日本与美国的公司曾计划开发新的金银矿，但由于多米尼加的金银储备量所剩无几，这些公司不得已转向研究与开发多米尼加的硫化物。

2. 镍矿

1918~1956年，美国《国家地理》杂志对多米尼加的矿产进行了详细的调研，收集了一些详细的资料，其中一些资料引起了加拿大法尔孔布里奇公司的兴趣，这家公司决定到多米尼加从事镍矿的开采与研究业务。1968年法尔孔布里奇公司在多米尼加建立了第一家镍矿开采企业，并于1972年开始在伯纳奥地区大规模开采镍矿。随后，镍矿的开采成为多米尼加采矿业中的一个亮点，20世纪80年代，镍矿成为多米尼加最主要的出口创汇矿产，也是非自由贸易区中最重要的出口物质之一。20世纪80年代后期，法尔孔布里奇公司位于伯纳奥地区的企业成为全球第二大镍矿开采企业。20世纪70~80年代，国际市场上镍价不断上涨，多米尼加充分利用这一难得的时机，促进镍矿产品的出口，1975年镍矿出口额占出口总额的11%，1979年上升到14%，1987年更是达到16%。随后国际镍价出现了下跌，加之多米尼加政府与法尔孔布里奇公司因镍矿开采领域的税收问题发生了分歧，镍矿产品的出口量开始下降。

1990年以来，镍矿产品的出口量继续下滑。1993年出口量减少了1.34万吨，法尔孔布里奇公司曾停产了3个月。1994年情况有所好转，1996年出口产值为2.22亿美元。1998年与2001年法尔孔布里奇公司两度停产，2002年恢复开采。

位于多米尼加共和国伯纳奥地区的鹰桥公司多米尼加分公司（Falcondo）是拉美第二大镍铁开采与提炼企业，这是一家综合型企业，除了镍红土矿开采、冶炼及相关设施以外，还拥有石油精炼设施和发电厂。鹰桥－诺阿登公司（Falcobridge-Noardn）占有该公司85%的股份，多米尼加政府占有10%，其他公司占有5%。1971年该公司开始生产镍铁锭。30年间该公司和哥伦比亚的塞罗·马托索公司（Cerro Matosoca）

一直是拉美地区主要的镍铁供应者，截止到2001年底，这两家公司一共向世界市场供应镍铁757267吨，其核心市场在三个地区：欧洲（占总贸易量的48%）、亚洲（占28%）、美国（占24%）。镍铁市场价格波动，促使鹰桥公司多米尼加分公司开发降低成本的方法，并多种经营，广开财路，以保持它在镍铁市场的竞争力。为了保持世界最大生产者之一的地位，该公司提出了专门计划，主要的创新部分有工厂的现代化、先进的过程控制系统、先进的能源管理系统、新业务的拓展等条款。①

3. 矾土

1958年美国铝业公司（The Aluminum Company of America）在多米尼加西南部地区的巴拉奥纳省首次开采矾土，1974年，多米尼加的矾土出口量达到顶峰，美国铝业公司仅在表层地带开采的矾土量就达到120万吨。1979年矾土的出口产值为2200万美元。20世纪80年代，国际矾土价格下跌，美国铝业公司于1982年、1985年中断了在多米尼加的矾土与石灰石开采活动。1987年美国铝业公司投资的巴拉奥纳矾土矿场被迫关闭，随后多米尼加政府收购了这家矿场的厂房与设备，重新投入生产，把沙金出售给美国铝业公司，美国铝业公司在苏里南对这些矿石再次加工。

4. 其他矿产品

多米尼加还盛产铁、石灰石、铜、石膏、水银、盐、硫黄、大理石、缟玛瑙、石灰华、沙金、蓝珀等。多米尼加政府垄断了大理石、缟玛瑙与石灰华的开采，这些矿产主要用于国内建筑业。20世纪80年代，国有大理石矿业开始盈利。盐与石膏矿藏由科尔特斯盐矿和石膏矿负责开采，这两家企业前期基本处于亏损状态，盐矿的开采设施落后，所开采的产品主要用于满足国内需求。石灰石的开采也由私人企业负责。

2013～2018年多米尼加主要矿产品开采量的增长情况见表4－12，2013～2017年多米尼加主要矿产开采量见表4－13。

① 兰兴华：《拉美第二大镍铁生产者——鹰桥公司多米尼加分公司》，《金属通报》2003年第3期。

表 4-12 2013~2018 年多米尼加主要矿产品开采量增长情况

单位：%

项目 \ 年份		2013~2014	2014~2015	2015~2016	2016~2017	2017~2018
总体增长情况		20.3	6.9	26.5	-4.5	-1.3
主要矿产品	镍铁合金	-100.0	—	—	47.1	22.3
	沙子、砾石	14.4	10.9	7.5	-4.5	5.9
	石膏	-13.1	1.3	-0.7	5.8	24.0
	石灰石	16.6	22.1	-100.0	-100.0	—
	大理石	16.4	-19.6	15.0	6.1	6.4
	黄金	36.8	-9.0	21.1	-9.6	-7.3
	白银	68.0	-22.6	21.8	30.8	15.0
	铜	-10.8	-25.1	25.3	-10.8	2.8

注：表中数据均为当年初步统计数据。

资料来源："Resultados Preliminares de la Economía Dominicana Enero-Diciembre 2015、2016、2017、2018"，多米尼加中央银行网站(Banco Central de la República Dominicana)，https：//gdc.bancentral.gov.do/Common/public/mig/otras-publicaciones/ENCUESTA_ CONSUMOCULTURAL.pdf，最后访问日期：2019 年6月11日。

表 4-13 2013~2017 年多米尼加主要矿产开采量

项目 \ 年份		2013	2014	2015*	2016*	2017*
非金属矿开采总量(立方米)		4845505.07	4767618.74	5119883.18	3692243.80	2428900.00
非金属矿	黏土	150239.00	217143.00	193206.00	150666.00	138859.00
	硅砂	24781.30	8689.00	16884.00	46089.80	43174.00
	长条石	8000.00	8000.00	3000.00	2000.00	0.00
	石灰石	4257628.00	3962118.00	4106130.00	2932105.00	1760945.00
	珊瑚石灰石岩	42813.00	45029.00	48661.00	55273.00	42347.00
	结晶石灰石	544.23	2035.74	1032.00	2783.00	3043.00
	大理石	1047.00	1225.00	1214.00	962.00	615.00
	火山灰岩	35578.81	27669.00	36593.00	32154.00	0.00
	石灰华	4435.00	4188	6680.00	5265.00	5261.00
	火山岩	215324.00	296186.00	489468.00	341393.00	365951.00
	石膏	101452.73	184065.00	204687.00	123553.00	68705.00
	盐(宝石)	3662.00	11271.00	12328.18	0.00	0.00

续表

项目 \ 年份		2013	2014	2015*	2016*	2017*
金属矿总开采量(吨)		972837.22	1758741.11	1736267.98	63954.68	73244.95
金属矿	镍	9355.00	0.00	0.00	9913.00	15632.09
	镍铁	23419.00	0.00	0.00	33203.00	43893.90
	铝土	929575.57	1749308.00	1724162.00	7318.00	0.00
	铜	10379.00	9262.00	7324.14	9725.00	9618.00
	黄金	26.48	36.09	31.13	37.93	33.91
	白银	82.16	135.03	95.71	121.75	147.05
	锌	0.00	0.00	4655.00	3636.00	3920.00

注：*2015 年、2016 年、2017 年数据为初步统计数据，石灰石总量中含有大理石、石灰石和碳酸钙的开采量。

资料来源：多米尼加国家统计局："Dominicana en Cifras 2018"，p. 139，http：//www. one. gob. do. cn/，最后访问日期：2019 年 6 月 11 日。

二　制造业

多米尼加制造业的规模化发展开始于 20 世纪 60 年代，当时，多米尼加政府开始了进口替代工业化的发展尝试，将制造业列为实施替代进口的主打产业。为了鼓励与扶持外向型企业的发展，多米尼加政府积极调整税收政策，1968 年，多米尼加政府颁布了第 299 号法令，把本国的制造业分成三种类型，规定每种类型的制造企业采取差异化税制：面向出口的自由贸易企业享受 100% 的免税优惠，实施进口替代工业化的制造企业享受 95% 的税收优惠，使用本国原材料进行加工生产并且生产的产品能满足国内消费需求的制造企业也可以享受 95% 的税收优惠。为了加强对工业自由贸易区进出口业务的管理，1978 年，多米尼加政府组建了工业自由贸易区全国委员会。20 世纪 80 年代，制造业成为多米尼加最具活力的产业之一，在多米尼加的工业化与经济多样化进程中发挥着不可替代的作用。制造业产品的出口额占全国出口总额的比重也大幅提升，1980 年的占比为 11%，1987 年提高到 31%，1988 年出口额稍有下滑。到 20 世纪 90 年代，制造业成为多米尼加最大的经济部门。21 世纪初期，由于成衣出口制造业不景气，制造业对国民经济的贡献率有所下降。

根据多米尼加央行公布的当年初步统计数据，2015 年制造业产值增长了 5.5%，其中食品工业增长了 6.4%，饮料和烟草生产业增长了 4.9%，其他制造业增长了 7.8%，而石油和化学制品炼制业产值下降了 5.6%。2016 年，制造业产值增长了 4.8%，其中食品工业产值增长了 5.5%，饮料和烟草生产业增长了 1.0%，石油和化学制品炼制业实现了大幅度反弹，增长了 14.4%，其他制造业产值增加了 2.1%。2017 年 1~9 月，多米尼加制造业产值增长了 2.7%，其中食品工业增长了 5.0%，石油和化学制品炼制业产值增长了 6.3%，饮料和烟草生产业增长了 1.1%，而其他制造业产值下降了 1.5%。2018 年，制造业产值增长了 5.7%，其中食品工业产值增长了 4.2%，饮料和烟草生产业增长了 6.2%，石油和化学制品炼制业产值增长了 10.2%，其他制造业产值增加了 5.4%。①

多米尼加制造业主要分为国内制造业、自由贸易区工业与其他制造业等三类。

（一）国内制造业

多米尼加国内制造业主要包括食品工业、非贸易产业、石油和化学制品炼制业等，这些企业的规模一般都比较大，而且资本密集型企业较多，产品主要用于国内消费，少部分用于出口，并且享受关税豁免、市场份额保证等贸易保护措施。

早在特鲁希略独裁统治时期，独裁政府过于支持制糖业的发展，多米尼加制造业结构比较单一，发展速度也较为缓慢，同时还受到国际竞争与关税壁垒的挑战。1968 年，巴拉格尔执政时期，政府颁布了工业鼓励法（Industial Incentive Law），给予一部分企业免税优惠照顾；实施进口替代工业化政策，制定产业多样化规划，成立工业发展委员

① “Resultados Preliminares de la Economía Dominicana Enero-Diciembre 2015、2016、2017、2018”，多米尼加中央银行网站（Banco Central de la República Dominicana），https://gdc.bancentral.gov.do/Common/public/mig/otras-publicaciones/ENCUESTA_ CONSUMOCULTURAL.pdf，最后访问日期：2019 年 6 月 12 日。

会（Industial Development Board），指导国内制造业发展。这些措施的实施在一定程度上促进了国内工业的发展，创造了就业机会，工业多样化也颇有成效，但由于起步较晚，加之国际竞争激烈，多米尼加的工业发展依然任重而道远。进口替代工业化政策的实施，使多米尼加建立了一些民族企业，但一些工业企业依然依赖外国资本，地方性制造企业效率不高，还面临政策不公正的发展难题。随后执政的豪尔赫总统意识到这个问题，1983 年政府颁布法令，让所有生产者享有平等的优惠政策。20 世纪 80 年代后期，多米尼加传统制造业企业共有 5000 家，包括食品工业企业、化工企业、纺织工业企业、非金属采矿业企业等。

1992 年，多米尼加政府进行了关税改革，宣布降低进口税率，这一政策实施后，大量商品进入多米尼加境内，本土制造业受到了严重冲击，制糖业更是首当其冲。1992 年制造业产值占 GDP 的比重为 16.6%，1996 年降至 13.5%。随后本土制造业采取了积极的应对措施，提升竞争力，制造业产值缓慢增长。1998 ~ 2004 年制造业产值占 GDP 的比重分别为 13.5%、13.6%、13.8%、13.0%、13.4%、13.1% 和 12.8%。2005 年、2006 年国内制造业产值分别增长了 9.3%、7.4%，2007 年前三季度国内制造业产值增长了 2.5%，而 2008 年前三季度国内制造业产值增长了 1.9%。2013 ~ 2018 年多米尼加国内制造业中食品工业、饮料和烟草生产业、石油和化学制品炼制业等产值增长情况分别见表 4 - 14、表 4 - 15、表 4 - 16。

表 4 - 14　2013 ~ 2018 年多米尼加食品工业产值增长情况

单位：%

项目＼年份		2013 ~ 2014	2014 ~ 2015	2015 ~ 2016	2016 ~ 2017	2017 ~ 2018
总体增长率		5.3	6.2	5.5	5.0	4.2
具体食品产业	肉类加工业	2.1	2.2	2.3	2.6	3.3
	动物、植物油脂提炼业	-4.0	5.4	1.8	9.6	0.2

续表

项目 \ 年份		2013~2014	2014~2015	2015~2016	2016~2017	2017~2018
具体食品产业	乳制品业	4.0	4.4	9.0	8.7	8.8
	面粉加工业	0.1	-0.2	-3.0	3.0	7.2
	制糖业	-2.3	-8.5	-10.8	30.5	4.8
	其他食品业	6.7	10.4	5.4	1.8	3.8

注：表中数据均为当年初步统计数据。

资料来源："Resultados Preliminares de la Economía Dominicana Enero-Diciembre 2015、2016、2017、2018"，多米尼加中央银行网站（Banco Central de la República Dominicana），https：//gdc.bancentral.gov.do/Common/public/mig/otras - publicaciones/ENCUESTA _ CONSUMOCULTURAL.pdf，最后访问日期：2019年6月12日。

表4-15 2013~2018年多米尼加饮料和烟草生产业产值增长情况

单位：%

项目 \ 年份		2013~2014	2014~2015	2015~2016	2016~2017	2017~2018
总体增长情况		3.3	4.9	1.0	1.1	6.2
具体产业	甘蔗酿酒业	-11.2	-7.0	-1.9	7.9	-2.7
	浅色、深色啤酒业	5.5	8.9	0.8	4.1	6.2
	冷饮业	21.3	10.3	5.9	-9.1	10.6
	香烟业	-7.2	-5.6	-15.7	28.4	8.0

注：表中数据均为当年初步统计数据。

资料来源："Resultados Preliminares de la Economía Dominicana Enero-Diciembre 2015、2016、2017、2018"，多米尼加中央银行网站（Banco Central de la República Dominicana），https：//gdc.bancentral.gov.do/Common/public/mig/otras - publicaciones/ENCUESTA _ CONSUMOCULTURAL.pdf，最后访问日期：2019年6月12日。

（二）自由贸易区工业

多米尼加自由贸易区工业发端于1955年的自由贸易区合法化政策。1969年西方海湾公司（Gulf Western Corporation）在拉罗马纳地区建立了第一个自由贸易区，20世纪70年代自由贸易区工业规模有所扩大。多米

表 4-16　2013~2018 年多米尼加石油和化学制品炼制业产值增长情况

单位：%

项目		2013~2014	2014~2015	2015~2016	2016~2017	2017~2018
总体增长率		3.2	-5.6	14.4	6.3	10.2
	炼油业	-1.4	-40.6	43.3	-7.2	35.0
	化学产品制造业	5.1	1.3	5.5	8.0	8.8
主要石油产品	液化气（LPG）	7.5	-45.8	137.2	-21.9	29.1
	汽油	5.0	-33.1	44.3	-5.7	35.2
	煤油	2.7	-34.1	48.5	-15.1	22.7
	柴油	6.0	-37.5	47.6	0.0	29.9
	燃料油	-11.9	-29.3	32.9	-12.5	46.3

注：表中数据均为当年初步统计数据。

资料来源："Resultados Preliminares de la Economía Dominicana Enero-Diciembre 2015、2016、2017、2018"，多米尼加中央银行网站（Banco Central de la República Dominicana），https：//gdc.bancentral.gov.do/Common/public/mig/otras - publicaciones/ENCUESTA _ CONSUMOCULTURAL.pdf，最后访问日期：2019 年 6 月 12 日。

尼加的自由贸易区实行的是企业化管理。第一个自由贸易区由国营公司经营，之后出现了私人公司和公私合营的企业。自由贸易区企业是指那些经国家自由贸易区理事会批准在自由贸易区建立的、生产加工出口产品的公司或个人。一般由一家多米尼加公司加入并向当局提出申请，该公司的资本可以完全是外国资本。在自由贸易区建立一个企业必须履行如下手续：到国家自由贸易区理事会申领有关表格，并按要求填写；同有关自由贸易区的管理人签署合同；组建公司的有关文件；准备在自由贸易区生产的产品样品；投资者支付能力证明；有关出版物的证明。20 世纪 80 年代，多米尼加政府出台了一系列工业促进法，自由贸易区工业迎来了发展良机，根据相关法律，自由贸易区工业企业享受各种优惠政策，如投资自由、为期20 年的进口关税和所得税税收全免等。多米尼加政府又制定了双子种植规划（Twin Plant Plan），自由贸易区工业企业可以依据《加勒比倡议》

享受美国的优惠关税税率，还可以依据美国税收法的第936节，享受免除所得税的优惠。1985～1989年，自由贸易区规模扩大了一倍，自由贸易区的企业数量从146家增加到220家。1989年多米尼加又启动了6个自由贸易区，政府还审批了另外3个自由贸易区。自由贸易区工业一般都集中在南部与东南部地区，主要是服装、鞋类、皮革制品、电子电信产品、香烟等行业，为多米尼加提供了大量的就业岗位。多米尼加工业贸易部和国家自由贸易委员会（Consejo Nacional de Zonas Francas）负责自由贸易区的管理与服务工作。自由贸易区工业的产品以出口为主，为国家创造了大量外汇。此外，自由贸易区工业还可以享受15～20年不等的免税优惠政策，生产资料的进口税也全免。

1990年1月15日，多米尼加政府颁布了第8－90号法令，其目的是促进建立更多的自由贸易区和巩固已有的自由贸易区。根据这个法令，多米尼加政府成立了国家自由贸易区理事会，该理事会负责监管自由贸易区的活动，其主要职能是向政府提出有关自由贸易区的建议、批准或拒绝关于建立自由贸易区的申请、监督执行有关自由贸易区的法律规章等。该理事会由公共部门和私人部门的代表组成。第8－90号法令对自由贸易区的定义是受海关和财税部门控制的一个地理区域，国家对在该区域里建立的生产性企业提供必要的激励以推动其发展。建立自由贸易区必须经过国家批准，主要有3种类型的自由贸易区：工业或服务业自贸区，可以建立在国家的任何地方；边界自贸区，必须建立在与海地接壤的边境地区，享有更多的优惠；特别自贸区，由于其产品加工过程的性质，必须建立在特定的地区。多米尼加自由贸易区对投资者提供的优惠主要有免缴关税、所得税和部分其他财政税收；享有进入美国和欧洲市场的便利和优惠；存在从当地和外国获得资金的可能性；拥有利润和资本返还的便利；拥有相对便宜的劳动力；政策稳定等。自由贸易区由自由贸易区管理人管理，自由贸易区管理人负责同那些有兴趣在自由贸易区建立公司的企业谈判、签约。自由贸易区管理人可以向自由贸易区里的企业出售或出租楼房及其他设施，以及进行有关促进活动，可以自由地确定场地的价格和维修的费用。要成为自由贸易区管理人首先要向国家自由贸易区理事会申请，并经政府批准，必须承担在基础设施以及设施维修方面创造必要条件的义务。属于国家的自由贸易区由国营的工业开发公司管理。自由贸易区企业的产品主要用于出口，只有在下列两种情况下，可以在多米尼加国内市场销售，但都必须在出售前缴纳有关进口税费：多米尼加国内不生产的产品、产品中本国内供应原材料或零部件占产品总价值的比重达25%或以上。自由贸易区的企业在多米尼加生产或合法进口的产品中，可以在国内市场销售的产品不能超过20%。

20世纪90年代以来，凭借工资低、免税优惠和便利的运输系统等优势，自由贸易区工业成为多米尼加最具活力的经济部门之一。美国与加拿大资本控制了半数公司的股权，其次是多米尼加政府，韩国与中国台湾地区控制的企业数量分居第三、第四位。虽然1996年自由贸易区工业产值占GDP的比重为3.49%，却吸收了当年全国50万名劳动力中的16.5万人，出口产值达到了20亿美元。1998年自由贸易区工业产值增长了7.6%，1999年下降了4.2%。

21世纪以来，由于美国经济增长放缓，多米尼加自由贸易区工业受到了一定的影响。2000年自由贸易区工业产值增长率为4.6%，但2001~2002年产值连续下滑，分别减少了4.6%、7.9%；2003年、2004年自由贸易区工业有所恢复，分别增长了3.5%、6.2%；2005年、2006年自由贸易区工业产值再次出现下滑，分别减少了9.3%、8.3%。

根据多米尼加央行的统计数据，2014~2015年自由贸易区工业产值增长了5.4%，出口额增长了1.0%，该年度多米尼加自由贸易区内共有631家公司，其中纺织类企业占17.8%，烟草制造类企业占12.3%，制药与化学类企业占5.2%，鞋子生产类企业占5.0%，珠宝加工类企业占2.9%，电气产品类企业占0.9%。2016年，得益于电子产品、药品与医疗设备、烟草与食品出口量的增加，自由贸易区工业产值增长了0.3%。2016年自由贸易区内共有企业647家，主要位于圣地亚哥、圣多明各和圣克里斯托瓦尔三市，其中49%位于多米尼加北部，25%位于国家区和圣多明各省，14.4%位于南部，11.6%位于东部。2016年自由贸易区共提供16.3万个就业岗位，较上年增长1.2%。就行业而言，纺织服装业提供的就业岗位最多，为4.4万个，占总数的26.9%；烟草加工业2.5万个，占总数的15.3%；服务业2.4万个，占总数的14.7%；医疗和制药业2.2万个，占总数的13.5%；制鞋业1.7万个，占总数的10.4%。就地区而言，北部自由贸易区提供的就业岗位占总数的44.1%，国家区和圣多明各省自由贸易区提供的就业岗位占总数的27.1%，南部自由贸易区提供的就业岗位占总数的14.7%，东部自由贸易区提供的就业岗位占总数的14.1%。就岗位性质而言，71.8%为产业工人，20.2%为技术人员，8.0%为管理人员。2016年自由贸易区总投资额累计达43.27亿美元，较上年增长7.0%。就投资来源国而言，美国投资19.07亿美元，占自由贸易区投资总额的44.1%；多米尼加本国投资9.42亿美元，占总额的21.8%；加拿大投资3.18亿美元，占总额的7.4%；英国投资2.20亿美元，占总额的5.1%；德国投资1.16亿美元，占总额的2.7%；其余19%来自33个不同国家（地区）。就投资行业分布而言，医疗和制药业投资9.96亿美元，占总额的23%；纺织服装业投资8.74亿美元，占总额的20.2%；烟草加工业投资8.11亿美元，占总额的18.7%；服务业投资3.71亿美元，占总额的8.6%；制鞋业投资2.59亿美元，占总额的6%；农产品加工业投资2.41亿美元，占总额的5.6%；电器和电子产品业投资1.2亿美元，占总额的2.8%。2016年自由贸易区出口值达到54.94亿美元，占全国当年出口总值的55.7%，出口值较上年增长1.3%。其中医疗和药品出口值占自由贸易区出口总值的27.2%，纺织服装产品出口值占自由贸易区出口总值的19.9%，电器和电子产品占13.7%，烟草制品占12.7%，鞋类产品占7.7%。2016年多米尼加用于自由贸易区建设的地方投入共14.56亿美元，较2015年增加1.5%。2016年自由贸易区管理部门及入驻企业共支付各类服务费105.36亿比索，其中，电力38.78亿比索，社会治安55.73亿比索，电信6.6亿比索，职业技术培训2.6亿比索，供水1.65亿比索（当年汇率1美元约合47比索）。2016年新批准入驻企业68家，其中服务业企业33家，烟草加工业企业13家，贸易企业4家，纺织服装业企业3家，农产品加工业企业3家，电器和电子产品业企业2家，五金制品业企业2家，纸箱和纸品企业2家，木业企业2

家。68家新入驻企业预计创造直接就业岗位5078个，完成投资6410万美元，完成创汇7610万美元。[①] 2017年自由贸易区工业产值增长了3.7%，共有678家企业，其中纺织服装企业104家，烟草加工业企业80家，服务业企业73家，农产品加工业企业57家，医疗设备类企业31家，制鞋业企业29家，珠宝加工企业14家；2017年1~9月多米尼加政府新批准了37家自由贸易区企业，投资额约为1.291亿美元，新增3922个就业岗位。2018年自由贸易区工业产值增长了8.1%，共有669家企业，纺织服装、烟草加工、农产品加工、药品、制鞋及珠宝加工企业数量占企业总数的比重分别为15.1%、12.1%、8.2%、4.9%、3.9%和1.9%，2018年多米尼加政府新批准了56家自由贸易区企业，投资额约为40.5428亿比索，新增5166个就业岗位。2013~2018年多米尼加自由贸易区工业相关指标见表4-17。

表4-17　2013~2018年多米尼加自由贸易区工业相关指标

单位：%，家

项目 \ 年份		2013~2014	2014~2015	2015~2016	2016~2017	2017~2018
总产值增长率		4.2	5.4	0.3	3.8	8.1
具体指标	出口额增长率	5.9	1.0	-0.3	2.4	9.1
	吸纳劳动力增长率	—	4.5	3.7	-0.9	—
	企业总数	—	631	647	678	669
	新设立企业数量	65	79	68	37	56

注：表中数据均为当年初步统计数据；2016~2017年统计的是1~9月的数据。

资料来源："Resultados Preliminares de la Economía Dominicana Enero-Diciembre 2015、2016、2017、2018"，多米尼加中央银行网站（Banco Central de la República Dominicana），https：//gdc. bancentral. gov. do/Common/public/mig/otras - publicaciones/ENCUESTA_ CONSUMOCULTURAL. pdf，最后访问日期：2019年6月12日。

① 中华人民共和国驻多米尼加共和国大使馆经济商务处网站，http：//dom. mofcom. gov. cn/article/ztdy/201706/20170602591196. shtml，最后访问日期：2019年6月12日。

（三）其他制造业

除了国内制造业、自由贸易区工业外，多米尼加还拥有一些其他制造业，主要有钢铁产业与建材工业。

钢铁产业：多米尼加主要钢企有印加（Inca）、多米尼加冶金（Metaldom）以及钢铁之星（Acero Estrella）等，前两家主要从事钢铁冶炼加工和贸易，后者主要从事建筑物钢构设计、制造和架设等。2014 年 9 月，印加和多米尼加冶金两家企业与巴西钢企格道公司（Gerdau）合并成中美洲和加勒比地区最大的钢铁企业集团格道金属钢铁公司（Gerdau-Metaldom）。

建材产业：据多米尼加工业协会统计，2014～2015 年多米尼加建材出口额为 14.3 亿美元，主要出口产品包括电器开关、水泥、钢筋、钢管、电缆、PVC 管、钢丝、瓷砖、石灰石、钢梁、门窗型材、塑料框架等，主要出口目的地是美国、海地、波多黎各、委内瑞拉和牙买加等。知名建材企业包括圣菲利佩集团（San Felipe）、拉伊比利亚（La Iberia）、塞利马斯（Cerimas）等。

2013～2018 年多米尼加其他制造业增长情况见表 4－18。2013～2017 年多米尼加主要工业品产量见表 4－19。

表 4－18 2013～2018 年多米尼加其他制造业增长情况

单位：%

项目 \ 年份		2013～2014	2014～2015	2015～2016	2016～2017	2017～2018
总体增长率		6.2	7.8	2.1	－1.5	5.4
具体指标	橡胶与塑料制造业	8.3	4.3	3.7	－0.4	5.4
	金属矿产业	13.9	3.9	－0.2	－1.7	3.3
	普通金属制造业	9.2	12.0	1.0	1.0	7.2
	其他工业制造业	－1.1	9.5	4.2	－2.7	5.7

注：表中数据均为当年初步统计数据。

资料来源："Resultados Preliminares de la Economía Dominicana Enero-Diciembre 2015、2016、2017、2018"，多米尼加中央银行网站（Banco Central de la República Dominicana），https：//gdc.bancentral.gov.do/Common/public/mig/otras－publicaciones/ENCUESTA_ CONSUMOCULTURAL.pdf，最后访问日期：2019 年 6 月 12 日。

表 4-19　2013~2017 年多米尼加主要工业品产量

工业产品	单位	2013 年	2014 年	2015 年	2016 年	2017 年[P]
粗糖	吨	544030	536437	441419	407604	561496
精糖	吨	157676	153887	141307	129116	171136
啤酒	千升	416264	439323	474454	476707	491488
香烟	盒	96346	89444	85500	72063	88736
甘蔗酒	千升	56814	48671	47174	46289	48688
巴氏杀菌牛奶	千升	105603	114286	120704	129748	151944
面粉	英担(Quintales)	3511932	3654200	3396728	2816142	2779904
水泥	吨	4245720	5018313	5180931	5171498	5253660
竹条	吨	403998	487788	425713	437010	363476
油漆	吨	56761	55624	60696	67580	74167

注：2017 年的数据为初步统计数据；啤酒包括深色啤酒与浅色啤酒；1 英担等于 100 千克。

资料来源：多米尼加国家统计局："Dominicana en Cifras 2018"，p. 140，http：//www. one. gob. do. cn/，最后访问日期：2019 年 6 月 12 日。

三　建筑业

20 世纪 70~80 年代，政府对公共事业的重视促进了多米尼加建筑业的发展，自由贸易区工业厂房的兴建、周边旅馆的兴起，也给建筑业的发展增加了助力。20 世纪 70 年代上半叶，建筑业产值的年均增长率达到了 16%，仅次于采矿业。建筑业的发展，堤坝、公路、桥梁、医院、经济适用房、学校等公共建筑的建设速度不断提升，多米尼加公共基础设施不断完善。20 世纪 80 年代，多米尼加建筑业产值呈现差异化态势，前 5 年产值上下波动，后 5 年产值年均增长率约为 18%。

1981 年多米尼加政府颁布了第 322 号法令，规定了外国企业在多米尼加参加国家及其附属机构的建筑项目投标的条件。根据这项法令，只有在多米尼加有一个合伙人或者与一家多米尼加公司组成一个合资公司的单位才能参加投标。在合同里外国公司股份所占的比例不得超过 50%，但如果国内企业的比例无法达到 30%，导致外国比例超过规定，也可以接受，但最多不得超过70%。此外，如果是一些复杂的项目，外国企业可以要求政府有关负责部门将其列入例外项目，这样外国企业就有权获得这个项目的全部承包合同，而当地公司不必参与。

20世纪90年代初期，建筑业产值有所下滑，但1992年出现了反弹，增长了24.4%，随后增长率不断下降，1993年为10.1%，1994年为6.6%。20世纪90年代后期的巴拉格尔执政时期，政府加大了对公共工程建设的投资力度，重点加强机场、能源公用事业、道路与民用住宅等项目的投资力度，建筑业再次迎来了发展良机，1995年建筑业产值占GDP的比重为9.6%，1999年上升至13.4%。20世纪末与21世纪初，建筑业在震荡中缓慢发展。1998～2004年建筑业产值的增长速度与占GDP的比重分别为19.6%、17.7%、5.6%、0.5%、3.2%、-8.6%、-6.3%与12.3%、13.4%、13.2%、12.9%、12.7%、11.5%、10.7%。2005年7月以来，多米尼加建筑业有所复苏，产值同比增长6.2%。2006年，国民收入的增长和房贷利率的下降促进了房地产业的发展，建筑业产值增长了22.7%，本年度多米尼加第一条城市铁路得以顺利开工。2008年前三季度建筑业产值同比增长5.3%。

2015年，由于公共资本和私人资本增加了对基础设施与房地产项目的投资，多米尼加建筑业产值增长18.2%，继续保持两位数的良好增长态势，对GDP的贡献率也不断提升。2016年，公共投资项目投资总额继续增加，因一些基础设施工程如学校教室、道路系统完善的推进，加之旅游设施的完善、以私人住宅工程为主题的房地产业的兴盛，该年度建筑业产值增长8.8%。根据多米尼加2016年11月底的建材价格标准，钢筋每46公斤2200比索，水泥每袋290比索，砖每块21比索，钉子每磅40比索，钢丝每卷45比索，砂石每立方米850比索，碎石每立方米950比索，锌版每张200比索。2017年1～9月，台风“艾玛”和“玛丽亚”影响了一些在建项目的施工进度，建筑业受到了不利影响，仅仅增长0.7%。2018年，各项基础设施工程的继续进行、旅游景区设施的完善、酒店旅馆的建设与电力设施的完善等使建筑业产值实现反弹，全年增长12.2%。

四　能源工业

多米尼加境内能源资源相对贫乏，消费的能源主要有石油与石油衍生产品、木材、生物能源、电力与褐煤等，只有萨马纳半岛上发现了褐煤，故此多米尼加常用的能源都比较紧张，石油长期依赖进口。加之农村地区农民一直使用木材作为燃料，森林资源也遭到一定的破坏。后来，政府加强了对森林的管理，森林资源的供给与消费渐渐实现正常化，但其他能源供给不足一直是影响多米尼加经济发展与人民日常生活的一个重大因素。多米尼加国家能源委员会（CNE）负责能源政策的制定与管理，以及监督与能源相关的各项法令的执行情况。

21 世纪初期以来，多米尼加能源供给量有所增加，2005 年、2006 年多米尼加能源和水资源产值分别增长了 5.3%、7.2%。为了促进能源产业的可持续发展，鼓励发展生物能源与可再生资源，2007 年 5 月多米尼加政府颁布了第 57－07 号法令，这项法令规定了通过特许经营模式建设可再生能源项目的激励机制，其中免税条款包括免征一切进口税和企业在生产、输电、联通等环节涉及的工业资产和服务流转税；免除企业在发电，出售电力、热水、热气、生物燃料和合成燃料，以及出售和安装机组、零部件和可再生能源成套设施等方面 10 年的企业所得税。这项法令还鼓励发展以甘蔗为原料的乙醇提炼业，以增加对工业汽油的供应。2008 年前三季度，能源和水资源产值同比增长 11.0%。

根据多米尼加央行公布的初步统计数据，2015 年多米尼加能源和水资源产值全年增长 6.5%，能源消费量增长了 6.7%，其中居民日常生活领域能源消费量增长 6.9%、工业领域能源消费量增长 6.5%、商业领域能源消费量增长 8.6%、政府机构能源消费量增长 4.5%。2016 年由于能源基础设施的完善、能源供给能力的提升，能源和水资源产值增长 3.4%，能源消费量增长 2.9%，其中居民日常生活领域、工业领域、商业领域与政府机构的能源消费量分别增长 3.5%、0.8%、8.2% 与 2.9%。2017 年 1～9 月能源和水资源产值同比增长 2.1%，其中居民日常生活领域、工业领域、商业领域与政府机构的能源消费量分别增长了1.1%、1.4%、8.8%与4.7%。2018年能源和水资源产值增长5.6%，其中居民日常生活领域、工业领域、商业领域与政府机构的能源消费量分别增长了5.2%、10.1%、1.0%与3.8%。

（一）石油

自20世纪70年代起，多米尼加就成为石油进口国，石油进口量不断增加。20世纪80年代，查科·拉戈（Charco Largo）地区探明了储藏量较小的油矿资源，随后新油田的勘探也没有取得实质性进展。20世纪初期，美国、委内瑞拉和加拿大的石油公司也加大了对多米尼加石油资源的勘探力度，依旧成效甚微。多米尼加的石油主要依赖从墨西哥与委内瑞拉进口。根据《圣何塞协议》，多米尼加进口石油总量的1/3可以享受委墨两国提供的优惠价格，这两国还承诺多米尼加20%的石油支出可以转化为优惠贷款。2000年多米尼加同委内瑞拉签订了《加拉加斯协议》，根据这项协议，多米尼加每日可以向委内瑞拉追加进口2万桶石油。2005年9月，委内瑞拉政府又承诺，多米尼加进口石油总量的1/4可以享受委内瑞拉提供的优惠条件。

（二）电力

随着经济发展的加速，自20世纪60年代以来，多米尼加的电力生产也得以发展，电力资源供给与需求基本平衡。进入20世纪70年代后，尤其是1974年以来，随着油价的攀升、发电成本的增加，多米尼加的电力生产开始出现亏损。为了确保电力资源的正常供给，多米尼加政府曾制订了1976～1980年电力生产计划，但也因石油价格飞涨而搁浅，从此，多米尼加电力行业一直饱受成本居高不下、投资不足、频繁断电与电费拖欠等难题的困扰。20世纪80年代这些难题也没能得以解决，电力设施更新滞后，一些电厂面临关闭破产的危机，多米尼加频繁出现停电事故。从20世纪80年代后期开始，多米尼加电力公司按照私有化的思想进行改建，但也收效甚微。

1997年多米尼加政府颁布了第141－97号法令，对国营电力公司进行资本重组。对售电公司和发电公司的业务实行法制监管，同时成立了多米尼加国营电力公司（集团），控制了发电和配电公司50%的股权，并控制了全部的水力发电和输电业务。私人企业只能从事发电和售电业务，发电公司必须按法定要求把电力卖给国营电力公司统一出售给售电公司和直接用户。国营电力公司设计总发电量为160万千瓦时，但实际发电量仅为140万~145万千瓦时。私营公司的发电量约为60万~70万千瓦时。1999年费尔南德斯政府再次对国营电力公司进行重组，划分为发电、配电、供电三个子公司，前两个子公司进行私有化，供电公司仍然保持国营地位，但由于缺乏有效管理，加之电力定价机制也不太合理，这项措施没能取得预期效果。2002年9月，梅希亚政府与私营电力企业达成合作协议，主要内容有合理提高电费、取消国家对电力的补贴、与私营企业建立友好合作关系、严控偷电与浪费电力资源的行为等。

为了提升电力资源供给能力、增加发电量，多米尼加20世纪90年代就开始尝试开发利用水资源，修建水库与堤坝，实施水力发电。1996年多米尼加政府对在建的里约布兰科河大坝增加1.10亿美元的投资，提升发电能力，使大坝发电量提升至38.1万千瓦时。在政府的引导下，多米尼加水电站建设取得了一定成效，主要水力发电站有位于尼萨奥南岸的尼萨奥水电站，年发电量为7亿瓦时，由巴尔德希亚·希盖-阿瓜卡特（Valdesia Jigüey-Aguacate）和拉斯·巴里亚斯（Las Barías）大坝组成；位于多米尼加西南部的南亚克河沿岸的萨瓦纳·耶瓜（Sabana Yegua）水电站，年发电能力为69吉瓦时；位于北亚克河和巴奥河（Bao）岸边的塔维拉斯（Taveras）水电站，由塔维拉斯·巴奥河（Taveras Bao）和洛佩斯狭窄河道的第二道大坝（el contraembalse López Angostura）构成，年发电量为185吉瓦时；位于多米尼加北部尤纳河沿岸的阿蒂约（Hatillo）水电站，年发电量为50吉瓦时；位于圣胡安河西南部的萨瓦内塔（Sabaneta）水电站，年发电量为45吉瓦时。2018年中国电建集团与多米尼加相关部门就该国尤纳河上游多功能水利项目进行过磋商，该项目包含防洪、灌溉、发电、供水等多种功能，该水利设施一旦建成，可以有效满足当地居民的用水需求，增加水力发电量。

除了充分利用水资源进行发电外，多米尼加政府还尝试使用其他资源来替代石油发电，鼓励使用煤炭进行发电，建设火力发电厂；与卡塔尔合作，进口天然气。2001 年美资 AES 公司在前期建设的一家发电量为 210 兆瓦时的火力发电厂的基础上，又兴建了一家较大规模的发电厂，以进口天然气为原料，但对于巨大的电力需求来说，这些措施依然是杯水车薪。

多米尼加政府还尝试与日本和世界银行合作来提升发电量。2005 年 5 月，世界银行向多米尼加政府提供了总计为 5000 万美元的第一批贷款，支持发展电力产业，当年多米尼加发电量达到 1600 兆瓦时。2006 年多米尼加政府向电力公司提供了约 7 亿美元的补贴，鼓励电力公司实施电力扩容。多米尼加与海地互为邻国，但尚未实现两国电网互联互通。2013 年两国就电网互联互通开启研判。

2016 年据多米尼加《晨报》12 月 21 日报道，墨西哥水泥公司（CEMEX）就扩大位于多米尼加圣佩德罗－德马科里斯水泥厂场地上的太阳能电站项目启动招标。

墨西哥水泥公司通过招标寻找有资质和能力新建并运营一家发电量为 13 兆瓦时的太阳能电站的企业，并与该企业订立电力供应合同。2014 年，出于环保承诺，墨西哥水泥公司投资了第一个太阳能电站，发电量 1.5 兆瓦时。2016 年与一风力发电厂签署供电协议，为其位于圣佩德罗－德马科里斯的水泥厂供电。2017 年多米尼加发电企业总计 15 个，其中多米尼加埃斯公司（AES DOMINICANA）、海纳发电公司（EGE HAINA）、多米尼加水电开发公司（EGEHID）及多米尼加国家电力公司（CDEEE）为该国最主要的四家发电公司，占据了该国总装机的 60%，除多米尼加水电开发公司外皆为私营或公私合营企业（电厂）。电力调控由多米尼加电力监管委员会（SIE）负责。电力输送主要通过国营多米尼加输电公司（ETED）来进行。配电同样由 3 家国营公司负责：南方配电公司（EDESUR）、北方配电公司（EDENORTE）及东部配电公司（EDEESTE）。多米尼加电力能源构成：38% 燃油、34% 天然气、16% 煤炭、10.3% 水力发电、1.7% 风力发电。

第四节　商业与服务业

一　商业

自20世纪80年代多米尼加实施经济多样化发展策略以来，在重视发展传统产业的基础上，政府更加支持商业与服务业的发展，让商业消费成为拉动经济增长的一个引擎。随着政府鼓励消费政策的实施，市场上流通的商品种类日益增多，社会消费贷款也更加活跃，商业产值占GDP的比重逐渐提升。2003～2006年，商业产值的增长率分别为－3.6%、－0.1%、16.1%、11.7%，占GDP的比重分别为10.1%、9.9%、10.5%、10.6%。2008年多米尼加复合银行增加了对商业贷款的投放力度，一些大型商业场所如商场、超市和服装鞋子类商品的消费额不断增长，商业得以迅猛发展。

根据多米尼加央行公布的初步统计数据，2014年多米尼加商业产值增长了4.9%，2015年由于可销售商品的进口量增长了15.1%，加之商品销售额的增加，商业产值增长率为9.1%，其中消费贷款与商业贷款分别增长了19.2%、23.0%，商业能源消费额增长了8.6%，超市与日常生活物资的销售额增长了9.0%。2016年多米尼加商业产值增长5.9%，其中，金融部门提供的消费贷款增长15.5%、商业贷款增长5.2%、可交易货物进口增长5.6%、商业能源消费增长8.2%、超市和百货销售额增长7.4%。2016年1～9月，多米尼加商业销售总额为6261.55亿比索，约合136亿美元。2017年多米尼加商业产值有所回落，仅增长了2.3%，其中实际进口贸易占0.6%、消费贷款占11.5%、商业贷款占11.8%、商业能源消费占8.1%、超市与百货销售额占11.9%。2018年多米尼加商业产值再次出现了高速增长，全年增长率为8.3%，其中本土商品生产量增加了5.9%、实际进口贸易占12.1%、消费贷款占10.0%、商业贷款占4.9%、商业能源消费占1.0%、超市与百货销售额占16.6%。

二 服务业

多米尼加经济多样化政策的实施，促进了服务业的发展，服务业逐渐成为产值最高、对经济增长贡献最大的产业。1993 年多米尼加服务业产值 50.87 亿比索，占 GDP 的 57.6%，从事服务业的人口约 50 万人，占总劳动力的 18%。多米尼加服务业产值占 GDP 的比重一度超过了 50%，成为多米尼加三大产业中举足轻重的行业。多米尼加的服务业也具有多样化特征，除了重视发展旅游业外，还大力发展新兴服务业如电子商品和电子服务业、金融服务业、自由贸易区服务业、计算机服务业与软件业等。2013～2017 年多米尼加三大产业中，增速最快的产业为旅游业、自由贸易区制造业、农业和金融服务业。2016 年自由贸易区工业服务业提供 2.4 万个就业岗位，2016 年新批准入驻企业 68 家，其中服务业 33 家，是近三年来新批入驻企业数量最多的行业，显示出自由贸易区服务业发展最具活力。

值得一提的是，生活在多米尼加的华人华侨主要从事餐饮、美容服务、进出口贸易、零售百货、中小型超市经营等服务业，为多米尼加服务业的繁荣做出了一定的贡献。在首都圣多明各市老城区，华人商铺一家挨一家。2008 年兴建并经过大面积改造的“中国城”，已成为拥有 4 个街区、2 个广场、数百家商铺的商业旅游区，总面积 40000 多平方米。在长约 200 多米的杜阿尔特街主道上，华人店铺和商场鳞次栉比，商品琳琅满目。华人华侨不仅出售当地各种家具百货、蔬菜水果、鸡鸭鱼肉、食品茶叶，还热情提供产自广东和福建的龙眼、荔枝及地道风味的糯米鸡等，极大地方便了圣多明各与其他市区市民的日常消费。

第五节 旅游业

多米尼加拥有丰富的旅游资源，这种得天独厚的天然与地理优势成为发展旅游业的基础条件之一，随着政府的重视、指导法规的制定、旅游景区的开发、旅游设施的不断完善，作为新兴服务业的旅游业一跃成为多米尼加最大的出口创汇部门，也吸收了大量的劳动力。在未来，凭借“除了优越的人文和自然景观外，丰富多样的旅游产品、舒适便捷的旅游服务、成熟完善的旅游管理体系、开放多元的文化、包容好客的人民”① 等优势，多米尼加旅游业对 GDP 的贡献率会不断提升。

多米尼加旅游业腾飞于 20 世纪 70 年代。为了促进旅游业的发展，1971 年多米尼加政府颁布了《旅游业促进法》（第 153 号法令），规定旅游业领域的投资者可以享受免除十年所得税的优惠与享受免除进口关税的优惠，多米尼加央行成立了专门机构来指导旅游业的融资工作。1979 年费尔南德斯政府进一步规定，内阁应充分行使对旅游业的管理权，这意味着促进旅游业的发展已经上升到国家政治层面。20 世纪 80 年代，旅游业的创汇总额比 20 世纪 70 年代翻了一番，1980 年创汇总额为 1 亿美元，1987 年则增长到 5.7 亿美元。1984 年旅游业正式取代了制糖业，成为多米尼加最大的出口创汇产业。1987 年到多米尼加观光旅游的游客人数首次突破 100 万人次，入境游客人数超过了这一地区传统的旅游胜地如百慕大群岛与巴巴多斯岛，这一年多米尼加也成为加勒比地区第五大旅游创汇地，创汇总额仅次于巴哈马群岛、波多黎各、牙买加与美属维尔京群岛。1989 年旅游业创汇 6.6 亿美元。

20 世纪 90 年代多米尼加旅游业继续保持繁荣势头。1994 年入境游客人数达到 177 万人次，其中客源增长最快的地区是欧洲，来自欧洲的游客占当年游客总数的一半以上。1996 年入境游客为 190 万人次，1997 年则突破了 200 万人次大关。1996 ~ 1997 年旅游业给多米尼加带来了约 20 万美元的收入。1998 年受飓风的影响，旅游业受到一定的挫折。

进入 21 世纪后，多米尼加政府增加了对旅游基础设施的投入，与私营部门开始积极合作，并加大宣传力度，提升多米尼加在入境游客心中的

① 中华人民共和国外交部驻多米尼加使馆：《相信越来越多中国游客会来多米尼加寻找“诗和远方”——驻多米尼加大使张润在多旅游业洽谈会发表演讲》，2019 年 4 月 10 日，https://www.fmprc.gov.cn/web/dszlsjt_673036/t1652830.shtml，最后访问日期：2019 年 6 月 14 日。

形象。2000 年入境游客人数再创新高，突破了 300 万人次。2002 年多米尼加新建了高尔夫球场、完善了东部地区的海军基地、修缮了普拉塔港的主题公园等，旅游产业的硬件设施得以不断完善。2004 年旅游业产值同比增长了 4.6%，2005 年旅游业创汇 35.2 亿美元，2006 年创汇 38 亿美元。2008 年前三季度旅游业创汇总额为 33.73 亿美元，同比增长 4.7%。

近年来，为了刺激和鼓励旅游业发展，多米尼加政府通过了第158－01 号法令。该法规定符合以下条件的新投资项目可享受 15 年期免税：建设酒店、度假村和综合酒店；建设会议场馆、会展场馆、国际会议中心、节庆场馆、表演场馆和音乐厅；建设和经营游乐园、生态公园和主题公园；建设和经营旅游场馆设施，如水族馆、餐饮中心、高尔夫球场和运动中心等；以旅游市场为主营业务的中小企业（如经营手工艺品、观赏植物、热带鱼养殖、小爬虫养殖场等）；建设旅游业基础设施如水渠、水处理厂、垃圾分拣处理厂和固体废物处理厂；建设旅游住宿馆舍或其他住宿设施如别墅、小区、公寓、客栈等。已建成超过 5 年的酒店和度假村，其设施和设备的现代化改造升级免征工业品和服务流转税（ITBIS）；已建成超过 15 年的酒店和度假村，如进行 50% 重建和升级改造，可参照新建项目给予免税。在多米尼加境内投资经批准的旅游项目的个人和企业可减免所得税，减免额度可占年收入的 20%。多米尼加旅游业发展理事会（Confotur）负责受理和审批免税申请。个人和企业免税申请一经批准，应在随后 3 年内启动项目建设且不得停工，否则将无法享受有关税收优惠。

在第 158－01 号法令的刺激下，多米尼加旅游业迎来了黄金发展时期，2010～2015 年旅游业对 GDP 的贡献率连续六年实现增长。2011 年圣多明各旅游推广办公室发布了全新的旅游标识，新标识除了用充满童趣的手写字体书写出这座城市的名称“Santo Domingo”外，还把两组单词最后的“to go”标注成醒目的颜色，来提示将圣多明各作为旅游目的地。多米尼加旅游新标识见图 4－1。

根据多米尼加中央银行公布的报告，2013 年前 10 个月入境外国游客超过 380 万人次，同比增长 1.4%，比 2012 年同期增加游客

图 4－1　多米尼加旅游新标识

51916 人次。10 月新增游客 14904 人次，同比增长 5.5%。2013 年前 10 个月通过航空运输入境的旅客（含居民和非本地居民）为 420 万人次，同比增长 1%。与受到世界经济危机影响的前两年相比，外国游客的增长更趋活跃，这归功于多米尼加旅游部、私营部门、旅行社和航空公司对旅游业的市场推广。多米尼加外国游客主要来自北美、欧洲和南美国家，游客增长最多的国家依次为美国、俄罗斯、德国、英国和巴西。报告指出，游客的 93.2% 以休闲旅游为目的。根据多米尼加央行公布的初步统计数据，2014 年旅游业产值增长了 11.3%。2015 年旅游业产值增长了 9.2%，旅游业收入增加了 5.16 亿美元，入境游客增加了 458482 人次，旅馆与酒店的平均入住率为 75.5%。2016 年仅酒店餐饮业对 GDP 的贡献率就达 6.4%。2016 年多米尼加旅游业服务及商品消费额达 4003 亿比索（约合 87 亿美元），政府旅游业收入达 407 亿比索（约合 8 亿美元），旅游服务业吸纳就业人数超 31.5 万人。2016 年多米尼加共吸引近 600 万名外国游客，外国游客主要来自美国、欧洲及南美国家，多米尼加已成为加勒比地区外国游客的第一目的地。2017 年 1～7 月多米尼加旅游业持续增长，8～9 月受到飓风的影响，旅游收入有所下降，1～9 月，旅游收入增长了 7.7%，入境游客为 4711486 人次，酒店与旅馆平均入住率为 78.7%。2018 年旅游业收入增长了 5.3%，入境游客为 6568888 人次，其中来自美国的游客占 41.6%，酒店与旅馆平均入住率为 77.5%。2013～2017 年多米尼加旅游业具体指标见表 4－20，2013～2017 年本土与外来游客出入境人数统计情况见表 4－21 。

表 4－20 2013～2017 年多米尼加旅游业具体指标

指标 \ 年份	2013	2014	2015	2016	2017
酒店入住率(%)	71.7	74.8	75.5	78.0	77.0
旅游收入(百万美元)	5054.7	5629.8	6115.0	6723.0	7177.5
旅游业吸纳就业人数(人)	216543.0	247025.0	254146.0	315153.0	323495.0
直接就业人数(人)	61869.0	70578.0	71686.0	88777.0	90136.0
间接就业人数(人)	154674.0	176447.0	182460.0	226376.0	233359.0

注：2017 年为当年初步统计数据。

资料来源：多米尼加国家统计局："Dominicana en Cifras 2018", p. 204, http://www.one.gob.do.cn/, 最后访问日期：2019 年 6 月 14 日。

表 4－21 2013～2017 年本土与外来游客出入境人数统计

单位：人

地区 \ 年份		2013	2014	2015	2016	2017
总计		5227114	5717411	6214884	6558982	6831883
常居人口		436154	467637	512863	599635	644341
	多米尼加常居人口	391599	427238	477918	555695	604197
	外籍常居人口	44555	40399	34945	43940	40144
非常居人口		4790960	5249774	5702021	5959347	6187542
	多米尼加非常居人口	744274	808542	885712	825237	833525
	外籍人口	4046686	4441232	4816309	5134110	5354017
北美洲		2310159	2538448	2772073	2918709	2999184
	加拿大	687938	699202	733864	759629	828192
	美国	1594134	1805157	2009214	2128216	2132643
	墨西哥	28087	34089	28995	30864	38349
中美洲与加勒比地区		136516	179993	249308	291906	275007

续表

地区 \ 年份		2013	2014	2015	2016	2017
	阿鲁巴	574	458	419	521	839
	特克斯和凯科斯群岛	705	1230	1300	1556	1383
	哥斯达黎加	9695	9778	11950	14597	15159
	古巴	12724	15748	21706	25932	36920
	库拉索	205	550	1923	1978	2916
	萨尔瓦多	3406	5252	5326	4767	6394
	瓜达卢佩	270	829	970	870	550
	危地马拉	5445	6513	7056	6110	8037
	海地	18650	20366	28324	24454	35929
	洪都拉斯	2894	2568	3464	2848	3698
	牙买加	1825	2031	2559	2705	4574
	马提尼克	60	70	90	20	140
	巴拿马	11691	11507	29925	81359	43884
	波多黎各	55452	94817	125303	109522	100000
	圣马丁	150	495	1162	1090	1308
	特立尼达和多巴哥	2742	3060	2581	5710	4966
	美属维尔京群岛	20	20	40	130	10
	加勒比其他岛屿	10008	4701	5210	7737	8300
南美洲		462717	540908	643211	645756	663411
	阿根廷	106697	114479	113101	80198	144557
	玻利维亚	8540	7551	6352	5177	8132
	巴西	95738	115686	124621	103187	95233
	哥伦比亚	71961	77430	72415	66785	96147
	智利	47387	61421	81237	106947	98470
	厄瓜多尔	13157	10582	13040	9713	12497
	秘鲁	36841	33884	52957	83322	62167
	乌拉圭	5607	4983	6775	18847	28232
	委内瑞拉	72547	110553	166903	161636	103614
	其他南美洲国家	4242	4339	5810	9944	14362

续表

地区 \ 年份		2013	2014	2015	2016	2017
欧洲国家		1166400	1133939	1246269	1411944	—
	德国	226434	245958	262818	267643	—
	比利时	36805	38617	42105	42581	—
	丹麦	3251	2399	1802	2910	—
	西班牙	151027	177670	167470	171532	—
	法国	233948	231720	233548	221467	—
	荷兰	32239	35981	53094	40999	—
	英格兰	123937	144748	160731	174346	—
	意大利	123937	81759	82351	82042	—
	葡萄牙	19275	23832	29668	30276	—
	俄罗斯	181217	74095	126928	233660	—
亚洲		12171	14448	15376	24509	—
大洋洲		3312	3330	4513	5361	—

注：2016 年欧洲国家、亚洲与大洋洲的人数为当年初步统计数据；2017 年为当年初步统计数据。

资料来源：多米尼加国家统计局："Dominicana en Cifras 2018"，p. 204，http：//www. one. gob. do. cn/，最后访问日期：2019 年 6 月 14 日。

第六节 交通与通信

一 交通

自 20 世纪 50 年代开始，多米尼加交通运输基础设施的建设进程日益加快，旅游业的飞速发展也促进了道路基础设施的建设进程。1987 年全国各种机动车共有 17.1 万辆，1988 年交通运输与通信业的产值约占 GDP 的 6%，1996 年底，多米尼加机动车保有量达到 47 万辆。此后，多米尼加机动车数量飞速增长，2002 年底突破 200 万辆，达到 210 万辆。2005 年、2006 年交通运输和仓储业产值的增长率分别为 6.4%、8.3%，占

GDP 的比重分别为 3.9%、3.8%。

根据多米尼加央行的统计数据，2014 年交通运输和仓储业产值增长了 6.0%。2015 年交通运输和仓储业产值增长了 6.4%，其中货物运输量增长了 8.6%，用于交通运输领域的机动车数量增长了 4.7%。2016 年交通运输和仓储业产值增长了 5.3%，其中农产品与制造业产品的运输量增长了 4.5%，其他商品与服务的运输量增长了 8.3%。2017 年 1~9 月，交通运输和仓储业产值同比增长了 4.4%，其中货物运输量增长了 7.8%，用于交通运输领域的机动车数量增长了 4.9%。2018 年交通运输和仓储业产值增长了 6.3%，其中商品运输量增长了 7.6%，其他服务产品运输量增长了 11.9%，公共运输与私家车的保有量增长了 3.9%。

（一）公路

多米尼加国内运输以公路为主，截至 2018 年底，多米尼加公路总里程为 19705 公里，其中高速公路里程 825 公里，占总里程的 4.2%，普通硬化公路总里程 9872 公里，占总里程的 50.1%，另有 9008 公里未硬化路。① 自 2010 年以来，多米尼加政府在基础设施建设方面的投资已经超过 100 亿美元。

多米尼加高速公路设施不尽完善，常有机车和牛车在高速公路上与汽车争道的情况出现，常有车祸发生，行驶时需要多注意。多米尼加有五条高速道路，起点均为首都圣多明各，最重要的三条高速公路如下：纵贯南北的 DR-1 杜阿尔特高速公路，全长 270 公里，由首都经过圣地亚哥到基督山城；东部 DR-3 高速公路，全长约 140 公里，从首都往东经过圣彼得和拉罗马纳；南部 DR-2 高速公路，全长 255 公里，从首都往西经过圣克里斯托瓦尔和圣胡安，最后到达到西边海地边境爵士镇（Comendador）。2008 年多米尼加开辟了全长 160 公里的 DR-8 山美纳高速公路，连接首都和东北边的山美纳度假胜地，将原来四个半小时的车程缩短为两个多小

---

① 商务部国际贸易经济合作研究院、商务部投资促进事务局、中国驻多米尼加发展办事处编《对外投资合作国别（地区）指南：多米尼加共和国》，2018，第 24 页。

时。通往各乡镇的一般道路通常为泥土路。

首都圣多明各有巴士经过边境希马尼（Jimaní）镇直达海地首都太子港，从西北部可经由达哈朋镇通过海地海关后搭车前往太子港，从西南边的爵士镇和佩德尔纳莱斯也可以进入海地，当地居民喜欢选择西南边的这一条线路进入海地。为了缓解交通压力，2009 年 1 月圣多明各开设了第一条客运专线，随后陆续开通 5 条专线，减轻交通拥堵，方便市民出行。

（二）铁路

截至 2018 年，多米尼加铁路总长 1139 公里，其中政府拥有 142 公里，其他为蔗糖企业所有。为了减轻公路运输的压力，政府加大了地下交通设施的建设力度。2009 年多米尼加第一条地铁在首都圣多明各开通，全长共 14.5 公里，多米尼加成为中美洲与加勒比地区第二个拥有地铁的国家（地区）（第一个是波多黎各）。2012 年地铁 2 号线正式开通，随后 3 号线、4 号线先后于 2013 年 6 月与 10 月开通，2014 年 6 月开通了 5 号线，2015 年又开通了 6 号线、7 号线。除了地铁外，圣多明各还开通了轻轨项目，2013 年开通了轻轨 R1 号线，2014 年开通了轻轨 R2 号线，11 月先后开通了轻轨 R3、R4 号线，2015 年开通了轻轨 R5、R6 号线，2017 年开通了轻轨 R7 号线。多米尼加第二大城市圣地亚哥规划了轻轨项目，2018 年因缺乏资金而搁置，也没有通过政府的审批。

（三）水运

多米尼加虽然拥有大量的河流资源，但通航的河流极少，水运主要依赖海运，得天独厚的地理优势使多米尼加拥有大量的优质海港。截止到 2018 年，多米尼加拥有 30 家船运公司。多米尼加的优质海港共有 15 个，其中货运港口主要包括距首都圣多明各 25 公里的考赛多港（Puerto de Caucedo）、距圣多明各 12 公里的海纳港（Río Haina）、北部的普拉塔港等。首都圣多明各城有客轮前往波多黎各的马亚切（Mayaquez）港口。北部普拉塔港有来自欧美的客轮停靠。此外，还有南部的圣佩德罗和拉罗马纳港，北部的萨马纳港等客运港口。

（四）空运

早在 20 世纪 80 年代多米尼加就拥有 4 个国际机场，规模较大的有圣多明各美洲机场与位于普拉塔港的联合机场。1989 年，一家法国建筑公司重修了美洲机场，这一年，多米尼加共有 14 条定期航线，其中有 4 条是每日从多米尼加到美国的直飞航班。国有航空公司是多米尼加重要的航空公司，承载了 35% 的客运总量。由于财政压力，1989 年多米尼加政府把国有航空公司 49% 的股份卖给一家美国的航空公司。20 世纪 90 年代，多米尼加的航线增加到 16 条，1990 年客运量为 224 万人次。1995 年抵达多米尼加的乘客中，乘班机的约为 146 万人次，选择包机的约为 63.2 万人次。

多米尼加的航班主要来自加勒比地区、南美国家、美国与欧洲国家等，在多米尼加开展航空业务的航空公司有伊比利亚航空公司（Iberia）、美国航空公司（America Airlines）、古巴航空公司（Cubana de Aviación）、法国航空公司（Air France）、委内瑞拉航空公司（Aeropostal）、欧洲航空公司（Air Eropa）、美国大陆航空公司（Continental）、巴拿马航空公司（Copa）、阿根廷航空公司（Aerolineas Argntinas）、美国之鹰航空公司（America Eagle）、智利国家航空公司（LAN Airlines）、葡萄牙航空公司（TAP Portugal）、美国宝塔航空公司（Tower Air）、圣多明各航空公司（Air Santo Domingo）、墨西哥大湖航空公司（Transportes Aeromar）等。其中美国航空公司承载的客运量最大。2007 年多米尼加政府与私人资本一起组建多米尼加航空公司（Air Dominicana），其中国有资本占 40%，私人资本占 60%。

2014 年 10 月 6 日多米尼加共和国在 6 个国际机场开设了通往美国纽约市的国际航线，每周约有 150 次航班往返于两地之间。2015 年多米尼加有 16 条国际航线。

二　通信

为了促进电信业的发展，1966 年多米尼加政府颁布了第 118 号法令，确认电信业为新兴产业。随着电话业务的普及、移动通信业务与互联网业务大繁荣，到 20 世纪 80 年代，通信业已经成为多米尼加发展最为迅速的产业。多米尼加的通信技术也超过了一些拉美与加勒比地区的国家。

20世纪80年代，多米尼加电话业务不断普及，美国通用电话公司与电子设备公司驻多米尼加的分公司——多米尼加电话公司涵盖了全国90%的电话业务量。1997年8月，多米尼加电话公司同加拿大北方电信公司签订了合作协议。为了促进通信业的健康发展，1998年政府颁布了第153－98号法令，对1966年颁布的第118号法令做了修改，使多米尼加电信业的管理同世界贸易组织的有关协议和国际电信联盟的有关标准接轨。这项法令使多米尼加的电信业在一种开放和竞争的环境中发展，成为多米尼加最近几年发展最快最好的部门之一。

第一，第153－98号法令对电信工业的设施安装、网络运营和维修、电信服务的提供和设备的供应均制定了一系列的管理规则。其目标是保障所有居民获得电信服务的权利；促进电信业的自由竞争；促进电信业为国家经济增长服务；使国内的立法同所签署的国际条约的有关规定相适应；确保国家管理职能的有效实施。

第二，投资电信业的手续。第153－98号法令为投资电信业制定了原则：凡是履行了法律规定条件的企业均有权申请特许经营电信业务。特许申请必须根据平等和非歧视原则办理手续。如果是广播电视服务则必须是多米尼加国籍的投资者，必须通过公开招标选择。有些电信服务，如海上和航空移动电信服务、增值电信服务等，则无须经过特许，只需经过特别注册便可经营。此外，电信设备的安装和销售，在经过有关技术验证并得到电信协会颁发的认可证书后才能经营。

第三，特许权。鉴于电信服务涉及公众和社会利益，特许权获得者有权扩大和建设自己的网络，有权将自己的设备同公用电信网连接，有权利用有关公有财产或在私人有关财产上建立服务设施，有权同其他电信服务提供者的网络连接。网络所有者有义务根据特许合同所规定的条件允许开展这种业务。

第四，技术标准。特许权获得者有义务尊重电信协会所制定的规划和技术标准。这些标准必须同国家所在地区的现行国际标准相一致，即同世界编号1号地区（包括美国、加拿大、加勒比各岛国）和国际电信联盟有关标准一致。

第五，竞争规则。首先，法律规定电信协会的目标之一是确保公共电信服务行业持续、诚实、有效的竞争。其次，电信协会所做出的决定必须建立在管制减少到最低限度、市场作用发挥到最大限度的基础之上。法律还规定，企业可以自由作价。电信协会只有在市场上没有足够条件保证有效竞争的情况下才能进行干预。此外，法律还规定了企业之间就相互合作或相互接入等业务自由谈判的原则。但这些协议不得包含歧视条款或导致价格扭曲影响有效竞争的条款。最后，法律禁止不诚实竞争的做法，如欺骗或虚假宣传以阻止或限制自由竞争；通过虚假声明贬低竞争者的服务；行贿和窃取工业秘密等。与此同时，法律还禁止限制竞争的做法，包括企业之间的商业关系歧视；限制、阻止、扭曲用户自由选择的权利；滥用市场上的优势地位；一切可能导致限制、阻止或扭曲自由竞争的做法。

2001 年多米尼加固定电话线路数量达到了 955000 条，随后由于移动电话业务的发展，固定电话线路数量开始下降，截止到 2006 年 12 月，固定电话线路减少到 897000 条。

多米尼加移动电话业务发轫于 20 世纪 80 年代，1987 年多米尼加成为拉美国家中第二个开通移动电话业务的国家，向大众提供移动电话服务。随后，移动电话使用量大幅度上涨，1997 年全国移动电话用户人数为 14 万人，2001 年则突破百万人，达到了 127 万人。截至 2005 年 6 月，多米尼加移动电话使用率为 36%，在拉美国家中名列前茅。2016 年通信业占多米尼加 GDP 的比重为 5.2%，其中固定和移动电话服务贡献率占 90%，固定电话数量增加 5.5%，移动电话数量增加 5.8%，移动电话使用率达 90%。截止到 2016 年，多米尼加共有 4 家移动通信运营商，分别为克拉罗（Claro）、奥兰智（Orange）、特里卡姆（Tricom）与维瓦（Viva）。Codetel 电信公司提供市内电话以及网络架构，移动网络虽然普及，但是网络和 3G、4G 效率较其他国家仍显不足。

21 世纪初期，多米尼加互联网产业开始腾飞，2001 年互联网用户为 128764 户，2006 年则发展到 140 万户。据国际电信联盟数据，2015 年多米尼加每百人中互联网使用者人数为51.9人。虽然多米尼加互联网产业发展迅速，但也存在一定的问题，全国大部分地区光纤网络仍欠发展，宽带用户占比较低。

多米尼加是国际卫星通信组织（International Telecommunications Satellite Orginazation）成员国，电话系统管理机构是公共卫生部与通信部下属的电信总理事会（General Directorate for Telecommunications）。根据多米尼加央行公布的统计数据，2014年通信业产值增长了9.1%。2015年通信业产值增长了5.2%，其中移动电话用户数量增长了4.1%，固定电话用户数量与互联网用户数量分别增长了4.9%和13.7%。2015年8月，多米尼加国家信息和知识委员会在2005年版基础上重新制订了《数字化多米尼加计划（2016～2020）》。该计划由5大发展战略、5项目标、17项分目标、39条行动路线和115个项目组成。5大发展战略分别是基础设施和宽带便利化战略，使多米尼加人享有经济高效的宽带服务；电子政务和数字化服务战略，在信任、安全和保护个人隐私的前提下，实施电子政务建设；能力建设战略，提高民众专业和技术能力，确保数字化经济可持续发展；发展和创新战略，通过推广电子信息和通信技术，提高国家竞争力；优化环境战略，推动信息和知识社会不断进步。

2016年通信业产值同比增长5.2%，其中固定电话和移动电话服务业务所带来的产值占总产值的90%以上。2016年移动用户数量增长了5.8%，固定电话线路增长了5.5%，自2015年以来增加了55612条。2017年1～9月通信业产值同比增长了3.8%，截至2017年10月，多米尼加共接入线路800多万条，其中500万条接入互联网，27%的家庭拥有至少一台电脑，25%的家庭接入互联网。2018年通信业产值增长12.3%，其中固定电话和互联网服务业务所带来的产值占总产值的70%以上。2018年固定用户数量增长了41.8%，互联网用户增长14.0%，固定电话线路增加了18737条。根据《数字化多米尼加计划（2016～2020）》，2017～2018年国家信息和知识委员会向公立学校提供95万台电脑。2013～2017年多米尼加通信业统计情况见表4－22。

表 4-22　2013～2017 年多米尼加通信业统计情况

单位：户

项目 \ 年份		2013	2014	2015	2016	2017
电话线路		10154861	10423894	10101820	10053222	9805528
固定线路	总计	1095041	1116084	1150189	1123034	1036401
	私人	778892	822706	871666	865342	802360
	工商业	307877	288693	275552	257233	233581
	公共	8272	4685	2971	459	460
移动线路	总计	9059820	9307810	8951631	8708131	8769127
	预付费线路	7520665	7697191	6864543	6695202	6691869
	后付费线路	1539155	1610619	1932704	2012929	2077258
IP 线路		—	—	154384	222057	293893
互联网账户	总计	2726642	3265496	4909132	6064643	13675104
	拨号	5795	4375	3884	3275	3230
	DSL	n/d	n/d	88091	474913	474139
	卫星互联网与 VSAT	5	n/d	n/d	n/d	n/d
	专用互联网	1695	n/d	2225	3275	2238
	调制解调器	32508	46281	72703	114371	143722
	移动互联网	2643137	3167713	4219142	5300015	6174153
	宽带上网账户数量	4	1741	2243	1600	6682935
	光纤互联网账户数量(Fttx)	n/d	6	63894	102946	132607
	使用其他技术的宽带互联网接入账户数量	230	n/d	357	373	69
	使用 Wimax 的互联网账户数量	43268	45380	56593	63875	62011

续表

项目 \ 年份		2013	2014	2015	2016	2017
数据	总计	39584	48757	52155	47990	55816
	帧中继端口	2049	1438	946	631	371
	ISDN 线路	283	184	120	101	91
	DSL 连接线	7580	8032	8420	8290	8468
	光纤线路	1407	2754	3485	4265	5825
	使用无线电连接	24785	32450	35220	30209	36560
	卫星连接	0	—	2	0	0
	国内电路	3142	3506	3662	4181	4210
	国际电路	222	212	252	273	252
	VPN 远程访问	116	181	48	40	39

注：n/d 指的是没有当年准确的统计信息。

资料来源：多米尼加国家统计局："Dominicana en Cifras 2018"，p. 254，http：//www. one. gob. do. cn/，最后访问日期：2019 年 6 月 14 日。

第七节 财政与金融

一 财政

每年的 1 月 1 日到 12 月 31 日为多米尼加的一个财政年度，中央政府负责制定年度财政预算，具体由总统管辖的国家预算办公室制定预算草案，然后由总统送交国会，经过国会的讨论提出修改意见，最终经国会通过才可生效。

税收是多米尼加政府财政收入的主要来源，税收占财政总收入的 80% 以上。财政部的下属机构国内税务总局负责税收工作和财税法规的执行。多米尼加现行税法是 1992 年 5 月 31 日颁布的第 11 – 92 号法令。该法分为 4 个部分：一般原则、手续和惩罚，所得税，工业品与服务流转税，消费选择税。2000 年多米尼加财税制度进行了一次较大的改革。主要目的是确保财政收入保持适当水平，以便政府在消除财政赤字和减少贫困、改善收入分配方面有更大的回旋余地。其次是改进税收的征管制度以减少逃税现象。财税改革的主要内容如下。

第一，财政补偿。税务管理部门可以正式地或应纳税人要求，对纳税、支付利息和罚款等超过应付部分给予补偿。这种补偿是以信贷的形式发放。

第二，关于折扣。任何纳税人在接到税务部门通知后立即付款，可享受高达应税额40%的折扣。

第三，预付税款。所有商业活动必须预付全年所得税税额的1.5%。每月按毛收入计征。但农牧业生产商和平均年收入少于200万比索者，不必预付税款。如果上一年企业实缴税率大于毛收入的1.5%，每月必须支付已付税的1/12。如果已付的税款没有超过毛收入的1.5%，这预付的1.5%就全部转为当年的税款。如果公司每月实付的税款少于毛收入的1.5%，则应在规定的期限内补缴不足部分。如果企业预缴的税款大于实际的毛收入和当年应付税款，其差额作为信贷，可以抵缴所得税和今后3年的预付税款。①

第四，关于免税。根据第11－01号法令，欠税的公司和法人，可以获得减免待遇。2001年2月19日颁布的第2－01号总则确定了具体的实施细则。

第五，简化估税制。年收入低于600万比索，且只有一个主人的公司可以从简化估税制中受益。该税制规定年收入低于200万比索的，每月的税率为毛收入的0.75%；年收入为200万～400万比索的企业，月税率为1%；年收入为400万～600万比索的公司，月税率为1.12%。

多米尼加的主要税赋和税率如下。

第一，所得税。所有多米尼加公民和在多米尼加居住的居民都必须缴纳一般收入和在外国收入的所得税。外国人只缴纳在多米尼加获得收入的所得税，在多居住满三年的外国人，也需缴纳在外国获得收入的所得税。

① 商务部国际贸易经济合作研究院、商务部投资促进事务局、中国驻多米尼加贸易发展办事处编《对外投资合作国别（地区）指南：多米尼加共和国》，2018，第40页。

所得税缴税时间为申报结束后10日内。所得税分为法人所得税和个人所得税两种。法人所得税税率为每财政年度的应税净收入的27%。个人所得税：2017年年收入为41.6万比索以内免缴所得税；41.6万~62.4万比索，所得税税率为15%；62.4万~86.7万比索，应缴所得税为3.1216万比索，另加超出62.4万比索部分收入的20%；超过86.7万比索，应缴所得税为7.9776万比索，另加超出86.7万比索部分收入的25%。雇主必须在支付雇员工资时预先扣除所得税，上述应税收入的数额根据通货膨胀情况每年予以调整。

第二，工业品和服务流转税（ITBIS）。根据第253－12号法令，自2016年起流转税税率为18%；乳品、食用动物脂肪或植物油、糖及糖制品、可可和巧克力等流转税税率为16%；当月流转税缴税时间为下个月20日前；进口流转税应与关税一同缴纳。

第三，消费品选择税。该税种适用于某些国内制成品和进口商品如酒精和烟草制品的销售，以及电信、保险服务的提供等。酒精类商品税率按不同品种不同升量计税，最低为10%；烟草制品按每盒支量计税，每盒20支装税率为50.89%，每盒10支装税率为25.44%；电信服务税率为10%，保险服务税率为16%。

第四，继承和捐赠税。继承税税率为继承财产价额的3%，捐赠税税率参照所得税部分的法人所得税税率执行。

第五，不动产税。该税种适用于所有住房、城市住房用地、商业、工业和专业用地；个人不动产税率按不动产价额超出701.9383万比索部分的1%计征；信托人不动产按不动产价额的1%计征。

第六，机动车税。牌照发放时，最高征税额为2200比索，机动车转让税税率为车款的2%。

第七，矿石燃料税。对进口燃料和本地生产燃料征收13%的燃料税。

除此之外，多米尼加法令（第112－00号、第557－45号和第495－06号）还针对每种类型的燃料规定了具体税种。

第八，房地产税（IPI）。根据个人及信托所注册的应纳税财产总额计算年税。个人6858885.00比索的资产价值，税率为1%。在信托中，税率为所有物产的1%。

第九，房地产交易税。3%的房地产销售及改善税，2%的抵押登记税。

第十，公司资本税。在创立或增资时，对商业公司征收1%的资本税。

自20世纪80年代中期以来，多米尼加政府一直承受着财政赤字的压力，随后在国际货币基金组织的帮助下，政府采取了一定的措施，尝试降低赤字率，改善国家财政状况，但并没有取得预期效果。20世纪90年代中期，多米尼加政府大幅度削减政府财政支出，同时增加财政收入，力争扭转财政失衡状况，经过政府的努力，多米尼加的财政收支状况明显好转。

进入21世纪后，由于政府加大了基础设施领域的投资，财政压力再次加大，经常项目支出持续增长。2007年，中央政府财政终于实现盈余。根据多米尼加央行公布的当年统计数据，2015年多米尼加中央政府的总收入为4416.952亿比索，同2014年相比增加了243.055亿比索，增长率为5.82%；2014～2015年，中央政府的总支出从5007.293亿比索增加到5337.985亿比索，增长6.6%。2016年中央政府的总收入为4846.203亿比索，增长了9.7%。2017年1～9月，中央政府的总收入为3992.692亿比索，同比增长11.2%；同期政府支出为4601.347亿比索。2018年中央政府财政收入为5597.633亿比索。2014～2018年多米尼加财政收支占GDP的比重与2014～2018年多米尼加财政收支状况分别见表4－23、表4－24。

表4－23　2014～2018年多米尼加财政收支占GDP的比重

单位：%

项目＼年份		2014	2015	2016	2017	2018	
						预算	实际
总收入与捐赠		14.8	17.5	14.8	15.1	15.6	15.1
总收入总计		14.7	14.4	14.8	15.1	15.5	15.0
总收入	税收	13.8	13.5	13.7	14.0	14.6	14.0
	收入与财产	5.1	4.6	4.8	5.1	5.1	4.8
	增值税(VAT)	4.6	4.8	4.8	4.8	5.1	4.9
	其他税收	3.2	3.1	3.1	3.2	3.3	3.3
	国际贸易	0.9	1.0	1.0	1.0	1.1	1.0
	非税收收入	0.7	0.9	1.0	1.0	0.9	1.0
捐赠		0.1	3.1	0.0	0.0	0.0	0.0

续表

项目 \ 年份		2014	2015	2016	2017	2018	
						预算	实际
经常性支出		14.9	14.8	14.7	15.3	14.3	14.5
	工资薪水	4.5	5.0	4.6	4.7	4.4	4.4
	商品与服务	1.7	1.6	1.4	1.9	2.3	2.2
	转移支付	6.0	4.8	5.4	5.0	4.8	4.9
	电力转移支付	1.4	0.8	0.6	0.5	0.4	0.6
	其他转移支付	4.6	4.0	4.8	4.5	4.4	4.3
	资本支出	2.9	3.4	3.2	3.6	2.7	3.0
	统计差异	-0.1	0.0	0.0	0.0	0.0	0.0
财政平衡状况		-0.1	2.8	0.1	-0.1	1.3	0.5

注：其中总收入中“收入与财产”项目包括社会保险资金。

资料来源：“Dominican Republic：2018 Article IV Consultation——Press Release and Staff Report”，国际货币基金组织网站（International Monetary Fund），https：//www.imf.org/en/Publications/CR/Issues/2018/10/24/Dominican-Republic-2018-Article-IV-Consultation-Press-Release-and-Staff-Report-46300，最后访问日期：2020年8月10日。

表4-24 2014~2018年多米尼加财政收支状况

单位：百万比索

项目 \ 年份		2014	2015	2016	2017	2018
Ⅰ总收入（含捐赠）		419490.8	536664.4	485644.0	399823.0	559763.3
经常项目收入	总计	417389.7	441695.2	484620.3	399269.2	549941.5
	其中税收	414328.3	441680.1	484597.5	369835.2	—
资本收入		3061.4	15.1	22.8	20.5	—
捐赠收入		2101.1	94969.2	1023.7	553.8	959.8
Ⅱ总支出		500729.3	533798.5	575950.1	460134.7	635367.6
经常项目支出		415232.0	431489.6	470377.0	364793.1	—
资本支出		85497.3	102308.9	105573.1	95341.5	—
Ⅲ资本剩余		4230.5	1647.3	324.0	4656.6	—
收支平衡（Ⅰ-Ⅱ+Ⅲ）		-77008.0	4513.2	-89982.1	-55655.0	-75604.3

注：其中2015~2018年均为当年初步统计数据；2017年为1~9月的统计数据。

资料来源：“Resultados Preliminares de la Economía Dominicana Enero-Diciembre 2015、2016、2017、2018”，多米尼加中央银行网站（Banco Central de la República Dominicana），https：//gdc.bancentral.gov.do/Common/public/mig/otras-publicaciones/ENCUESTA_ CONSUMOCULTURAL.pdf，最后访问日期：2019年6月15日。

二　金融

多米尼加金融业由多米尼加中央银行、商业银行、储蓄与贷款银行、抵押银行、私营金融公司、保险公司与新兴的复合银行等机构组成。其中，多米尼加中央银行是政策性金融机构，负责制定国内货币与汇率政策、外汇储备管理、实施外债监管等，商业银行主要向生产部门提供贷款，储蓄与贷款银行主要向一般居民提供定期存款、活期存款与抵押信贷等常规性金融业务，抵押银行主要为房产业主、房地产开发商提供短期抵押与中长期商业建筑抵押金融服务，私营金融公司负责发行由政府性金融机构担保的股票、基金与债券等。金融业管理机构有银监会、财政部与央行，储蓄与贷款银行的管理机构是国家住宅银行（Banco Nacional de la Vivienda），规定贷款数额的上限，抵押银行的管理机构是中央银行与国家住宅银行，保险公司的监管机构是保监会。

20 世纪 40 年代之前，外国资本控制了多米尼加的金融业。独裁者特鲁希略执政后，斥资购买了纽约花旗银行的多米尼加分行，改组为国家储备银行，在这家银行的基础上组建了多米尼加中央银行，这一举措在一定程度上减轻了多米尼加银行业对外资银行的依赖。特鲁希略统治结束后，多米尼加银行业重新出现了私有化浪潮，外国银行再次控制了多米尼加金融业，这些银行开展吸收存款、发放贷款之类的基础性金融业务。20 世纪 60 年代，多米尼加金融业进入了黄金时期。1968 年，这些外国银行又使用金融资本投资工业与服务业，实现金融资本与工业资本的深度融合，同时，私营企业也可以获得更多的贷款，新型金融服务业正式产生。金融业的发展使金融机构数量不断增多，1960 年正规金融机构仅为 7 家，1970 年增至 31 家，1985 年达到了 78 家，这 78 家金融机构共开设了 263 家分支机构。

20 世纪 80 年代上半叶，多米尼加金融业遭遇了一次危机，1984 年与 1985 年，由于经济不景气，一些外国银行开始逃离多米尼加，把股份出售给多米尼加银行。为了缓解金融业危机，多米尼加政府实施了金融稳定计划，到 20 世纪 80 年代后期，金融业开始好转，虽然受到高通货膨胀率、高利率的影响，但新的商业银行与金融机构还是不断增多，这些银行大部分归多米尼加所有，外资银行仅有美国的大通曼哈顿银行、花旗银行和加拿大的新斯科舍银行。1988 年多米尼加金融业产值占 GDP 的比重为 7%，这一年，多米尼加启动了外汇改革，货币机构下令关闭了约 70 家外汇银行。1989 年多米尼加商业银行总数达到了 24 家，储蓄机构与贷款银行为 17 家，抵押银行为 14 家，还有 25 家私营金融公司与 50 家保险公司。

为了规范金融业的发展，2002 年 12 月初多米尼加国会通过了新的《货币金融法》。该法对银行系统的调控引入了一系列现代化的新措施，包括一系列关于建立各种银行机构、银行的运行和内部管理、银行业务、标准、资本和储备的要求、支付能力的指标、贷款的转让、固定资产的购置、对存款人的保护、纠错规则、强制清理、处罚等的规定。

第一，银行机构的种类。《货币金融法》规定银行机构有下列 5 种：多功能银行，可以从事所有的银行业务；储蓄与信贷银行，可以从事除了活期存款、国际业务和外汇中介以外的所有银行业务；住房储蓄与借贷银行，系 1962 年通过第 5897 号法令创立；信贷公司，可以接受公共资金和从事小额信贷业务；财团，可以由国内外金融机构组成，旨在通过相同和相似的原则共同促进银行业务。

第二，银行业的自由化。该法对银行系统的自由化做出了规定，旨在鼓励外国资本流入多米尼加银行业。为此，该法取消了所有的限制，允许外资银行在多米尼加建立控股合资银行或开办分行。

2003 年 5 月，多米尼加第二大商业银行——洲际银行宣告破产，随后引起了连锁反应，最终导致了一场金融危机，随后一些银行进行了兼并与重组。2005 年银行业产值增长了 3.9%，2006 年增长了 3.6%，2007 年多米尼加复合银行达到了 13 家。

根据多米尼加央行发布的初步统计数据，2015 年底，多米尼加各家银行的资产总额达到 12189.938 亿比索，同期增加了 1285.171 亿比索，增长了 11.8%。2016 年底，多米尼加各家银行的资产总额为 13655.451 亿比索，同期增加了 1465.512 亿比索，增长了 12%，2016 年度银行业产值占 GDP 的比重达 11%，其中佣金和其他收入同比增长 14.2%，非直接金融中介服务收入同比增长 10%，保险公司收入同比减少 1.4%。2017 年 1～9 月多米尼加各家银行的总资产达到 14290 亿比索，同比增加了 1370.065 亿比索，同比增长了 10.6%。2018 年各家银行总资产同比增加了 1176.906 亿比索，同比增长了 7.9%。

2018 年，多米尼加主要商业银行有国有商业银行多米尼加储备银行（Banco De Reservas De La Republica）、多米尼加人民银行（Banco Popular Dominicano）、多米尼加 BHD 银行（Banco BHD León）、多米尼加进步银行（Banco del Progreso）、圣克鲁兹银行（Banco Santa Cruz）、加勒比银行（Banco Caribe）、洲际银行（Banco Intercontinental）、商品银行（Banco Mercantil）、岛上投资与商品银行（Inversiones Cambiarias y Mercantiles Insular）、工业发展银行（Banco de Desarrollo Industrial）等。主要外资银行有多米尼加丰业银行（Scotiabank）、多米尼加花旗银行（Citibank）、厄瓜多尔的布洛迈里卡银行（Banco Promerica）、委内瑞拉的巴内斯科银行（Banesco）和美洲银行（Bancamerica）等。

多米尼加保险业的适用法律是 1971 年颁布的关于私人保险的第 126 号法令和 1975 年颁布的修改该法的第 280 号法令，另一个比较重要的是 1969 年颁布的关于成立保险监管局的第 400 号法令。保险监管局是财政部的一个附属机构。一般来讲，保险公司由保险监管局批准成立后，就可从事任何有关保险和担保的业务。按照《货币金融法》规定，所有国内保险必须以多米尼加比索进行支付。在多米尼加境内从事再保险业务的保险公司，必须组成股份公司，最低资本必须达到 500 万比索，此外 51% 的股份和投票权必须由多米尼加公民以实名股份的方式占有。大部分顾问、董事和行政主管必须在多米尼加居住。外国保险公司申请从事保险或再保险业务，除了满足上述条件外还须在来源国有 5 年以上的保险业从业经历。所有从事保险和再保险业务的公司必须在多米尼加国内拥有和保持 100 万比索的现金资本以应付业务之需，同时还必须存有 15 万比索的保证金，以应付所有的保险开支。2018 年多米尼加主要保险公司有环球保险股份公司（Seguros Universal）、Mapfre BHD 保险公司（Mapfre BHD Seguros）、

Seguros Banreservas、Banca Seguros 等。

多米尼加于 1953 年通过第 3553 号法令建立“国家证券市场”和“国家证券委员会”。20 世纪 80 年代末，通过第 554 - 89 号总统令建立“多米尼加共和国证券市场”。为使证券市场有序、透明、有效发展，2000 年 5 月 8 日，修改后的证券法第 19 - 00 号法令对证券的拍卖、发行和发行者进行规范。2018 年多米尼加存在多个证券市场，主要有侧重投资基金的多米尼加股票市场（BVRD）、侧重农机企业投资的多米尼加农业企业股票市场和侧重旅游企业投资的加勒比旅游股票市场等。

三 货币

多米尼加流通的货币是多米尼加比索（Peso Dominicano、Dominican peso，简称“比索”），有硬币与纸币两种形式。硬币分为币值为 5 分、10 分、25 分、50 分、1 比索、5 比索等 6 种，纸币分为 10 比索、50 比索、100 比索、200 比索、500 比索、1000 比索、2000 比索等 7 种，币值换算关系为 1 比索 =100 分（centavos，多米尼加称之为“cheles”）。

多米尼加现行纸币版式有 2011 始发版与 2014 始发版，两种版式币面上的人物与建筑一样，只是颜色有所差异。50 比索币面图像为圣多明各国家区的圣玛丽亚大教堂与阿尔塔格拉西亚省首府伊圭市的圣母大教堂，100 比索币面是三位政治家、多米尼加国父（弗朗西斯科·罗萨里奥·桑切斯、胡安·巴勃罗·杜阿尔特以及马蒂亚斯·拉蒙·梅亚）的图像与圣多明各国家区的伯爵之门，200 比索币面是反抗拉斐尔·特鲁希略独裁的米拉瓦尔三姐妹的图像与米拉瓦尔三姐妹纪念碑，500 比索币面是女诗人萨洛梅·乌雷涅（1850 ~ 1897）与哲学家佩德罗·恩里克斯·乌雷涅（1884 ~ 1946）的图像与多米尼加中央银行。1000 比索币面图像是圣多明各国家区的国家宫与圣多明各国家区的阿尔卡撒德克隆堡垒，2000 比索币面是两位著名人物的照片（律师、作家、教育家埃米利奥·普鲁德·霍姆与作曲家何塞·雷耶斯）与圣多明各国家区的国家大剧院。

四　汇率

1985年，多米尼加开始实施盯住美元的汇率制度。1992年多米尼加又实施双重汇率制度，央行实行官方汇率，商业银行实行自由市场汇率，1996年双重汇率制度合并。1996～2002年美元与比索之间的汇率是1美元分别兑换13.77比索、14.27比索、15.27比索、16.033比索、16.415比索、16.952比索、18.61比索。2003年洲际银行破产带来了比索抛售恐慌，比索不断贬值，央行不得不限定比索兑换美元的上限。2004年比索继续贬值，全年平均汇率为1美元兑换42.1比索。2005年、2006年，比索有所升值，年平均汇率分别为1美元兑换30.41比索、33.4比索。2008年平均汇率为1美元兑换34.80比索。

根据多米尼加央行的统计数据，2014年7月1日1美元兑换43.470比索，2015年7月1日1美元兑换45.040比索，2016年7月1日1美元兑换45.945比索，2017年3月1日1美元兑换47.200比索，欧元汇率为1比索兑换0.0199欧元，2018年5月比索对美元汇率为1比索兑换0.020美元，对欧元汇率为1比索兑换0.017欧元。

第八节　对外经济关系

一　自由贸易协定

多米尼加是世界贸易组织成员，为了扩大对外贸易，多米尼加与美国、欧盟、中美洲和加勒比国家签有多双边贸易协定，特别是多米尼加－中美洲－美国自由贸易协定（DR-CAFTA）和多米尼加－欧盟经济伙伴关系协定（AAE）。此外，多米尼加还启动了与加拿大、墨西哥、南方共同市场的自由贸易谈判。

多米尼加—中美洲—美国自由贸易协定　签署于2004年8月5日，2007年7月1日在多米尼加生效，成员国包括美国、多米尼加、哥斯达黎加、萨尔瓦多、危地马拉、洪都拉斯和尼加拉瓜。拉美地区的6个国家构成了美国在拉美地区第二大出口市场。该协定确保多米尼加大部分产品和贸易可自由出口协定内其他国家市场。

多米尼加—欧盟经济伙伴关系协定 签署于2007年欧盟和加勒比国家论坛上，多米尼加于2008年10月15日成为AAE成员国。该协定规定协定内加勒比国家产品可免关税进入欧盟成员国市场，但欧盟产品出口至加勒比国家有长达25年的限制期，目的是保护加勒比国家就业和敏感行业。

多米尼加—加勒比共同体自由贸易协定 加勒比共同体（CARICOM）是由本地区讲英语的国家建立的，包括巴巴多斯、圭亚那、牙买加、特立尼达和多巴哥、安提瓜和巴布达、伯利兹、多米尼克、格林纳达、蒙特塞拉特（英属）、圣基茨和尼维斯、圣文森特和格林纳丁斯、巴哈马群岛等。多米尼加于1998年8月22日与该共同体达成协议，2000年1月多米尼加国会批准加入。多米尼加成为该地区市场的成员之一，拥有4700万名消费者，除50种产品外，该地区生产的8000种产品可以自由进入共同体市场。此外，除了商品、服务和资本流动逐步实现自由化以外，该协定还寻求推动私人经济部门积极参与，以深化和扩大各方之间的经济关系，包括促进共同投资。

多米尼加—中美洲的自由贸易协定 1998年4月，在圣多明各市签署《中美洲—多米尼加共和国自由贸易条约》。中美洲经济一体化组织成员国哥斯达黎加、萨尔瓦多、洪都拉斯、尼加拉瓜加入该条约，后来危地马拉加入。多米尼加国会于2000年3月批准加入。该协定的主要内容是，除了双方同意的特殊产品单上的产品外，对其他所有产品取消关税。特殊产品单上的产品，也要在规定的时间内逐步取消关税。该自由贸易协定使多米尼加产品可以自由进入一个潜在市场达300亿美元、消费者达4000余万人的大市场。

多米尼加—巴拿马自由贸易协定 1985年签署，2003年开始生效。该协定包括四个可自由贸易的产品单：双重征税产品、可免税进入巴拿马市场的多米尼加产品、可免税进入多米尼加市场的巴拿马产品、自由贸易区产品。两国常设混委会可在产品单中添加新产品。

科托努协定　多米尼加是《科托努协定》的成员国。《科托努协定》前身系《洛美协定》，由欧盟成员国与非洲、加勒比、太平洋的部分国家（简称非加太集团成员国）之间签订。欧盟一直通过该协定向非加太集团成员国提供财政、技术援助和贸易优惠等。2000 年 2 月，非加太集团和欧盟就第五期《洛美协定》达成协议，并于同年 6 月在科托努正式签署，称《科托努协定》，《洛美协定》就此宣告结束。经欧盟 15 国和非加太集团 76 国政府正式批准，《科托努协定》自 2003 年 4 月 1 日起正式生效。

二　对外贸易

殖民时期，殖民者把伊斯帕尼奥拉岛的东部地区纳入宗主国经济圈，服从于宗主国经济发展的需要，西班牙与美国的渗透也进一步加重了多米尼加的经济单一化程度，多米尼加逐渐沦为单一的农矿产品出口国与工业制品依赖进口的进口国，这种不合理的贸易结构体系使得独立后的多米尼加在国际市场中处于不利地位，贸易条件不断恶化，贸易逆差逐年增加。特鲁希略统治时期，尤其是二战后到 20 世纪 50 年代末期，独裁者加强了对经济的控制，严格管理对外贸易收入，加大可可、咖啡与烟草等经济作物的出口，这些经济作物的出口量占全国出口总量的 90% 以上，同时主要从美国进口工农业机械设备与建筑材料，这一时期贸易实现了顺差。特鲁希略身亡后，政权的更迭不利于经济发展。1966 年巴拉格尔执政后，出台了一些旨在促进出口、增加外汇收入的经济政策，外国资本的到来也促进了对外贸易的发展。1970 ~ 1975 年进出口贸易一直维持着平衡状态，这一时期主要出口产品为矿产品与蔗糖。1975 年后，尤其是 20 世纪 80 年代以来，进口额不断增加，尤其是能源主要依赖进口，贸易逆差额又进一步拉大，1987 年贸易逆差创历史纪录，达到 8.32 亿美元，1989 年又上升至 13 亿美元。20 世纪 90 年代初期，全球贸易自由化给多米尼加的国际贸易带来了新的挑战，加之比索贬值，多米尼加的贸易条件继续恶化，2000 年贸易逆差达到 54 亿美元。

2001 年多米尼加贸易逆差为 37 亿美元，当年贸易逆差有所减少，但2002年贸易逆差又大幅增加，2000~2002年平均贸易逆差为36亿美元。2003~2004年比索贬值与银行业危机导致进口量下降，贸易逆差有所下降，但2006年贸易逆差又增加到47.5亿美元。2008年国际原油价格上涨、镍矿与自由贸易区出口额下滑，多米尼加对外贸易状况依然没能好转。

2011年、2012年、2013年多米尼加对外贸易额分别为259.01亿美元、268.09亿美元与265.24亿美元。2013年以来，多米尼加一直处于贸易逆差状态。另据世界银行的统计数据，2013~2017年多米尼加商品与服务的出口额和进口额占GDP的比重分别为25.2%、25.4%、24.5%、24.9%、24.8%和31.5%、30.7%、29.4%、28.9%、28.1%，商品贸易总额占GDP的比重分别为42.3%、41.1%、38.3%、37.7%、36.6%。[①] 2013~2017年多米尼加对外贸易统计情况见表4-25。

表4-25 2013~2017年多米尼加对外贸易统计

单位：百万美元

项目 \ 年份	2013	2014	2015	2016	2017
贸易平衡	-7376.8	-7374.2	-7464.7	-7559.0	-7579.6
出口额	9424.4	9898.9	9441.8	9839.6	10120.7
进口额	16801.2	17273.1	16906.5	17398.6	17700.3

注：其中2016年是更新与修正后的数据，2017年的数据需要进一步核实。

资料来源：多米尼加国家统计局："Dominicana en Cifras 2018"，p. 297，http://www.one.gob.do.cn/，最后访问日期：2019年6月16日。

自20世纪70年代以来，多米尼加政府就意识到出口的重要性，为了促进出口多样化，1971年多米尼加政府设立出口促进中心（Centro Dominicano para la Promoción de Exportación），专业指导出口工作。20世纪80年代以

① 世界银行网站，https://databank.worldbank.org/data/reports.aspx?source=2&country=DOM，最后访问日期：2019年6月16日。

来，经济重心从进口替代调整到出口导向，出口促进中心开始发挥出积极的导向作用。1979 年政府制定了《出口鼓励法》（Export Incentive Law），规定最终用于出口的进口商品可以免税，并提供一定的外汇支持。在随后的 5 年，共有 275 种新产品加入出口产品的行列。1984 年多米尼加正式通过《加勒比倡议》，根据倡议内容，多米尼加与美国签订了纺织产品的双边协定，还建立了一些自由贸易区。除此之外，出口促进中心还加大了对投资领域的服务力度，如开展市场调查、向海外市场推广新产品、为投资方提供相关政府法规以及政策方针解读与咨询等服务。

20 世纪 80 年代以来，随着经济多样化的推进，虽然出口总额并没有增加（不包括自由贸易区工业），但是多米尼加出口还是呈现出一些新的变化，一些产品的出口量不断增加，主要出口产品有镍铁、蔗糖、可可、咖啡与烟草等，主要出口国家与地区有美国、加拿大、英国、荷兰与中国台湾等。

2011 ~2013 年，多米尼加出口总额分别为 84.92 亿美元、90.69 亿美元、96.51 亿美元，其中 2013 年 1 ~9 月，多米尼加出口 72.479 亿美元，同比增长 8%，出口增长得益于 2012 年 11 月投产的旧普韦布洛金矿的黄金出口增加 8.076 亿美元，这抵消了传统产品出口的减少。其中，咖啡减少 51.8%，蔗糖减少 30.7%，烟草减少 29.5%，可可减少 4.6%，镍铁减少 25%。在出口总量中，国内产品出口 34.949 亿美元，增长 15.5%；自由贸易区产品出口额为 37.53 亿美元，同比增长 1.8%；出口总量的增长得益于雪茄制造业增长 15.9%、制鞋业增长 4.7% 和医药业增长 4.4%。2014 年多米尼加出口额为 99.2 亿美元。2016 年多米尼出口额为 97.2 亿美元，同比增长 4.72%。多米尼加主要进口产品是石油（17.43%）、机械和机械零部件（11.51%）、汽车及汽车零部件（9.87%）、电器和电器零部件（7.55%）、塑料及塑料制品（4.40%）、药品（4.21%）、钢铁制品（2.79%）、钢铁铸件（2.48%）、粮食（2.46%）和纸张（2.08%）等。2017 年多米尼加出口额为 101 亿美元，同比增长 3.9%，前五大出口对象分别是美国、海地、加拿大、印度与波多黎各，出口量分别是 41.24

亿美元、8.09 亿美元、7.86 亿美元、5.68 亿美元、4.84 亿美元，主要出口产品有金、银、镍、铜等矿产品，可可豆、香蕉、油梨、辣椒等农产品，医疗与手术设备、纺织品、电器、烟草制品、灰水泥等工业产品。根据世界银行的统计，2013 ~2017 年多米尼加高科技产品出口值占制造业出口总值的比重分别为 3.8%、3.7%、3.8%、4.4%、7.7%。2014 ~2018 年多米尼加出口统计见表 4 -26。

表 4 -26 2014 ~2018 年多米尼加出口统计

单位：百万美元

项目 \ 年份		2014	2015	2016	2017	2018
总计		9919.6	9672.4	9723.6	7614.6	10907.6
国家出口产品	总计	4645.2	4039.5	4355.1	3394.7	4677.6
	矿业	1729.5	1333.6	1779.1	1253.2	1770.9
	农业	590.2	596.4	631.8	421.3	524.0
	工业	2325.5	2109.5	1944.2	1720.2	2382.7
自贸区出口	总计	5274.4	5632.9	5368.5	4219.9	6230.0
	农业	192.3	226.0	190.7	130.0	206.6
	工业	5082.1	5406.9	5177.8	4089.9	6023.4

注：2017 年的数据为 1 ~9 月的统计数据。

资料来源："Resultados Preliminares de la Economía Dominicana Enero-Diciembre 2015、2016、2017、2018"，多米尼加中央银行网站（Banco Central de la República Dominicana），https://gdc.bancentral.gov.do/Common/public/mig/otras - publicaciones/ENCUESTA_ CONSUMOCULTURAL.pdf，最后访问日期：2019 年 6 月 16 日。

由于国家经济结构原因，从 20 世纪 80 年代开始，多米尼加的经济发展进程中存在一定的进口依赖，主要进口产品有食品、石油、工业原料、资本货物等，主要进口国有美国、委内瑞拉、墨西哥、西班牙与巴西等。2014 ~2018 年多米尼加进口统计见表 4 -27。

表 4－27　2014～2018 年多米尼加进口统计

单位：百万美元

项目 \ 年份		2014	2015	2016	2017	2018
总计		17288.3	16907.2	17384.1	12970.4	20208.9
国家进口产品	总计	13838.3	13406.1	13953.9	10201.1	16370.2
	消费品	7405.8	7008.8	7213.8	5488.5	8742.3
	原材料	4656.8	4185.7	4049.4	3060.1	4935.7
	资本货物	1775.7	2211.7	2690.7	1652.5	2692.2
自贸区进口	总计	3450.0	3501.1	3430.2	2769.3	3838.7
	原材料	3207.6	3224.1	3176.7	2556.9	3503.3
	各种商品	41.5	40.1	29.3	18.4	54.7
	资本货物	200.9	236.9	224.2	194.0	280.7

注：2017 年的数据为 1～9 月的统计数据。

资料来源："Resultados Preliminares de la Economía Dominicana Enero－Diciembre 2015、2016、2017、2018"，多米尼加中央银行网站（Banco Central de la República Dominicana），https：//gdc.bancentral.gov.do/Common/public/mig/otras－publicaciones/ENCUESTA_ CONSUMOCULTURAL.pdf，最后访问日期：2019 年 6 月 16 日。

多米尼加主要贸易伙伴有美国、委内瑞拉、海地、中国、墨西哥、加拿大、西班牙与巴西等，其中美国是多米尼加最重要的贸易伙伴，无论出口还是进口，多米尼加和美国贸易额占贸易总量的比重均遥遥领先。2013～2017 年多米尼加主要出口国与主要进口国的贸易统计明细分别见表 4－28 与表 4－29。

三　外债

20 世纪 70 年代以来，除了发展经济、扩大就业，政府还要加大对灾后重建的投资力度，提高公共部门职员的工资，导致不能实施过度的财政紧缩政策，加之财政收入减少，多米尼加政府背负着沉重的财政压力，不

表 4－28 2013～2017 年多米尼加主要出口国贸易统计明细

单位：百万美元

	2013 年		2014 年		2015 年		2016 年		2017 年	
	FOB	比重	FOB	比重	FOB	比重	FOB	比重	FOB	比重
总计	9581507.36	100.00	9927798.97	100.00	9388736.57	100.00	8744921.10	100.00	8855648.48	100.00
美国	4491652.90	46.88	4874038.16	49.09	4648864.73	49.52	4570999.47	52.27	4715925.70	53.25
海地	1513585.78	15.80	1423205.83	14.34	1354480.56	14.43	800177.57	9.15	852525.40	9.63
加拿大	975602.81	10.18	912400.67	9.19	700317.07	7.46	770264.55	8.81	787909.45	8.90
中国	230092.78	2.40	169830.49	1.71	124770.25	1.33	118940.91	1.36	120101.92	1.36
西班牙	122276.25	1.28	95556.11	0.96	90424.13	0.96	98261.91	1.12	86639.22	0.98
委内瑞拉	76989.68	0.80	119850.10	1.21	60426.76	0.64	23703.67	0.27	36384.97	0.41
墨西哥	29858.50	0.31	39174.12	0.39	40270.87	0.43	36273.34	0.41	24477.35	0.28

注：2016 年、2017 年的数据需要进一步核实。

资料来源：多米尼加国家统计局："Dominicana en Cifras 2018"，p. 317，http：//www.one.gob.do.cn/，最后访问日期：2019 年 6 月 16 日。

表 4 - 29　2013 ~ 2017 年多米尼加主要进口国贸易统计明细

单位：百万美元

	2013 年		2014 年		2015 年		2016 年		2017 年	
	FOB	比值	FOB	比值	FOB	比值	FOB	比值	FOB	比值
总计	17121512. 18	100. 00	17752593. 73	100. 00	17101643. 57	100. 00	17793661. 18	100. 00	18091249. 83	100. 00
美国	6576953. 70	38. 41	7273140. 66	40. 97	7073670. 25	41. 36	7497838. 52	42. 14	7981470. 03	44. 12
海地	3278. 19	0. 02	4578. 18	0. 03	51326. 85	0. 30	51307. 55	0. 29	36306. 14	0. 20
加拿大	145892. 56	0. 85	275235. 45	1. 55	241124. 04	1. 41	188538. 68	1. 06	194923. 94	1. 08
中国	1845021. 00	10. 78	2057628. 58	11. 59	2311037. 78	13. 51	2338456. 85	13. 14	2506924. 83	13. 86
西班牙	368262. 21	2. 15	437324. 17	2. 46	527334. 15	3. 08	605919. 15	3. 41	591156. 89	3. 27
委内瑞拉	1097569. 06	6. 41	920727. 03	5. 19	290568. 86	1. 70	66040. 85	0. 37	32078. 45	0. 18
墨西哥	1050181. 22	6. 13	1062259. 75	5. 98	795338. 64	4. 65	1017484. 74	5. 72	852823. 31	4. 71

注：2016 年、2017 年的数据需要进一步核实，海地、委内瑞拉的统计数据为 CIF，中国的统计数据不包括香港与澳门的数据。

资料来源：多米尼加国家统计局：“Dominicana en Cifras 2018”，pp. 297 - 298，http：//www. one. gob. do. cn/，最后访问日期：2019 年 6 月 16 日。

得不靠大举外债来缓解压力。美国是多米尼加的主要债权国。1970 年多米尼加外债为 2.9 亿美元，1980 年就增至 10 亿美元，10 年间内外债总额几乎增长了 2.5 倍。1986 年，外债达到了几乎难以控制的程度，多米尼加政府曾尝试暂停支付中长期外债的本金与利息，但多米尼加的外债并没有得到有效控制，外债总量仍在攀升。1990 年外债总额达到 44 亿美元。20 世纪末期以来多米尼加政府几乎每年都围绕着偿还本金与利息的问题而和相关国家或银行举行谈判。

1990 年 5 月，巴拉格尔总统调整了外债策略，1990 年与 1991 年多米尼加政府分别偿还了国际货币基金组织 3920 万美元与世界银行 2680 万美元的外债。1991 年 11 月，政府与巴黎俱乐部达成了新的协议，重新确定了 18 亿美元中 9.27 亿美元官方债务的偿还日期，在巴拉格尔政府的努力下，外债不断增多的局面才得以控制。1992 年政府偿还了 3.9 亿美元外债，其中本金为 2.3 亿美元，利息为 1.6 亿美元。1994 年政府与商业银行进行协商，达成了外债削减协议，规定对 12.1 亿美元的外债（其中本金 7.76 亿美元、利息 4.34 亿美元）的利息进行了削减，这一协议使得多米尼加当年外债总额减少 7.03 亿美元，年底外债总额为 41.5 亿美元，这是 20 年来外债数额首次下降。

2001 年与 2003 年，多米尼加政府先后发行了总额为 5 亿美元与 6 亿美元的国债，2003 年为了挽救破产的洲际银行，加之偿还了 4 亿美元的电费，外债总额又开始攀升。2003 年 8 月，多米尼加政府与国际货币基金组织达成了为期两年、总额为 6 亿美元的贷款。2004 年 4 月 16 日，多米尼加政府再次与巴黎俱乐部达成协议，把当年应支付的贷款利息从 4.79 亿美元削减至 2.93 亿美元，但 2004 年多米尼加外债总额依然高达 71 亿美元。2005 年政府重组了 2001 年与 2003 年发行的国债，年底外债总额达到 77 亿美元。2006 年 3 月，政府发行了总额为 3 亿美元的 20 年期债券，利率为 8.63%，用以支付梅希亚政府实施企业并购时的贷款。

2011 年、2012 年多米尼加的外债分别为 127.58 亿美元、138.87 亿美元，2012 年外债总额占 GDP 的比重为 23.5%。2016 年多米尼加政府债务规模达 267.57 亿美元，占 GDP 的比重为 37.4%。2017 年 3 月 27 日，穆迪、标普和惠誉等金融机构给多米尼加确定的主权债务等级分别是 B1、BB－和 BB－。2018 年 2 月，多米尼加非金融类公共债务总额为 305.87 亿美元，占 GDP 的比重为 39.7%，其中外债为 204.76 亿美元，占债务总额的 66.94%，内债为 101.11 亿美元，占债务总额的 33.06%，外债与内债占 GDP 的比重分别为 26.6% 与 13.1%，内债中的政府间债务为 28.36 亿美元，占 GDP 的比重为 3.7%。2018 年 5 月 16 日，根据国际金融研究所发布的全球债务数据报告，多米尼加公共债务占 GDP 的比重显示其仍处可持续状态，与拉美和加勒比地区其他国家相比处于非常低位，私人债务占 GDP 的比重与相邻国家和拉美国家平均水平相比同样处于低位。报告显示，多米尼加国内债务占 GDP 的比重为 13.2%，政府债务占比为 36.3%，非金融企业债务占比为 21%，金融部门债务占比为 6.4%。加勒比国家平均水平按上述顺序依次为 50.7%、48%、16% 和 7.5%。拉美国家依次为 20%、61.1%、37.2% 和 24.9%。根据世界银行的统计数据，2013～2017 年多米尼加的外债统计见表 4－30。

表 4－30　2013～2017 年多米尼加的外债统计

	2013 年	2014 年	2015 年	2016 年	2017 年
外债总量（DOD，现价美元）	23957824116.7	26269414926.9	26658530059.8	28012697533.8	29772192885.2
外债占货物、服务和出口收入的比重（%）	17.3	18.4	29.8	18.5	15.6

资料来源：世界银行网站，https：//databank. shihang. org/data/reports. aspx？ source＝2&country＝DOM，最后访问日期：2019 年 6 月 17 日。

四　外国资本

（一）外国直接投资

20 世纪 90 年代以来，随着多米尼加国内政治局势的稳定、经济多样化发展进程不断加速，涌入多米尼加的外国直接投资迅速增加，1994～

1996 年多米尼加接收的外国直接投资额分别为 1.32 亿美元、2.71 亿美元、5.13 亿美元。1996 年，外国直接投资主要来源于加拿大的法尔孔布里奇公司投资镍矿，另外一些加拿大公司投资多米尼加的通信、银行与保险等行业。1997 年、1998 年吸收的外国直接投资额分别为 4.21 亿美元、6.91 亿美元，1999 年吸收的外国直接投资额突破了 10 亿美元，达到 13.378 亿美元，2000～2002 年的外国直接投资额分别为 9.529 亿美元、10.791 亿美元、9.168 亿美元。

20 世纪末至 21 世纪初，随着私有化进程的加速，能源、旅游与自由贸易区等领域吸收的外国直接投资不断增加，2000 年自由贸易区工业总投资中，外国直接投资就占 65%。2003 年，洲际银行的破产导致一些外国资本外逃，直接导致了投资恐慌，2003 年全年吸收的外国直接投资额仅为 3.10 亿美元。2004 年 6 月以来，随着金融形势的稳定，流入多米尼加的外国直接投资开始回暖，2005 年外国直接投资额再次回升至 10 亿美元，2006 年达到 12 亿美元。根据联合国拉美经委会的统计，多米尼加是当时中美洲与加勒比地区第三大外国直接投资对象国，前两位分别是巴拿马与哥斯达黎加，外资主要来源国是美国、西班牙与加拿大。2008 年，全球性的金融危机并没有影响到多米尼加的外来投资，2008 年 9 月，吸收的外国直接投资额为 23.53 亿美元，同比增长 132.9%，外国资本主要集中在商业、工业、通信业与采矿业等领域。

根据多米尼加央行的统计，2011～2013 年多米尼加吸收的外国直接投资额分别为 22.75 亿美元、31.42 亿美元、19.91 亿美元。2016 年多米尼加吸收外资 25.93 亿美元，同比增长 16.7%。外资流向主要集中在旅游业、不动产业、工业和商业以及矿业等行业。2016 年外资主要来源国依次为加拿大、荷兰、美国、西班牙、墨西哥、委内瑞拉和丹麦等。自 2010 年至 2016 年 9 月，多米尼加吸收外资存量为 157.25 亿美元，主要外资来源地依次为加拿大（20.7%）、美国（19.4%）、墨西哥（5.1%）、西班牙（4.2%）、委内瑞拉（3.4%）、荷兰（2.1%）、英属维尔京群岛（1.8%）、法国（1.0%）等。2017 年多米尼加引进外国直接投资 35.7 亿美元，占加勒比地区引进外资总量的 61%，创下历史最高纪录。2010～

2017 年，多米尼加共引进外资直接投资 200 亿美元，其中 27% 用于商贸和工业领域，17% 用于矿业领域，16% 用于旅游业。此外，据统计，2010 ~ 2016 年，外资直接投资对多米尼加 GDP 的贡献率达 3.3%。联合国《世界投资报告 2018》显示，截至 2017 年底，多米尼加吸收外国投资存量为 365.02 亿美元。在多米尼加投资的跨国公司主要有巴西无线运营商（Claro）、美国可口可乐公司（Coca Cola）、法国电信运营商（Orange）、委内瑞拉金融集团（Banesco）、巴拿马不动产商（Velutini Group）、百年酒店集团（Hoteles V Centenario y Holiday Inn）等。2013 ~ 2017 年多米尼加吸收的外国直接投资与接收的外国援助统计见表4 - 31。

表 4 - 31　2013 ~ 2017 年多米尼加外国直接投资与外国援助统计

	2013 年	2014 年	2015 年	2016 年	2017 年
外国直接投资（BOP，现价美元）	1599900000.0	2385300000.0	2227300000.0	2516100000.0	3597200000.0
外国援助（现价美元）	146910000.0	166210000.0	279960000.0	176700000.0	117600000.0

资料来源：世界银行网站，https：//databank. shihang. org/data/reports. aspx？ source = 2&country = DOM，最后访问日期：2019 年 6 月 17 日。

（二）外汇储备

20 世纪 80 年代以来，在经济多样化发展政策的刺激下，多米尼加的出口额不断扩大、外国资本大量涌入，外汇储备逐步增加。1981 年外汇储备为 2.9 亿美元，1985 年就增加至 3.5 亿美元，1986 年达到 3.7 亿美元。此后，由于国际石油价格上涨，多米尼加政府不得不动用外汇来进口石油，外汇储备数量开始下降，1987 年外汇储备为 1.9 亿美元，1990 年仅为 0.68 亿美元。随后，外资流入量的增加使得多米尼加外汇储备再次增加，1991 年外汇储备为 4.5 亿美元，1992 年达到 5.04 亿美元，1993 年更是增加到 6.56 亿美元。

2001 年多米尼加外汇储备首次突破 10 亿美元，达到 11.05 亿美元。

2002 年多米尼加金融形势不太稳定，中央银行不得不动用 5 亿美元的外汇来稳定汇率，当年的外汇储备下降至 4.736 亿美元。2003 年多米尼加爆发了金融危机，为了遏制外汇储备不断下滑的态势，多米尼加政府发行了 1.5 亿美元的国债来增加外汇储备，但这一举措并没有取得预期效果，当年外汇储备仅为 2.607 亿美元。2004 年外汇储备有所增长，年底外汇储备量达到 8.083 亿美元。从 2005 年开始，多米尼加的外汇储备飞速增长，2005 年、2006 年外汇储备量分别为 18.526 美元、21.27 亿美元，2008 年第三季度外汇储备量（含金）为 26.36 亿美元。

根据多米尼加央行的统计，2011～2013 年多米尼加外汇储备分别为 38.02 亿美元、39.24 亿美元、41.01 亿美元。2017 年外汇储备总量为 67.8 亿美元。2014～2018 年多米尼加外汇储备统计见表 4－32。

表 4－32　2014～2018 年多米尼加外汇储备统计

单位：百万美元

	2014 年	2015 年	2016 年	2017 年	2018 年
外汇储备(毛值)	4861.8	5266.0	6047.4	6176.3	7627.6
外汇储备(净值)	4650.4	5195.1	6047.4	6169.1	7627.1

注：其中 2017 年为 1～9 月的统计数据。

资料来源："Resultados Preliminares de la Economía Dominicana Enero-Diciembre 2015、2016、2017、2018"，多米尼加中央银行网站（Banco Central de la República Dominicana），https://gdc.bancentral.gov.do/Common/public/mig/otras－publicaciones/ENCUESTA_ CONSUMOCULTURAL.pdf，最后访问日期：2019 年 6 月 17 日。

第五章

军　事

第一节　军事简史

军队是捍卫国家主权、维护民族独立的基石，在多米尼加共和国中履行这一神圣职责的是国家军队（Ejercito Nacional），同时，国家军队也是多米尼加具有悠久历史的国家专政机器之一。多米尼加国家军队的建军思想最早可以追溯到民族英雄胡安·杜阿尔特“三位一体”的民族独立思想，胡安·杜阿尔特认为，在多米尼加共和国追求民族独立、确保民族主权、建立共和国的进程中，建立一支国家军队势在必行，多米尼加国家军队必须是“上帝、祖国与自由”这一神圣誓言的践行者。

1821 年，国家军队的缔造者们掀起了多米尼加历史上的第一次民族独立运动，随后宣布成立独立政府，但随即被海地侵略军推翻，因而被称为“一日独立政府”。虽然独立政府持续的时间很短暂，却具有重大历史意义，独立政府的尝试为何塞·努涅斯·卡塞雷斯所领导的第一届独立政府提供了宝贵的经验，“一日独立政府”的组织者所提出的民族独立、民族自由的思想激励着众多的多米尼加人民。

1844 年 2 月 27 日，在“三位一体”重要领导人拉蒙·梅亚将军领导的独立运动的浪潮中，多米尼加国家军队在圣多明各仁慈门（Misericordia）正式宣告成立。这一天，数百名多米尼加民众走上街头，其中大部分是“国家警卫”组织的成员，他们高呼“为祖国贡献一切”，紧跟拉蒙·梅亚将军的步伐，向海地军队发起了攻击。在革命者凌厉的攻势面前，海地侵略军节节败退，几天后就宣布投降。但是，撤出多米尼加的海地军队并不甘心失败，他们龟缩在多米尼加南部边境地区，纠集队伍进行了反扑。刚刚独立的共和国受到了严重的外来威胁，危急关头，参加2月27日独立运动的克里奥尔士兵在战斗中形成了多米尼加共和国第一批正规军主力，无数英勇的多米尼加青年响应共和国的号召，纷纷加入正规军，在罗德奥桥战场上同侵略者展开了殊死搏斗。罗德奥桥战役使新成立的多米尼加共和国正规军经历了战争中血与火的考验，他们怀着追求民族独立、捍卫国家主权的理想信念，向侵略者宣告多米尼加人民追求国家独立与民族解放的信心与决心。

军队只有在战争中经受战火的洗礼才能不断发展壮大，多尼米加国家军队就是在与海地侵略者的战斗中成长、壮大的。为了维护国家独立的胜利果实，多米尼加正规军同海地军队展开了持久的斗争。这场反侵略战争持续了12年，从1844年开始到1856年取得最终胜利，一共分为四个阶段，每个阶段都爆发了一些著名战役。第一阶段，多米尼加正规军怀着高昂的斗志，勇敢地反击海地军队，取得了阿苏阿战争（1844年3月19日）、圣地亚哥战役（1844年3月30日）与麦米索（Memiso）战役的伟大胜利。1844年11月6日，共和国的缔造者们齐聚圣克里斯托瓦尔，召开了国民代表大会，投票通过了第一部宪法，这部宪法宣告了多米尼加国家军队的正式建立，11月29日颁布的法令明确规定多米尼加国家军队是国家政权的忠实捍卫者。第二阶段，多米尼加国家军队同海地军队展开了卡其曼战役（Cachimán）、拉埃斯特雷耶塔战役（La Estrelleta）与贝耶尔战役（Beller，1845）等。在第二阶段的战斗过程中，1845年7月15日多米尼加颁布了第61号法令，制定了第一部国家军队组织法，确立了国家军队的组建方式、制服样式、旗帜等，这项法令的颁布在多米尼加国家军队发展史上具有里程碑意义。第三阶段爆发于1849年。在第四阶段的战斗中，多米尼加国家军队涌现了一些战斗英雄如桑托梅（Santomé）、卡姆罗纳尔（Cambronal）与萨瓦纳·拉尔加（Sabana Larga）等。这几个阶段的斗争、众多战役成为多米尼加国家军队成长进程中的宝贵财富。

为了提升国家军队的军事素质，1860年8月24日多米尼加颁布了第664号法令，建立了第一所军事学院，可容纳50名军人学习，培训周期为两年，分为六个季度。然而，多米尼加沦为西班牙的海外省后，军事院校的培训功能受到严重影响，同时，多米尼加国家军队也受到严重影响，国家军队和一些武装团体被迫解散。多米尼加英雄儿女不甘心主权沦失，组织起来开始了国家复兴运动，向西班牙军队发起了进攻。1863～1865 年的复兴战争再次让多米尼加军队得到战火的考验，重组后的国家军队组织机构更为严密，战斗意志更加坚决，最终迎来了多米尼加的第二次独立。

1880 年 2 月 18 日卢佩龙政府通过第 1834 号法令，规定实行义务兵役制，扩大军队储备人数，为国家军队针对外国入侵或国内冲突应战做好军队储备工作。除此之外，卢佩龙政府还重视军事院校的建设，加强对职业军人的培训，让国家军队效忠于政府、服务于多米尼加人民。然后，20 世纪初期，多米尼加国家军队的正规化建设再遭打击，1916 年美国入侵多米尼加，国家军队被迫解散，美国军队控制的公共安全警卫部队取代了多米尼加国家警卫部队，这些公共安全警卫名义上隶属于军队，但仅仅履行巡逻、维护公共秩序和看守监狱之类的职责，归美国陆战队军官指挥。1924 年美国撤出多米尼加，1927 年公共安全警卫部队更名为国家军队，1930 年国家军队得以重组。特鲁希略独裁统治时期，注重对国家军队的控制，在客观上加速了国家军队的现代化建设步伐。

自 20 世纪 60 年代开始，多米尼加进入了民主化时期，国内政府稳定后，多米尼加职业化、现代化、高度纪律化的国家军队遵守各项法律，听从指挥，承担着保护多米尼加国家主权与领土完整、维护国内和平与维持国内秩序的神圣使命，为多米尼加的经济发展提供了和平稳定的国内环境。①

第二节 军队现状

一 军队职责

根据多米尼加 2015 年宪法第七部分第一章第 252 条，武装部队本质

① 多米尼加国家军队网站，http://www.ejercito.mil.do/sobre-nosotros/historia，最后访问日期：2019 年 6 月 18 日。

上是非政治性的，必须服从命令，不享有任何审议之权。武装部队的根本职责是保卫共和国的独立和完整，维护公共秩序，维护宪法和法律；在行政机关的邀请下，武装部队方可参与制定旨在促进国家社会与经济发展的公民行动纲领；在总统的授权下，武装部队参与救灾活动、辅助国家警察，以维持或恢复公共秩序。① 除此之外，多米尼加国家军队还应在共和国总统授权下，履行例外情况或紧急状态下分配的兵役职能；招募、培训和装备人员；参加维和和人道主义援助行动；执行共和国总统发布的命令，采取一切必要措施和行动，打击被认定为危害国家利益的跨国犯罪活动；根据《风险管理法》，参与救灾活动，以预防或减轻自然灾害造成的损害；在国家安全和国防需要的前提下组织好国家资源；确保领土安全，预防任何威胁国家安全利益或可能影响多米尼加文化特征的威胁行为；制定与管理旨在促进发展国家军事工业的方案和项目等。②

为了更好地履行各种职责与神圣使命，多米尼加国家军队在接受常规性、职业化培训的基础上，还应了解国家的发展水平与发展层次，为维护国家的安全、稳定、团结做出奉献。

二 军旗、军队标识与军歌

军旗 多米尼加国家军队军旗为一个长方形图案，中间被一个白色十字框架分成面积相等的四块，左上角为蓝色图案，中间镶嵌着多米尼加国徽；右上角和左下角是红色图案，象征着两个营房，右下角平均分成蓝、白、红、黄四个长方形，代表着步兵、航空兵、炮兵与骑兵等四种兵种。③

军队标识 多米尼加国家军队标识图案主体部分由覆盖着白色和红色

① 多米尼加高等教育、科学和技术部网站："wp. soldeva. com/transparencia/wp - content/uploads/2017/10/constitucion - de - la - republica - dominicana - del - 2015. pdf"，https：//mescyt. gob. do，最后访问日期：2019 年 6 月 18 日。

② 多米尼加国家军队网站，http：//www. ejercito. mil. do/sobre - nosotros/quienes - somos，最后访问日期：2019 年 6 月 18 日。

③ 多米尼加国家军队网站，http：//www. ejercito. mil. do/sobre - nosotros/simbolos/bandera - del - ejercito - de - republica - dominicana，最后访问日期：2019 年 6 月 18 日。

条纹中的两个同心圆组成。外圆环上附有5个金色五角星；同心圆中间部分被绿色彩带覆盖，内圆顶端的绿色彩带上镶嵌着“国家军队”字样，底端镶嵌着“多米尼加共和国”字样，这些金色字母的高度均为3毫米；内圆中间镶嵌着多米尼加国徽。①

军歌 多米尼加国家军队军歌分为八个乐章，歌词大意如下。

（Ⅰ）

整个城镇感到鼓舞

挥舞着武器

士兵勇往直前

为了祖国的信仰而前行

（Ⅱ）

天堂赋予他坚韧的勇气

梅亚赋予他必胜的信心

桑切斯赋予他钢铁的意志

杜阿尔特赋予他不朽的精神

（Ⅲ）

意志激励前行

信念伴随行动

神圣之火带来无尽的力量

军队庇护你前进

（Ⅳ）

这是一片

由宗教荣耀捍卫的顽强的土地

在战争中如此坚劲

为了最珍贵的和平、和平、和平

① 多米尼加国家军队网站，http：//www.ejercito.mil.do/sobre－nosotros/simbolos/logo－del－ejercito－de－republica－dominicana，最后访问日期：2019年6月18日。

（Ⅴ）

没有明天、没有高峰、没有深渊

没有溪流、没有败类

反对狂热的英雄主义

这是一支忠诚高贵的军队

（Ⅵ）

如果怀有邪恶意念

充满不切实际的野心

每位英勇的将士

都会发出狮子般的吼声

（Ⅶ）

向英雄人物致敬

他们是神圣的灵魂、永恒的脉搏

这支忠诚英勇的军队

捍卫祖国最高荣誉

（Ⅷ）

辉煌属于优雅的领路人

这支向往自由的军队

是追求荣誉、面向未来、永远爱国

遵守纪律、高举旗帜与无限忠诚的象征

三　军队框架

根据多米尼加 2015 年宪法，共和国总统是国家军队和警察部队的最高统帅，由共和国总统、国防部部长、总指挥官、副总指挥官与检察长组成的多米尼加共和国军队高级指挥部行使最高指挥权。① 国家军队现任总

① 多米尼加国家军队网站，http：//www. ejercito. mil. do/sobre - nosotros/organizacion，最后访问日期：2019 年 6 月 19 日。

指挥官是戈内尔雷·加拉多（Gonellre Galado）少将。[①]

多米尼加国家军队由正规军和准军事部队组成。正规军分陆、海、空3个军种，准军事部队由特别行动队、国家警察和总统警卫团等组成。[②]国家军队实行志愿兵役制，士兵服役期为4年。根据2013年的统计数据，多米尼加总兵力为4.65万人。[③] 根据世界银行的统计数据，2013～2017年多米尼加军费开支占GDP的比重见表5－1。

表5－1　2013～2017年多米尼加军费开支占GDP的比重

单位：%

年份	2013年	2014年	2015年	2016年	2017年
比重	0.6	0.7	0.7	0.7	0.7

资料来源：世界银行网站，https：//databank.worldbank.org/data/reports.aspx？source＝2&country＝DOM，最后访问日期：2019年6月19日。

陆军　多米尼加陆军有5个传统兵种，分别是步兵、炮兵、装甲兵、骑兵与工程兵。2013年陆军共2.7万人，编6个步兵旅、1个作战支援旅、1个空中侦察队、1个战斗勤务支援旅和1个总统卫队等。

空军　多米尼加军事航空部队于20世纪40年代在陆军基础上组建而成。成立之初，军事航空部队仅拥有几架亚伦卡1－3空中观察机与数架美国教练机，主要有波音－斯蒂尔曼PT－17“军校学员”、伏尔梯BT－13和北美AT－6等。1948年多米尼加政府决定扩充军事航空部队的实力，购买了旧式的布里斯托尔“美丽战士”、德·哈维兰“蚊”、共和F－47D“雷电”战斗轰炸机与几架波音B－17G“空中堡垒”轰炸机。20世纪50年代初期，1个中队编制的20架北美F－51D

① 多米尼加国家军队网站，http：//www.ejercito.mil.do/sobre－nosotros/despacho－comandante－general，最后访问日期：2019年6月19日。

② 全国国防教育网网站，http：//www.gf81.com.cn/second_link/gggf/am10.html，最后访问日期：2019年6月19日。

③ 军事科学院《世界军事年鉴》编辑部主编《世界军事年鉴（2013）》，解放军出版社，2014，第256页。

"野马"战斗轰炸机全面取代了比较陈旧的战斗机，同时，多米尼加军事航空部队还配备了第一批喷气式飞机——20架德·哈维兰"吸血鬼"战斗轰炸机和7架道格拉斯B－26轰炸机。成为美洲国家组织成员国后，多米尼加军事航空部队先后获得了2架康维尔PBY－5A"卡塔琳娜"水陆两栖飞机、6架道格拉斯C－47、6架柯蒂斯C－46"突击队员"、3架DHC－2"海狸"与3架可执行运输与通信任务的塞斯纳170飞机。不久以后，多米尼加军事航空部队又配置了2架贝尔47、2架西科斯基H－19、1架"云雀"Ⅲ和2架"云雀"Ⅱ直升机。多米尼加军事航空部队的日常训练任务由北美T－6"哈佛"和比奇T－11执行。20世纪70年代初期，多米尼加军事航空部队获得了7架休斯OH－6A直升机。

随后，多米尼加军事航空部队正式从陆军中独立出来，更名为多米尼加空军，被赋予了反游击战、为地面部队提供支持与搜救的神圣职责。作战飞机有6架塞斯纳A－37"蜻蜓"喷气式武装教练机与O－2"超级空中霸王"，这几架飞机慢慢被10架"超级巨嘴鸟"武装教练机所取代。被用于执行反毒品行动的有5架"伊帕内马"农用飞机，执行运输任务的有CASA公司提供3架C212－400，执行专机任务的有1架"指挥官"680，执行通信任务的有几架比奇"空中王后"、"空中国王"、派帕"纳瓦霍人"及塞斯纳207/210。除此之外，多米尼加空军还配备了2架AS365"海豚"专机、10架AS350"松鼠"、6架OH－6A和9架UH－1H"易洛魁"，其中"易洛魁"式战斗机也用于执行搜救任务。智利提供的8架T－35B"魔鬼"、5架T－41D"麦斯卡莱罗人"和几架T－6则主要用于指挥日常训练任务。[1] 2013年空军人数为1.07万人。

海军 多米尼加海军始建于1845年与海地军队爆发的贝耶尔战役中，在这场战役中，为了取得战役主动权、争夺领海优势，多米尼加中央执政

① 〔英〕大卫·瑞格（David Wragg）：《简氏世界空军·世界空军历史及其建制》，荆素蓉、高莉莉译，希望出版社，2007，第181页。

委员会洪达（Junta Central Gubernativa）授命胡安·包蒂斯塔·坎比亚索（Juan Bautista Cambiaso）、胡安·包蒂斯塔·马焦罗（Juan Bautista Maggiolo）与胡安·亚历杭德罗·阿科斯塔（Juan Alejandro Acosta）三位将军，组建国家海军（Armada Naval Nacional）。三位将军率领刚刚组建的海军，出其不意地包围了海地的北部港口，协助陆军取得了贝耶尔战役的最终胜利。国家海军在随后的一系列战斗中都发挥了重要作用。1853年多米尼加成立了第一所海军学校。巴埃斯总统执政期间，国家海军发生了分裂，巴埃斯下台后，国家海军重新统一。

1917年美国占领时期，国家海军的编制大大缩减。1933年国家海军开始有统一的制服，标志着国家海军的正规化建设拉开序幕。1934年，多米尼加开始积极从美国、加拿大与英国购买海军装备，扩充海军实力，多米尼加国家海军实力不断增强，逐渐成为加勒比地区影响力较大的海军队伍。1943年多米尼加开始建设“二月二十七”海军基地（Base Naval de Febrero）。1947年2月政府颁布了第4169号法令，海军正式设立独立的总司令，行使国家海军的指挥权。1948年多米尼加聘请外国海军将领与相关技术专家前往海军学校，为海军军官进行相关培训。

1957年3月23日，多米尼加成立了“圣克里斯托瓦尔”海军指导中心（Centro de Instrucción Naval“San Cristóbal”）。1967年1月，国家海军再次重组，随后多米尼加逐步完善各级海军军官的教育培训体系。2002年“战争学校”（Escuela de Guerra）在“二月二十七”海军基地正式成立。

美国“9·11”事件后，多米尼加国家海军增设机场防卫队和海岸防卫队，2013年多米尼加国家海军共有1.042万人，2014年增设边境防卫队。多米尼加共和国现任海军总司令是埃米里奥·雷西奥·塞古拉（Emilio Recio Segura）将军。[①] 现役舰艇有C－101花级护卫舰（Corbeta

---

① 多米尼加国家海军网站，http：//www. marina. mil. do/portal/index. php？option = com_zoo&task = item&item_ id = 67062&Itemid = 12，最后访问日期：2019年6月19日。

"Colon", C－101 Clase Flower Corvette)、"大元帅号" F 级 D102 HMS 驱逐舰（Clase F Destructor HMS Fame D－102，"Generalísimo")、"特鲁希略号" H 级 D－101 HMS 驱逐舰（Clase H Destructor HMS Hotspur D－101，"Trujillo")、"特鲁希略总统号"蒸汽艇（Vapor "Presidente Trujillo")、454 独立扫雷舰（Barreminas Separación 454)、"叙利亚号" BA－104 辅助舰、"阿纳雷斯号" BA－105 辅助舰（Buques Gemelos Auxiliares "Sirio" y BA－105 Anares)、"独立号"、"恢复号" P－105 巡逻舰（Buques Patrulleros P－105 "Independencia" y "Restauración")、猎潜舰（Cazasumarinos)、F－451 舰艇、GC－3 海岸警卫舰（Guardacostas GC－3)、LR－103 快艇（Lancha Rápida LR－103)、拉姆菲斯号游艇（Ramfis Yate)。①

除此之外，2013 年多米尼加全国共有 3.2 万名警察，和军队共同承担维护社会安全的职责，其中 63% 执行非警力任务。

四 主要军事节日

1 月 26 日　胡安·巴勃罗·杜阿尔特日

2 月 25 日　马蒂亚斯·拉蒙·梅亚日武装力量节（Día de las Fuerzas Armadas)

3 月 9 日　弗朗西斯科·德尔·罗萨里奥·桑切斯日（Francisco del Rosario Sánchez)

3 月 10 日　建军节（Día del Ejército National)

3 月 19 日　阿苏阿解放战役日（Batalla Librada en Azúa)

3 月 30 日　圣地亚哥解放战役日（Batalla Librada en Santiago)

8 月 16 日　国家复兴日（Día de la Restauración)

9 月 29 日　国家军队守护神——圣米格尔日（Día de San Miguel, Patrono del Ejército National)

① 多米尼加国家海军网站，http：//www.marina.mil.do/portal/index.php? option = com_zoo&view = category&Itemid = 94，最后访问日期：2019 年 6 月 19 日。

第三节 军事制度

一 兵役制度

多米尼加实行志愿兵役制，士兵服役期为4年。[①] 国家军队组织法第38条规定：和平时期适龄青年自愿应征入伍；爆发战争或公共秩序严重动荡时期强制入伍。多米尼加国家军队的征兵基本条件如下：多米尼加人（出生在多米尼加或父母是多米尼加人），年龄为16～21岁，无任何犯罪记录，生理与心理均健康（须持有医院的健康证明），根据应征级别小学、中学或大学毕业，没有在国家武装机构或国家警察机构任职的经历。[②]

多米尼加军事学院的招生标准如下：多米尼加人（出生在多米尼加或父母是多米尼加人），年龄为16～21岁，单身并且无子女，无任何犯罪或拘留记录；体检标准为男性身高不低于5英尺6英寸（约167.6厘米）、体重不低于120磅（约54.4千克），女性身高不低于5英尺4英寸（约162.6厘米）、体重不低于110磅（约49.9千克），体重和胸围与年龄和身高成正比，牙齿状况良好，视力20/20；身体素质良好，能满足军事训练需要；具有学士学位或同等学力；自动放弃所有现任军事或行政职务；征得法定监护人的同意；在学院指定的时间内提出入学申请；未曾受过司法处罚或学校开除之处分。[③]

国家海军的入伍条件如下：多米尼加人，年龄为16～23岁，生理与心理均健康；体检标准为男性身高不低于5英尺6英寸（约167.6厘

① 全民国防教育网网站，http://www.gf81.com.cn/second_link/gggf/am10.html，最后访问日期：2019年6月19日。

② 多米尼加国家军队网站，http://www.ejercito.mil.do/servicios/reclutamiento，最后访问日期：2019年6月19日。

③ 多米尼加国家军队网站，http://www.ejercito.mil.do/servicios/reclutamiento，最后访问日期：2019年6月19日。

米）、体重不低于120磅（约54.4千克），女性身高不低于5英尺4英寸（约162.6厘米）、体重不低于110磅（约49.9千克）；单身并且无子女；无任何犯罪或拘留记录；没有在国家武装机构或国家警察机构任职的经历。[①]

空军的入伍条件如下：多米尼加人，年龄为16～21岁（救援服务支队的成员例外），生理与心理均健康，无任何犯罪或拘留记录，没有在国家武装机构或国家警察机构任职的经历，符合相应的学历水平。

二 军衔制度

多米尼加现行的军衔制度把军衔分为5等：将官、校官、尉官、军士（Sargento）与列兵（Cabo）。其中将官分为中将（Teniente General）、联军司令（Mayor General）、少将（General de Brigada），校官分为上校（Coronel）、中校（Teniente Coronel）、少校（Mayor Coronel），尉官分为上尉（Capitan）、中尉（Primer Teniente）、少尉（Segundo Teniente）。不同的军种，军衔制度有一定的差异，陆军和空军军衔分3等9级：将官分为上将、中将、少将，校官分为上校、中校、少校，尉官分上尉、中尉、少尉。海军不设上将军衔，其余同陆军和空军。[②]

---

① 多米尼加国家海军网站，http：//www.marina.mil.do/portal/index.php？option＝com_zoo&view＝item&Itemid＝205，最后访问日期：2019年6月19日。

② 全民国防教育网网站，http：//www.gf81.com.cn/second_link/gggf/am10.html，最后访问日期：2019年6月19日。

第六章

社　　会

第一节　国民生活

一　就业收入与物价

（一）就业

为了保护劳动者的合法权益、鼓励各个企业录用本国劳动力来提高就业率，1992 年 6 月 17 日，多米尼加政府颁布了新的劳工法，即第 16－92 号法令。该法涵盖劳动条件、工资及福利待遇、解雇雇员、劳动保险等领域。对于劳动条件，第 16－92 号法令规定如下。

多米尼加雇员比例：一个企业中多米尼加籍工人的比例必须至少达到 80%。经理和其他从事监察工作的人必须优先选择多米尼加人担任，但不存在级别的限制。如果一个多米尼加人取代外国人的职位，他有权获得同样多的工资，享有同等的权利和同等的工作条件。

工作时间：每星期正常工作时间是 44 小时。每天的正常工作时间是 8 小时。一般是星期一到星期五，少数公司到星期六。实行半天工作制的工作时间不能超过 29 小时。

带薪休假规定：婚嫁休假 5 天，近亲家庭成员丧假 3 天；妻子分娩，丈夫休假 2 天。

正常休假规定：根据第 97－97 号法令，所有工作满一年的职工均有权每年休假 14 个工作日。

性骚扰：法律禁止雇主或他的代表对女雇员进行性骚扰。

保护母亲：雇主不能在妇女怀孕和分娩后的三个月内，无故结束劳动合同。即使有正当理由，雇主在终止合同前，必须报请劳动部批准。除事先通知外，还必须向雇员支付相当于5个月工资的补偿。孕妇在获得预产和产后休息许可后，有权要求享受带薪休假待遇。在其孩子满一周岁前，每月有半天时间带孩子进行儿科检查。

对于解雇雇员，第16－92号法令规定如下。

根据劳工法有关法律规定和程序，解雇不合格雇员，雇主无须支付任何补偿。如违反法律规定解雇雇员，雇员有权获得停业补偿和帮助。补偿计算方法如下。

工龄3～6个月的雇员，补助6天工资；工龄6～12个月的雇员，补助13天工资；工龄1～5年的雇员，补助21天的工资；工龄5年以上的雇员，补助23天的工资。

此外，雇主在解雇雇员时，须提前通知雇员。提前的时间，根据雇员工龄的长短来决定：工龄3～6个月的雇员，提前7天；工龄6～12个月的雇员，提前14天；工龄1年以上的雇员，提前28天。

提前通知期间，雇主支付雇员的工资可以免税，但不包括所得税。如果雇主推迟支付应付补助，每推迟一天，应向雇员额外支付一天工资的补助。

据多米尼加国家统计局统计，2015年多米尼加全国共有501.3万劳动力人口，其中农村劳动力人口157.8万，城市劳动力人口343.5万。在教育水平方面，小学以上水平劳动力占72.4%，中学以上水平劳动力占52.8%，大学以上水平劳动力占20.4%，研究生以上水平劳动力占2.8%。据多米尼加央行公布的数据，2016年多米尼加失业率为13.3%，2017年失业率为5.5%。多米尼加失业率受到受教育程度、男女性别的影响，2012～2016年不同教育层次的劳动力失业统计与不同性别的劳动力失业统计分别见表6－1与表6－2。

表 6-1 2012～2016 年不同教育层次的劳动力失业统计

单位：人，%

项目 \ 年份		2012 年	2013 年	2014 年	2015 年	2016 年
失业人口总数		687076	710235	713703	703057	681208
不同教育层次的劳动力失业人数	小学	220117	235588	222928	212677	197139
	中学	324083	325775	327700	328826	326280
	大学	119357	123945	138758	142672	134121
	无教育经历	23519	24927	24317	18882	23668
失业率总计		14.7	15.0	14.5	14.0	13.3
不同教育层次的劳动力失业率	小学	12.1	13.0	12.0	11.5	10.9
	中学	20.5	20.3	18.6	18.6	17.5
	大学	12.0	12.1	13.7	12.8	11.7
	无教育经历	8.4	8.9	8.5	6.8	8.0

注：其中具有小学学历的人数包括接受过学前教育的人群，具有中学学历的人群包括接受过职业教学的人群，具有大学学历的人群包括具有研究生学历的人群。

资料来源：多米尼加国家统计局："Dominicana en Cifras 2018", p. 460, http: //www. one. gob. do. cn/，最后访问日期：2019 年 6 月 20 日。

表 6-2 2012～2016 年不同性别的劳动力失业统计

单位：人，%

项目 \ 年份		2012 年	2013 年	2014 年	2015 年	2016 年
失业人口总数		687076	710235	713703	703057	681208
不同性别的劳动力失业人数	男性	274303	276138	256294	243878	243069
	女性	412773	434097	457409	459179	438139
失业率总计		14.7	15.0	14.5	14.0	13.3
不同性别的劳动力失业率	男性	9.8	9.7	8.7	8.2	8.0
	女性	22.1	23.1	23.1	22.4	20.9

资料来源：多米尼加国家统计局："Dominicana en Cifras 2018", p. 462, http: //www. one. gob. do. cn/，最后访问日期：2019 年 6 月 25 日。

（二）收入

为了保障劳动者的合法收益，多米尼加第 16－92 号法令对劳动者的工资与福利待遇进行了详细规定。

最低工资：私人部门雇员的最低工资由国家工资委员会确定并定期公布。有一般最低工资和特殊最低工资之分，如自由贸易区和旅游业的月最低工资比一般最低工资要低。

超时工资、夜班工资和节日加班工资：超过规定时间工作应额外支付基本工资的 35%。夜班工作应在基本工资的基础上增加 15%。节日加班应增加 100%。

福利待遇：作为圣诞节的福利，所有雇员都有权在每年 12 月 20 日以前获得一个月的额外工资。

公司利润分成：所有雇员有权分享公司净利润 10% 的提成。提成分配不是平均的，有最高限额。公司工龄不足 3 年的雇员，所得分成最多不能超过其 45 天的工资。公司工龄超过 3 年的雇员，分成所得最多不得超过其 60 天的工资。矿业、工业、农业和林业等企业，在开业的头 3 年内免除上述利润分成的义务。自由贸易区企业，在收回已投入资本金前，也不进行利润分成。农业企业资本不足 100 万比索者，完全免除利润分成。

正常休假工资：公司工龄 1～5 年的雇员，公司支付 14 天的正常休假工资；公司工龄超过 5 年的，支付其 18 天的正常休假工资。

多米尼加劳动部所属国家工资委员会决定自 2015 年 6 月 1 日起，多米尼加最低工资标准为 12873 比索。一名具有 15～20 年工龄的劳动力在退休时所得养老金将是其工资的 36%。2017 年，多米尼加最低工资标准根据工资不同分最高、平均与最低三个档次，同年 5 月，多米尼加最低工资标准分最高 272 美元、平均 187 美元、最低 166 美元。2013～2017 年多米尼加平均工资统计见表 6－3。

（三）物价

据世界银行的统计，2015 年多米尼加个人储蓄率为 20.88%，公共储蓄率为－1.26%。2017 年多米尼加储蓄占 GDP 的比重为 21.3%。2015 年多米尼加一般生活费用支出情况如下。

表 6－3 2013～2017 年多米尼加平均工资统计

单位：比索

项目 \ 年份		2013 年	2014 年	2015 年	2016 年	2017 年
平均工资		19197.7	19893.3	21370.6	21472.9	22355.6
不同性别的平均工资	男性	19128.8	19727.8	21119.4	20883.0	21735.1
	女性	19285.2	20098.8	21680.3	22209.3	23132.7

资料来源：多米尼加国家统计局："Dominicana en Cifras 2018"，p.467，http：//www.one.gob.do.cn/，最后访问日期：2019 年 6 月 25 日。

交通：租赁一辆小轿车每天 65 美元左右，无铅汽油每升 1 美元左右，城市公交车票每张 1 美元左右，从拉斯阿美利加斯机场到圣多明各市中心（约 45 分钟）出租车单程 50 美元。

饮食：汉堡店快餐每人每餐 6 美元，中档餐馆每人每餐 19～22 美元。

住房：中档宾馆双人间含早餐每晚 95 美元左右；首都圣多明各中档社区双卧室含家具公寓每月 780 美元，不含家具每月 480 美元。

休闲：电影每人次 5 美元，大型博物馆每人次 3 美元，报纸每份 0.5 美元。①

多米尼加食品和日用品供应较为丰富，物价相对平稳。根据 2017 年 3 月的数据，当地超市一般食品和日用品价格见表 6－4。

表 6－4 2017 年 3 月多米尼加当地超市一般食品和日用品价格

产品	多米尼加比索(RD $)	美元($)
牛肉(1kg)	350.00	7.44
葱头(1kg)	102.00	2.17
香蕉(1kg)	43.30	0.92
西红柿(1kg)	65.00	1.38

① 商务部国际贸易经济合作研究院、商务部投资促进事务局、中国驻多米尼加发展办事处编《对外投资合作国别（地区）指南：多米尼加共和国》，2017，第 29～30 页。

续表

产品	多米尼加比索(RD $)	美元($)
大米(1kg)	57.00	1.21
生菜(1棵)	52.00	1.11
土豆(1kg)	60.00	1.28
柑橘(1kg)	88.00	1.87
苹果(1kg)	109.00	2.32
鸡胸肉(1kg)	260.00	5.53
进口啤酒(0.33升)	148.00	3.15
国产啤酒(0.5升)	92.00	1.96
瓶装葡萄酒(中档)	400.00	8.50
水(1.5升)	60.00	1.28
鲜奶酪(1kg)	360.00	7.65
鸡蛋(一打)	87.00	1.85
面包(1kg)	58.00	1.23
牛奶(1升)	55.00	1.17

资料来源：中国驻多米尼加贸易发展办事处市场采集；商务部国际贸易经济合作研究院、商务部投资促进事务局、中国驻多米尼加发展办事处编《对外投资合作国别（地区）指南：多米尼加共和国》，2017，第31～32页。

（四）住房与社会保障

1. 住房

由于存在一定的贫富差距，加之经常遭受飓风的袭击，多米尼加政府重视住房建设，尤其是花大力气解决中低收入阶层的住房问题。2016年8月梅迪纳总统在其第二任期就职典礼致辞中提出多米尼加2016～2020年施政目标，对于住房建设的规划，梅迪纳总统承诺“采取一切措施保证每个家庭拥有体面住房，加强与私营企业合作，创造新的信贷模式，为贫困家庭提供较好条件的社会租房”①。

① 商务部国际贸易经济合作研究院、商务部投资促进事务局、中国驻多米尼加发展办事处编《对外投资合作国别（地区）指南：多米尼加共和国》，2017，第27页。

2016 年 11 月，多米尼加中高档收入地区地价为 1200 美元/米^{2}左右，低收入地区地价为 600 美元/米^{2}左右。在多米尼加著名旅游度假区蓬塔卡纳，土地最低成交价为 463.2 美元/米^2。按照 2017 年 3 月价格标准，多米尼加一般郊外住宅售价为 733 美元/米^2，一般市中心住宅售价为 1167 美元/米^2。一般郊外 3 居室住宅出租均价为 380 美元/月，一般市中心 3 居室住宅出租均价为 714 美元/月。① 2012 ~ 2016 年各种材质的住房占比统计见表 6 – 5。

表 6 – 5　2012 ~ 2016 年各种材质的住房占比统计

单位：%

项目 \ 年份		2012 年	2013 年	2014 年	2015 年	2016 年
不同材质的住房总计	石材或混凝土住房	76.1	75.8	69.7	76.7	78.1
	木质住房	14.7	15.2	14.4	14.7	14.2
	棕榈板（Tabla de palma）住房	5.3	5.7	5.6	5.0	4.1
	瓦房	0.1	0.1	0.1	n/d	0
	棕榈叶（Yagua）住房	0	0.1	0.1	n/d	0
	锌屋顶住房	3.0	2.7	n/d	n/d	2.9
	其他材质住房	0.7	0.3	10.0	3.5	0.7
	无统计信息	0	0.1	0.2	0	0

注：表中 n/d 的意思是没有可用的数据信息，根据历年的住房信息统计数据整理而成。

资料来源：多米尼加国家统计局："Dominicana en Cifras 2018"，p. 413，http://www.one.gob.do.cn/，最后访问日期：2019 年 6 月 26 日。

2. 社会保障

多米尼加第 16 – 92 号法令规定：养老保险、伤残保险、意外保险、家庭健康保险，雇主支付全部金额的 70%，雇员支付 30%；职业风险保

① 商务部国际贸易经济合作研究院、商务部投资促进事务局、中国驻多米尼加发展办事处编《对外投资合作国别（地区）指南：多米尼加共和国》，2017，第 41 ~ 42 页。

险，雇主支付100%；养老金项下社会稳定基金，雇主无须支付，雇员支付工资额的0.4%。2001年5月，政府又颁布了第87－01号法令，规定多米尼加全社会推行新的社会保障体系，这套社会保障体系包括退休金、医疗保险和养老保险三个板块，由于信息采集的原因，这套系统延迟到2003年才实施。多米尼加全体居民必须纳入新的社会保障体系，这套体系根据收入水平分为三个等级：有工资的劳动者及雇主缴纳工资总额的21.2%、贫困及失业人口受政府救济、自由劳动者获得政府的部分补贴。在退休金管理环节，建立私人账户，成立专门的退休基金管理机构。

2016年8月梅迪纳总统提出2016～2020年施政目标，承诺加强社会保障能力建设，确保药品质量和价格公平，普及基础医疗计划，减少家庭医疗开支，为全国5万名贫困老年人提供社会保障金。

2018年4月19日，一篇发表于多米尼加《金融日报》的文章分析，高失业率、非正式工、低薪酬和证券市场的局限性是影响多米尼加养老金制度的四大关键问题。文章指出，实行了14年的个人账户资本化养老金制度在覆盖面和期望值上仍未达到预期目标，造成这一问题的主要因素是公共政策失当导致整体经济状况不佳。四大关键问题具体如下。

第一，高失业率。据宽泛测算，多米尼加劳动人口失业率高达18.4%。政府在创造良好就业环境上施政不力，直接导致目前的高失业率，高失业率造成职工收入和储蓄减少，限制了养老金覆盖面的扩大。

第二，非正式工。非正式工现象在多米尼加普遍存在，预计占全部就业岗位的58.9%。因政策原因，企业聘用正式职工成本太高，雇用非正式工占比高企不下，大批职工个人储蓄账户未能支付养老金。

第三，低薪酬。多米尼加人均收入尚不及拉美的平均水平，民众对提高生活质量的要求无法得到满足，职工个人储蓄有限，缴纳养老金的积极性受到影响。由于政府政策不当，导致企业生产成本提高，企业被迫将高成本转嫁到职工薪酬上。政府应采取有力措施削减生活和经营成本，开展真正的教育革命，提高劳动者素质和劳动效率，消除投资障碍，创造更多的岗位需求。

第四，证券市场的局限性。截至2017年6月，73.1%的养老金用于支付国债，22.3%用于金融中介。90%的职工储蓄被用于政府债务，仅4.2%用于企业债务，用于投资方面的仅占0.3%，另有0.1%用于多边组织。①

二　移民

海地占领多米尼加时期（1822～1844年）曾让许多在美国的黑奴移民到多米尼加成为自由之身，截至2014年，东北角的山美纳地区仍有许多当时黑奴的后裔，可以由其美籍的姓氏辨别，虽然这些后裔仍用英语沟通，由于当地英语受到西班牙语的影响，经过将近两百年的演变，已形成山美纳地区独特的英语。19世纪末和20世纪初，南美洲委内瑞拉和波多黎各曾有大量人口移民到岛上，多米尼加的前总统胡安·博什和华金·巴拉格尔的父母亲皆来自波多黎各。

20世纪后，中国人（主要为广东省）和中东人（主要为黎巴嫩和叙利亚），还有日本人，少许韩国人也移民到多米尼加，主要从事农业和商业活动。20世纪早期曾有大量中国人为了逃离国民党统治而移民到岛上，多数成为矿工和铁路工人。20世纪70年代大约有700位华人居住，多是广东和台湾移民，主要居住在首都圣多明各城附近。现今的中国城建立于2008年，位于圣多明各旧城边杜瓦特街附近，发展非常繁荣，约有40多家华人开设的商店和侨会建立于此。截至2014年，华人为多米尼加第二大移民族群，大多来自广东、广西，有1.5万～2万名中国人定居多米尼加，主要从事美容服务、餐饮、进出口贸易。截止到2014年大约有3400名中东人口定居多米尼加，日本人大约有1900人，主要从事农业和商业，韩国人大约为500人。

多米尼加也有来自加勒比海其他岛国上的移民，从事甘蔗种植和港口货物搬运相关工作，多数定居在北部银港市和南部的圣彼得市，这些岛国

① 中华人民共和国驻多米尼加共和国大使馆经济商务处：《影响多米尼加养老金制度的四大关键问题》，中华人民共和国驻多米尼加共和国大使馆经济商务处网站，2018年4月19日，http://dom.mofcom.gov.cn/article/jmxw/201804/20180402734029.shtml，最后访问日期：2019年6月27日。

的移民人数大约为2.8万人。二战时期曾有犹太人定居在北部的索苏阿镇，战争结束后大多数已返回欧洲，截至2014年还有约100名犹太后裔留在多米尼加。多米尼加的物价比起美国和欧洲相对便宜，截至2014年定居多米尼加的美国和欧洲人有迅速上升的趋势，大约有2.8万名美国人（1999）、8.8万名西班牙人、4万名意大利人和其他欧洲国家的移民居住在多米尼加。

海地居民移民到多米尼加是一个长期的历史问题。海地虽为多米尼加邻国，但贫穷许多。据2003年统计，海地有80%的人生活在贫穷线以下（多米尼加为42.2%），47%的人口不识字（多米尼加为13%）。海地人均GDP约为1400美元（2008年），只有多米尼加的1/6，在这样的经济状况下，许多海地人前往多米尼加寻求工作。2014年有80万~100万名合法和非法的海地人口生活在多米尼加，大多数从事农作物种植、搬运等非专业和低收入的工作。

在多米尼加非法居留的海地人的后裔，由于无法取得合法出生证明，没法申请海地或多米尼加国籍。由于这些海地人的后裔没有国籍，他们也没办法申请多米尼加政府提供的社会福利，间接造成了许多困扰。由于多米尼加政府规定公立医院不需要检查病人的合法居留身份，许多高危险期的海地产妇在怀孕末期选择跑到多米尼加接受医疗救助。据首都圣多明各一家医院调查，该院曾有22%的产妇为海地籍。由于海地移民的状况在多米尼加造成了社会和经济上的困扰，两国的外交多年来在这方面争议不断。

2015年8月20日，根据新华网圣多明各的消息，多米尼加移民局证实，多米尼加政府宣布重启遣返外国非法移民行动一周以来，已有220名海地非法移民被遣返回国。移民局的官员表示，所有那些在“外国非法移民身份合法化国家计划”期限内未能获得合法登记的外国非法移民将在近期陆续被遣返回国。为应对非法移民问题，多米尼加政府2014年初开始实行“外国非法移民身份合法化国家计划”。在该计划期限内，约有20万名海地非法移民和出生在多米尼加的海地人因种种原因未能获得合法登记。为避免被遣返，已有6.6万名海地非法移民“自愿”离境回国，其中一半为妇女和儿童。海地政府对多米尼加政府在处理外国非法移民问题上的做法表示不满，认为这造成了“人道主义危机”，严重影响了两国关系以及地区和平与稳定。海地希望与多米尼加政府就非法移民问题重新举行谈判，使这一问题得到妥善解决。截至2015年，约有80万名海地人生活在多米尼加，其中包括45万名非法移民。

20世纪中后期政治和经济因素造成了多米尼加人移民国外，可分为三个阶段。第一阶段为1961年美国情报局协助部分军事将领刺杀当时多米尼加独裁者特鲁希略，一些多米尼加人民惧怕特鲁希略的支持者会采取军事报复行动，进而造成社会动荡不安，开始移民国外。1965年冷战时期美国怕多米尼加政治动荡影响美国本土，于是军事占领多米尼加，此时多米尼加人申请美国签证变得比较容易，加上当时失业率较高和政治状态不稳定，造成了1966~1978年第二波多米尼加人大量移民美国。20世纪80年代初多米尼加通货膨胀，失业率居高不下，加之第一波移民美国的多米尼加亲人的协助，造成了第三波移民。多米尼加移民美国的人数在拉丁美洲国家（地区）之中仅次于墨西哥、波多黎各和古巴。为了到海外寻求更好的生活，每年也有数以万计的多米尼加人非法偷渡，大部分是从多米尼加东边靠海的米切斯小镇（Miches）雇船横渡到波多黎各，由于波多黎各为美国属地，前往美国的管制较松，偷渡过去的多米尼加人可以在波多黎各使用伪造的身份证搭机到美国。近几年多米尼加人口外移的数量仍居高不下，受到在美国的多米尼加亲人的协助，大多数人移民美国寻求更好的生活，并把部分收入寄给在多米尼加的亲人，改善家人的生活。根据世界银行的统计，2017年多米尼加向境外移民的人数为151333人。①

多米尼加第二次全国移民情况问卷调查结果显示，截至2017年多米尼加共接收移民84.8万人，占全国人口的8.3%，较2012年前增加了7.92万人，其中来自海地的移民人口增加3.96万人，达到49.78万人，

① 世界银行网站，https://databank.shihang.org/data/reports.aspx?source=2&country=DOM，最后访问日期：2019年6月27日。

来自委内瑞拉的移民人口较2012年前增长653%，达到2.59万人。来自其他国家（地区）的移民按数量多少依次是美国1万人、西班牙7590人、中国3070人、古巴2020人、中美洲1400人。2012~2017年在多米尼加出生的移民后代共增加3.29万人，增长了13.5%，其中海地裔增加4.33万人，其他国家裔减少1.04万人。2012~2017年在多米尼加出生的移民后代共27.7万人，其中25.33万人为海地裔，17.19万人父辈系海地出生，8.16万人具有多米尼加血统。多米尼加的海地移民大约有150万人，为多米尼加第一大移民族群，其中50万人为非法移民，海地移民大约占多米尼加总人口的5%。就所从事的工作而言，海地移民76.4%从事农业、建筑业和商业，其他国家移民44.8%从事商业、酒店和餐饮服务业。①

三　社会问题

自2008年以来多米尼加保持着较高的经济增长率，是2014~2018年增长最快的拉美经济体，一跃成为加勒比地区最大的经济体，但是由于长期遭受殖民占领，独立后国内政治局势持续动荡，加之西班牙与美国的数次入侵与干涉，严重阻碍了多米尼加的政治现代化进程。虽然20世纪60年代多米尼加出现了民主政治的雏形，但直到20世纪90年代国内政治局势才最终实现稳定，政权和平交接。经济领域，殖民入侵阶段，为了维护宗主国利益，殖民者强迫多米尼加长期种植几种单一的农作物。独立后的政治混乱与外国入侵，使多米尼加的经济发展受到了严重影响，直到20世纪60年代特鲁希略独裁统治结束后，多米尼加的经济才开始了独立发展的历程。20世纪80年代，多米尼加开启了经济发展多样化的尝试。长期的政治混乱、经济发展停滞严重影响了多米尼加人民的正常生活，虽然自2008年以来多米尼加经济开始腾飞，但历史原因造成的社会贫困问题，

① 中华人民共和国驻多米尼加共和国大使馆经济商务处：《多米尼加共有移民84.8万人，占全国人口8.3%》，中华人民共和国驻多米尼加共和国大使馆经济商务处网站，2018年4月19日，http：//dom.mofcom.gov.cn/article/jmxw/201804/20180402734034.shtml，最后访问日期：2019年6月27日。

短时期内很难解决。长期以来，多米尼加收入分配极不平衡，1990～2002年基尼系数平均为0.554，2002年贫困线以下人口占总人口的比重为25%。21世纪以来，多米尼加一直致力于解决贫困问题，但贫困人口的比重一直很高。根据世界银行的统计，2004年多米尼加贫困人口的比重达到了49.7%，几乎占人口总数的一半。随后，贫困人口的比重缓慢下降，但由于贫困人口的基数较大，贫困问题的解决仍需要一个漫长的过程。2009～2016年多米尼加贫困人口占总人口的比重与日消费仅为1.9美元的贫困人口占总人口的比重分别见表6－6与表6－7。

表6－6　2009～2016年多米尼加贫困人口占总人口的比重

单位：%

年份	2009	2010	2011	2012	2013	2014	2015	2016
比重	42.1	41.6	40.4	41.0	41.2	36.3	32.3	30.5

注：衡量标准为国家贫困线。

资料来源：世界银行网站，https://databank.worldbank.org/data/reports.aspx?source=2&country=DOM，最后访问日期：2019年6月28日。

表6－7　2009～2016年多米尼加日消费仅为1.9美元的贫困人口占总人口的比重

单位：%

年份	2009	2010	2011	2012	2013	2014	2015	2016
比重	3.1	2.5	2.9	2.6	2.2	2.1	1.8	1.6

资料来源：世界银行网站，https://databank.worldbank.org/data/reports.aspx?source=2&country=DOM，最后访问日期：2019年6月28日。

贫困人口过多、收入分配不均衡，带来了一些严重的社会治安问题。据多米尼加《利斯汀日报》2014年8月2日的报道，多米尼加警察总局公布的数据显示，2014年上半年凶杀死亡906人，较2013年同期减少7%，10万居民凶杀率为18.5，平均每月151人被杀害。另外，周日及夜晚凶杀案多发，64%的遇害人遭到枪杀。同期，自杀死亡297人、交通事故死亡901人、触电死亡82人、溺水死亡1129人。发生抢劫案件5402

起，盗窃案3562起。[①] 2016年1~12月，多米尼加全国有1613人死于谋杀，较2015年下降4%，其中因各种暴力犯罪死亡540人，较2015年上升5%。在暴力犯罪中，约70%牵涉毒品走私。据国家警察局2016年的统计，多米尼加最常见的犯罪类型是偷车、抢劫。此外，虽然多米尼加不生产毒品，但其是毒品流入美国和欧洲的重要集散地，贩毒也是影响其社会治安的一大痼疾。

2016年8月，梅迪纳总统2016~2020年施政目标中的第一项就是“脱贫”，承诺实现83万人口脱贫，35万人口脱离赤贫。梅迪纳总统还表示，为国民提供安全保障，修订和实施国家警察法、枪支法和住所搜查法，并加大反腐倡廉力度。2017年，犯罪依然是多米尼加排名第一位的安全问题，犯罪率居高不下。2017年第一季度，共有406人死于谋杀，其中250人丧命枪口。2017年3月，多米尼加政府宣布在全国范围内开展打击犯罪活动。超过5000名警察和2000名士兵参加了此次行动，具体措施包括在主要城市的街头增设巡逻和检查点。政府并未宣布这一活动的截止日期。这一行动对控制多米尼加境内犯罪的成效有限。整体社会安全的改善需要社会经济水平和制度管理水平的共同进步，即便犯罪率在短期内下降，如果社会经济水平无法在中长期得到发展，犯罪率可能会再次回升。

第二节　医疗

一　医疗体系

根据公共医疗保健法典（Código de Salud Pública），多米尼加医疗保健管理的最高机构是公共卫生与社会救济部（Secretaria de Estado de Salud Pública y Asistencia Social）。公共卫生与社会救济部的组织机构共分为三

① 中华人民共和国驻多米尼加共和国大使馆经济商务处：《多米尼加2014年上半年凶杀率减少7%》，中华人民共和国驻多米尼加共和国大使馆经济商务处网站，2014年8月4日，http://dom.mofcom.gov.cn/article/jmxw/201409/20140900737782.shtml，最后访问日期：2019年6月28日。

个级别：中央级、地区级与省级。其中中央级负责制定与管理基本医疗保健政策，8 个地区级负责开展具体的医疗保健服务。绝大多数省会城市设有二级或三级医院，这些医院都设立住院部、院外门诊部，提供 24 小时急诊服务，部分省份还设立了医疗保健中心，配备病床，提供儿科、急诊与孕妇护理服务。广大农村地区均设立了乡村诊所，并配备了巡视医生、助理医生与卫生监督员等。各级卫生医疗部门也大力推行预防传染性疾病、疾病监控、推广免疫活动等计划。

除了公共卫生与社会救济部下设的医疗卫生机构外，多米尼加还拥有多家独立经营的医疗机构，如多米尼加社会保障研究所（Instituto Dominicana de Seguros Sociales）、餐饮业社会基金会（Fondo Social Hotelero）、贫困和残疾人员救治与住宿研究所（Instituto de Auxilios y Viviendas）、武装力量和军人保健所（Servicos de Salud de las Fuerzas Armadas o Sanidad Militar）等。非营利性的医疗服务机构主要集中在圣多明各与圣地亚哥市，政府提供资助因而费用低廉；营利性医疗机构主要集中在城市近郊与城乡接合部，既有大型的私人综合医院，也有小型诊所。日常医疗服务，大部分居民选择公立医疗机构，但对公共卫生与社会救济部下设的医疗卫生机构并不满意，私人诊所提供的服务比较受欢迎。

多米尼加医疗法规建设较为滞后，一些法规比较陈旧。2014 年，国家卫生研究政策获得批准，为国家卫生研究系统制定了指导方针。国家创新和科学技术发展基金（FONDOCYT）将健康主题列为其研究方向的优先事项。促进和监督遵守道德标准是全国卫生生物伦理委员会（CONABIOS）的共同责任。

多米尼加政府推行了一系列卫生医疗计划：饮用水供应和下水道卫生管理、疾病预防控制、疫病监控系统和公共卫生实验室、垃圾收集与处理及城市卫生、环境保护、劳动人口保健、自然灾害先期预防、居民保健、食品和营养、牙齿保健等。为了促进青少年的健康发展，多米尼加制订了国家综合青少年健康战略计划（PEN-SIA，2010～2015）。2011 年多米尼加实现了减少营养不良发生率的千年发展目标（MDG）。口腔卫生总局（DGSB）实施了“优雅微笑 2013～2016”（Quis queya Sonríe）战略计划，其中包括在全面普遍关怀和社会公平的框架内改善多米尼加人口腔健康的指导方针，这些目标通过一系列子计划实施，包括牙科服务与健康预防，为多米尼加人提供牙齿保健服务。多米尼加第 42－01 号一般卫生法、第 87－01 号法（创建多米尼加社会保障体系）以及第 352 号法律提供了照顾老年人的法律框架。负责制定和实施全国老年人福利政策的官方机构是国家老年人委员会（CONAPE），成立于 1998 年，依据第 352－98 号法令管理公共和私人机构照顾老年人。针对老年人的相关举措包括实施“保护老年人在极端贫困中的计划”（PROVIDES）、老年人诊断和随访计划、针对老年成人扫盲的各条街道（Calle por Calle）计划，成立照顾行动不便的老年人的矫正和康复中心（CCR-AM）以及专门处理针对老年人的暴力行为的单位。

二　医疗卫生改革

自 1992 年开始，多米尼加公共卫生和社会救济部确定医疗卫生为国家的首要事宜，明确规定“卫生权利是每个公民的基本权利，人人均能自由平等地享受医疗卫生服务”，政府应采取有效措施来保证老弱病残者的基本医疗权利。公共卫生和社会救济部还规定改善公共卫生的基本指导原则是“非集中化、社会参与、部门内部与部门之间的协调、卫生普及”。

多米尼加医疗卫生改革的进展并不顺利，1995 年，时任总统巴拉格尔下令成立国家卫生委员会（Comisión Nacional de Salud），该委员会的首要任务是在一年的时间内制定出促进医疗服务机构实现现代化的方案。巴拉格尔政府还设立了技术协调办公室，负责研究医疗卫生改革工作，美洲开发银行和世界银行为该办公室提供了大量的技术和资金援助。同年，在社会公众的广泛参与下，众议院的下属机构的卫生委员会（Comisión de Salud）制定了一项“医疗卫生总则”（Ley General de Salud），众议院顺利通过后，参议院却没能顺利通过。1996 年，巴拉格尔总统任命的一个委员会也制订了一项社会保障计划，但随后因为部分企业的反对也没能顺利实施。

在政府的不懈努力下，多米尼加医疗卫生改革缓慢推进。1996 年，多米尼加政府设立了国家改革与现代化总统委员会（Comisión Presidencial para la Reform y Modernización del Estado），1997 年，新的最高法院也正式成立，推进社会改革、医疗改革就是其中的一项重点工作。国家改革与现代化总统委员会具体负责各项改革工作的推进，教育与医疗改革的推进提上日程。这一年，时任总统费尔南德斯下令成立医疗改革执行委员会（Comisión Ejegutiva de la Reforma en Salud），该委员会直属总统部，取代当时的医疗卫生管理机构，统一推进医疗改革计划。

三 医疗卫生保健服务现状

截至 2015 年，多米尼加共有 6545259 人（占总人口的 65.3%）加入家庭健康保险体系，补贴方案涵盖 47.5%，缴费方案覆盖 52.5%。这一体系距 10 年健康计划（PLANDES，2006 ~ 2015）中提出的到 2015 年覆盖 900 万成员的目标仍有 30% 的差距。

多米尼加医药产品的监管机构是药品、食品和健康产品总局（DIGEMAPS-MPH）。2015 年根据世界卫生组织基本药物标准清单和“基本保健计划”的重组，监管机构更新了基本药物清单。MPH 已为公共卫生服务网络建立了统一药品和医疗用品管理系统（SUGEMI）。基本药物和医疗用品通过基本药物计划/后勤支持中心（PROMESE/LIME）联合采购。

2015 年多米尼加卫生支出占 GDP 的 4.1%。公共资助计划（传统的公共卫生计划以及家庭健康保险计划的补贴和缴费方案）占大多数（2.7%），而私人资金则占 1.4%。在公共卫生预算中，分配给公共卫生（社区中的疾病预防和健康促进）的资金占当前国家卫生支出的 1.5% 和 MPH 管理的所有资金总量的 4.5%。这些资源用于资助所有疾病预防和控制的公共卫生计划，以及所有流行病学监测活动。患者的医疗访问、实验室检查、诊断研究、药品和住院费用的自付费用占 2001 ~ 2005 年私人医疗支出的 74.8% 和 2011 ~ 2015 年的 63.9%。[1]

① 泛美卫生组织网站，https：//www.paho.org/salud - en - las - americas - 2017/？p = 4014，最后访问日期：2019 年 6 月 30 日。

2015 年全国总生育率为每名妇女 2.5 个孩子（城市地区 2.4 个，农村地区 2.6 个），与 6 年前（总体 2.4 个，城市地区 2.3 个，农村地区 2.8 个）略有不同。根据 2013 年人口统计和健康调查（DHS），72% 的已婚女性采取了一些避孕措施。在农村和城市地区，采取避孕措施的妇女占比几乎相同（分别为 73% 和 71%）。该国最古老的避孕药具由公共部门提供，公共部门满足 53% 的现有用户需求：最常见的措施是注射（74%）和输卵管绝育（64%）以及较小程度的宫内节育器（47%）和口服避孕药（33%）。未得到满足的计划生育需求影响到多米尼加约 11% 的已婚妇女，其中 7% 希望怀孕间隔，4% 希望限制家庭规模。年轻的女性群体对避孕需求的满足程度较高：15～19 岁女性为 27%，20～24 岁女性为 21%。①

截至 2013 年，卫生专业人员的产前保健覆盖了 99.3% 的女性。即使在强奸、乱伦和母亲健康受到威胁的情况下，堕胎也是非法的。仅有 6.4% 的婴儿（10% 的 0～3 个月婴儿）出生后头 6 个月得到纯母乳喂养，纯母乳喂养的平均持续时间为 1.1 个月。总体而言，46% 的 2 个月以下母乳喂养的婴儿也接受了儿童配方奶粉，39% 的婴儿已经接受过其他类型的奶粉，14% 的婴儿已经接受其他液体食品，43% 的婴儿在出生后的第一个小时内开始母乳喂养，68% 的婴儿在出生后的头 24 小时内开始母乳喂养。截至 2013 年，早期添加辅食推广率已上升至 63%，而 2007 年为 55%。

城市地区的婴儿（1 岁以下）死亡率略高于农村地区（城市地区每千人中有 31 人，而农村地区每千人中有 28 人），新生儿死亡率也是如此（分别为每千人 24 人和每千人 17 人）。主要死亡原因是宫内缺氧和围生期窒息、先天性肺炎、细菌性新生儿败血症、胎粪吸入综合征、早产和新生儿呼吸窘迫综合征。国家免疫计划覆盖 14 种疫苗可预防疾病。2012 年，增加了轮状病毒疫苗；2013 年，引进了肺炎球菌疫苗；2015 年，作为根除脊髓灰质炎战略计划的一部分，向 2 个月的婴儿提供可注射脊髓灰

① 泛美卫生组织网站，https：//www.paho.org/salud－en－las－americas－2017/？p＝4014，最后访问日期：2019 年 6 月 30 日。

质炎疫苗。卡介苗（BCG）是唯一覆盖率高于95%的疫苗。2012～2015年，1岁以下人口的百白破疫苗（DPT3）覆盖率为82%～90%。2015年，该生物指标/示踪剂的覆盖率不相等：低于80%的城市占44%，覆盖率为80%～94%的城市占27%，覆盖率高于94%的城市占29%。为了防止引入传染病，疫苗接种运动针对移民和旅游人群，以及每四年一次的后续接种活动，以弥合疫苗接种的空白。2015年，全国针对麻疹和风疹的接种运动针对1～4岁人群，覆盖率达95%以上。2016年，该活动的重点是脊髓灰质炎加强剂量，在3月至3岁的人群中实现了95.4%的全国覆盖率。①

学龄儿童和青少年约占多米尼加共和国人口的30%。教育部和公共卫生部之间的协调机制是通过国家学生福利研究所（INABIE）建立的，该机构负责实施学校膳食计划（SAL）、推广健康运动（驱虫和微量营养素补充）、听觉和眼部健康计划等。2012年，围生期疾病致死人数占1岁以下儿童死亡人数的65%，败血症是5岁以下儿童死亡的五大主要原因之一，1岁以下儿童的风险更高。与意外怀孕、分娩和产褥期有关的疾病是20～34岁女性死亡的主要原因，也是10～19岁女性死亡的第二大原因。交通伤害是5～44岁人口的五大主要死亡原因之一。从45岁开始，两个原因占主导地位：缺血性心脏病和脑血管疾病。在65岁及以上的男性中，前列腺癌是导致死亡的第三大原因，这种情况导致的死亡风险从74岁开始增加了4倍。2012年，不明疾病造成死亡的人口占死亡人数的5.1%，而2014年，没有登记死亡病因的人数约为42.2%。

2014年艾滋病毒/艾滋病的估计患病率在15～24岁年轻人口中为0.37%，在15～49岁人口中为1.04%。艾滋病毒携带者/艾滋病感染者（PLWHA）的抗反转录病毒治疗覆盖率从2010年的51%提高到2014年的63%。2010～2014年，估计有2037人死于艾滋病。某些人群的艾滋病病毒感染率比一般人群高6倍，包括男同性恋、变性女性、男性性接触者

① 泛美卫生组织网站，https://www.paho.org/salud-en-las-americas-2017/?p=4014，最后访问日期：2019年6月30日。

（5.2%），性工作者（4.5%）和移民（3.83%）。这三个人群占新感染的67%。2015年，发病率为每10万人中有15.6人。自2010年以来，疟疾的发病率已经下降：从2014年的每10万人中有4.6人降至2015年预计的每10万人中有1.9人。农业和建筑业的临时移民工人是感染疟疾风险最高的人群。2014年结核病发病率也逐渐下降至每10万人中有42.3人，而该病死亡率从2010年的每10万人中有8.6人降至2015年的每10万人中有5.5人。结核病/艾滋病合并感染的比例为25.8%。登革热在多米尼加流行，四种血清型的流通已得到证实。2011年，发病率为每10万人中有23人，2013年增加到168人。2014年，多米尼加报告的病例死亡率最高，登革热病例为6274例，死亡病例为62例。关于疫苗可预防疾病，2011年确诊了两例输入麻疹病例。2012～2015年，没有确诊的麻疹或风疹病例。2012年报告了一例新生儿破伤风。2015年发生一例死亡（一例输入性病例）。此外，2012～2014年未报告白喉病例，2015年确诊了一例。百日咳从2012年的11例增加到2014年的98例和2015年的69例，病例数最多的是圣多明各省，其中一半发生在2个月或更小的婴儿身上。多米尼加共和国不要求实验室确认百日咳。狗传播的狂犬病尚未消除，2015年，确诊了两例死亡病例。①

非传染性疾病是多米尼加共和国十大死亡原因之一。缺血性心脏病占所有死亡病例的49.7%。心血管危险因素研究发现，一般人群中高血压患病率为34.7%。同一项研究报告称，52.5%的高血压患者了解自己的疾病并接受治疗。Ⅱ型糖尿病的患病率从1999年的5%提高到2010年的9.9%。②

2011年，多米尼加实现了减少营养不良发生率的千年发展目标，2014年为12.5%。2013年全国学龄人口微量营养素调查表明，城市慢性营养不良患病率（7.1%）比农村人口高出0.7个百分点（6.4%）。在

① 泛美卫生组织网站，https：//www.paho.org/salud－en－las－americas－2017/？p＝4014，最后访问日期：2019年6月30日。

② 泛美卫生组织网站，https：//www.paho.org/salud－en－las－americas－2017/？p＝4014，最后访问日期：2019年6月30日。

6~14 岁的学龄儿童中，贫血的患病率约为 13.9%，而 12~14 岁的男孩（49.6%），贫血患病率显著高于女孩（13.4%）。2013 年叶酸缺乏的患病率为 2.4%，而维生素 B_{12}缺乏的患病率为 12.2%。按照 20μg/dL 的标准没有观察到缺乏维生素 A，但是按照 30μg/dL 的标准发现 7.2% 的被调查人群缺乏这种维生素。在学龄儿童中，11.4% 尿碘排泄水平低，11% 有可触及的甲状腺，这表明甲状腺可能存在甲状腺肿。

2013 年，多米尼加有 268594 名视力障碍者，最常见的原因是疾病（32.9%）和衰老（23.5%）。2015 年，多米尼加确定了优先差距，包括 5 岁以下儿童的死亡率（每千名活产婴儿由 32.8 下降到 19.8 的目标），孕产妇死亡率（每 10 万活产死亡率由 107.7 人下降到 46.9 人），以及具有晚期感染的艾滋病病毒感染者与患者（PLWHA）可获得抗反转录病毒药物的百分比（66.5% 对 80%）。此外，需要采取跨部门行动减少非传染性疾病，以实现可持续发展目标。这包括通过公共和私营部门以及民间社会之间的伙伴关系促进健康和预防，采用具有成本效益的战略，如世界卫生组织烟草控制框架公约（FCTC）、含糖饮料税、食品营销和为健康饮食标注。

多米尼加保险覆盖率从 2011 年的 43% 增加到 2015 年的 65%。在全民健康覆盖的道路上，已经遇到了一些挑战，例如覆盖更多的人、扩大优先级服务、减少现金支出等。所提供的新的福利范围——基于多米尼加卫生系统应解决的疾病的优先次序——也是一项挑战。将新的福利范围逐步纳入该系统，保证对优先疾病和健康问题的全面覆盖可以促进财务可持续性。这种模式需要建立一个综合的卫生服务网络，重点是初级保健。提高卫生支出的质量并为初级保健单位分配更多资金是符合国家卫生议程共识的替代方案。在制定预防主要疾病的方案时应考虑国家概况，如贫困和不公平、教育，基于性别的不平等和移徙。

关于疫苗，下一步是实现该国所有地区和社区的有效覆盖，为引入新的生物制剂（如 HPV 疫苗）和加强疫苗可预防的疾病监测系统奠定基础。关于青少年健康，一些健康的社会决定因素涉及与未成年婚姻、治疗性堕胎和缺乏性教育有关的国家政策。同样，国家、公共和私人机构以及其他行动者之间有机会加强协调，以促进性健康和生殖健康；计划和开发人力资源，用于适当的产前保健，由技术人员提供清洁分娩以及即时、适当的新生儿护理；确保在各级护理中提供适当的避孕用品和措施。

2015 年，批准的国家卫生战略是改善城市和农村地区饮用水和废物处理服务的分布、覆盖面和质量的另一种选择。多米尼加在应对传染性事件方面具有相对成熟的经验，如国际埃博拉病毒和寨卡病毒紧急情况，证明了将不同行动者聚集在一起进行日常活动以及应对化学或核威胁等情况和突发事件具有切实可行性。

霍乱和耐药结核病是需要各国共同努力的挑战之一，需要联合国对伊斯帕尼奥拉岛两国卫生议程的支持。孕产妇死亡率、自然灾害和巩固健康进步也是如此，如在中美洲和伊斯帕尼奥拉岛方案（EMMIE）中消除疟疾的框架内消除淋巴丝虫病和疟疾。

多米尼加 35 岁以下的人口占总人口的 60%。由于生育率下降和预期寿命延长，该国正在进行人口转变，因此，主要挑战包括防止传染病、孕产妇和儿童健康问题的增加，以及非传染性疾病导致的疾病和死亡。此外，从 2010 ~ 2015 年，因外部原因造成的伤害、与物质使用有关的疾病、社会暴力和预防杀戮女性的治疗成为主要的公共卫生问题。

第三节　环境保护

一　环境问题

一直以来，作为一个海岛国家，多米尼加被郁郁葱葱的原始森林覆盖，清澈的河水穿过山间与谷地，注入大海，海风的吹拂带来了清洁的空气，白云飘浮在湛蓝的天空中，享有“加勒比海明珠”的美称。由于经济利益的驱使，非法砍伐森林的行为不断增加，基础设施建设与铁路修建需要枕木等，多米尼加宝贵的森林资源遭到了严重破坏，环境问题逐渐成为一种社会问题。在工业化过程中，工厂的建立、城市化进程的加速、机动车拥有量的增加，导致废气的排放量大幅度增加，环境污染的防治也成为多米尼加政府的一项重点工作。

1860～1870年，多米尼加一些经济价值较高的树木遭到大肆砍伐，一些珍贵树种遭遇到灭绝的厄运。19世纪晚期，多米尼加的森林砍伐率继续增加，一些森林被砍伐殆尽，腾出的林地用以种植甘蔗和其他经济作物。20世纪初期，由于修建铁路需要枕木，砍伐森林继续，加之城市化开始起步，森林砍伐率一直居高不下。1900年，一些居民砍伐树木做燃料，森林覆盖率的下降导致降雨量减少，沿河两岸农作物的种植造成了一定的河流污染，多米尼加的生态问题不断严重化。圣地亚哥地区森林资源的破坏尤为严重，因为这里是重要的农作物种植区，种植园主利用河流运输也加剧了河流污染。

1930年独裁者特鲁希略执政后，他打着环境保护的旗帜下令禁止滥砍滥伐，但是在看到森林资源蕴藏的巨大经济财富时，他暗地里指使自己的亲信砍伐森林进行获利，把成片的森林划归自己名下，同国内最大的锯木厂保持合作关系。不同于非法砍伐者，特鲁希略采取相对健康的方式进行砍伐，留下一些成熟的树林以实现森林保育，这些树林成为森林自然恢复的种子来源。特鲁希略的禁伐令客观上收到了一定的环境保护效果，他死后，森林砍伐再次死灰复燃，垦荒者烧林耕作、占领土地，位于圣地亚哥的四大家族更是加快了砍伐森林的步伐。随后上任的博什总统也无力阻止这种行为，直到巴拉格尔执政后采取严厉的手段打击非法伐木行为，多米尼加的森林资源遭到破坏的局面才有所缓解。

随着城市化进程的加速、城市规模的扩张，城市人口不断增多，机动车保有量也不断增多，加之工厂的兴建增加了废气排放，多米尼加的空气质量呈下降趋势。根据世界银行的统计数据，1960年人均二氧化碳排放量为0.316吨，2000年增长到2.311吨。随后，二氧化碳人均排放量有所下降，但始终保持着较高的排放数值。2013年以全球环境竞争力指标体系为基础，通过对各影响因素和指标的综合分析，多米尼加环境竞争力得分50.6分，在133个国家中排在第60位。2000～2014年多米尼加人均二氧化碳排放量见表6－8。

表 6－8　2000～2014 年多米尼加人均二氧化碳排放量

单位：吨

年份	人均排放量	年份	人均排放量
2000	2. 311	2008	2. 149
2001	2. 279	2009	2. 071
2002	2. 145	2010	2. 124
2003	2. 399	2011	2. 117
2004	2. 011	2012	2. 179
2005	2. 018	2013	2. 085
2006	2. 111	2014	2. 07
2007	2. 228		

资料来源：世界银行网站，https：//data. worldbank. org/country/dominican－republic？view＝chart，最后访问日期：2019 年 7 月 1 日。

二　制度与措施

（一）环境保护制度

1. 环境保护制度建设

多米尼加将环境保护写入了宪法。多米尼加 2015 年宪法第一部分第四章第 15 条规定，“水资源是公共使用的战略性国家遗产，是不可剥夺的，不受时间限制的，对生命至关重要。人类对水的消费优先于任何其他用途。国家将促进制定和实施有效保护国家水资源的政策”。第 16 条规定，“保护区的野生动物、生态系统和物种是国家保护区系统的保护对象，是不可剥夺的国家遗产资源，只有获得国民议会议员三分之二票数的批准，才能通过法律减少保护区”。第 17 条规定，“国家重新造林、保护森林和更新森林资源是国家优先事项和社会利益；国家海洋区域生物和非生物资源的保护和合理利用被宣布为国家优先事项”①。

① 多米尼加高等教育、科学和技术部网站：“wp. soldeva. com/transparencia/wp－content/uploads/2017/10/constitucion－de－la－republica－dominicana－del－2015. pdf”，https：//mescyt. gob. do，最后访问日期：2019 年 7 月 1 日。

多米尼加政府还完善了各项跟环境保护相关的立法。1844 年，随着共和国的诞生，多米尼加颁布了第 2295 号法令，即关于保护共和国领土新种植的森林的法令。1928 年 5 月，多米尼加政府制定了关于山水保护的第 944 号法律，其中林地被宣布为森林存在或可用于繁殖的国家保护区，禁止焚烧森林、砍伐珍贵木材。同年，根据第 3975 号法律，国家基金在北亚克河源头购买了 4.5 万亩土地，随后通过第 1052 号法律来保护该地区。三年后，多米尼加政府颁布了关于生物多样性、野生动植物和狩猎的第 85 号法律。

1933 年 6 月，国家获得了约 25000 公顷的土地，建立了一个国家公园，提供了为水域、森林和动物物种实现有效保护的封闭区域。一年后，废除了 1928 年关于山水保护的第 944 号法律。

为了保护森林资源，森林总局（Foresta）授权农业部颁布了第 8086 号法令。1965 年，根据第 6 号法律，政府成立了国家水利资源研究所，研究和编制多米尼加的所有能源和水利工程。1967 年，共和国领海区域划定界限。

20 世纪 90 年代初期，全世界都致力于保护臭氧层，1992 年《维也纳保护臭氧层公约》和《蒙特利尔议定书》得以通过。在此背景下，多米尼加 2000 年通过了第 64 -00 号法令，用于保护、改进和恢复国家环境和自然资源，确保其可持续发展。根据该法，保护环境和自然资源的国家机构转移到秘书处，设立了国家动物园、植物园、国家水族馆、国家自然历史博物馆、环境保护和自然资源部，还创建了这些机构的董事会。第 64 -00号法令环境保护法的主要内容如下。

第一，原则和目标。第 64 -00 号法令认为，自然资源的保存、保护和可持续利用对于造福人类是十分重要的。对那些唯一的但十分脆弱、受到威胁和损害的自然资源，国家需要给予特别的保护。针对森林绿化面积日益减少，国家须采取紧急措施，预防、控制环境状况恶化，恢复受到损害的环境。

第 64 -00 号法令对土壤、水和空气的污染，对产品、危险物品、家庭和城市垃圾，以及保护臭氧层等都做出了规定。

第二，环境保护和自然资源部（SEMARN）。根据第64－00号法令设立的环境保护和自然资源部负责环境保护的行政管理，其职能是制定、实施和监察环境保护和自然资源利用的政策，改善有关控制环境污染的标准。此前属于农业部的自然资源处、公共工程部地表保护办公室管辖的均转归环境保护和自然资源部管辖。这样，全部人类活动和经济活动的环境问题都被置于环境保护和自然资源部的控制之下。此外全国环境和自然资源委员会由国家、民间社团代表组成，其职能主要是制定和评估环境政策，以及制定关于保护生物多样性的战略。

第三，环境管理手段。第64－00号法令的科学技术性较强，因此制定环境政策的基础是对环境评估和环境报告的研究。任何在国内进行的产业生产活动都必须提供环境影响评估报告，并经相关环境保护部门认可批准、获得许可后才能进行。其他环境管理手段包括环境计划、国土体系计划、国家保护区制度、国家环境和自然资源信息体系、环境监察、环境教育、环境科学技术研究、环境保护和自然资源基金、进入紧急状态地区的公布等。

第四，惩罚。第64－00号法令规定对违法者给予行政处罚和刑事处罚。行政处罚由环境保护和自然资源部执行，包括罚款、停业或吊销营业执照。该法创造了一个“破坏环境罪”的术语，专门用于对那些知法犯法或故意触犯该法及该法实施条例有关规定的人员。该法规定，诸如改变或损害保护区域、砍伐或破坏保护森林里的树木、捕获或伤害濒临灭绝的生物、擅自处理有毒垃圾等行为，构成破坏环境罪，处以高达最低工资额1万倍的罚款和长达3年的监禁，强制其恢复所造成的损害，并采取如勒令停业、收回执照等其他措施。刑事处罚，根据环境检察署的要求，由一审法院判决。

（二）环境保护措施

1. 环境保护和自然资源部履行环保职责

多米尼加环境保护和自然资源部负责监测水体（地表水）和分析结果，特别是在加强水质研究的情况下，确定人类居住区含水层的污染源；提供技术援助，以安装固定或移动电台进行空气质量监测；制定国家环境和自然资源政策；执行和监督执行国家环境和自然资源政策；管理分配国家自然资源；确保环境和自然资源的保护和可持续利用；采取逐步改善与土壤、空气和水污染有关的管理和监管，以保护和改善环境质量；确保开采和勘探采矿资源合法，杜绝对环境和人类健康造成不可挽回的损害行为；禁止任何可能危及人体健康和对环境造成不可挽回的损失的开采活动、科学研究；恢复生态系统，让矿业公司赔偿采矿活动造成的经济损失；控制和确保沿海湿地和海洋生态系统及其资源的保护，利用和研究湿地资源，在科学规范的指导下利用湿地资源；促进和保障森林资源的保护和可持续利用，并监测国家林业政策的实施情况，加强规范森林资源开发的法规建设；制定标准，审查现有标准并监督立法的有效应用，以保证自然资源的保护和可持续利用，并改善环境质量；促进和带动私营机构、社区组织和非政府机构保护、恢复自然环境；促进民间社会和社区组织融入旨在保护和改善环境的计划、方案和项目；详细阐述正确使用保护区和保护野生动物的管理规范；与教育国务秘书处合作，制定适用于与环境和自然资源有关的各级国民教育的教学计划和方案，与秘书处一起推广和传播非正规教育计划；建立确保私营部门根据部门政策和目标调整环保活动计划的工作机制；研究和评估环境和自然资源恶化的经济成本，以便纳入运营成本并在国民经济核算中予以考虑；建立国家环境信息和自然资源系统，更新国家遗传资源生物多样性清单，设计和实施国家生物多样性保护战略；控制和防止环境污染排放，制定一般性环境标准和规定，人类居住、采矿、工业、运输和旅游活动必须严格执行这些标准和规定，严格审查任何可能直接或间接破坏环境的服务或活动；促进将环境和自然资源的可持续利用纳入国家规划系统；评估和监督环境风险因素的控制以及可能影响自然灾害发生的因素，并直接或与其他相关机构协调，采取措施防止紧急情况，降低其影响；向行政部门提出与环境问题国际谈判、国家参与国际会议、公约有关的国家立场；作为环境保护的协调中心，并与外交部协调，代表国家出席相关会议与论坛。[①]

---

① 多米尼加环境保护和自然资源部网站，https：//ambiente. gob. do/quienes - somos/，最后访问日期：2019 年 7 月 2 日。

2. 重视环保教育

多米尼加重视教育和环境信息披露，把环保内容引入教学过程，注重保护环境和自然资源的和谐关系，建立环境文化，提高多米尼加社会的生活水平。环保教育的行动方针有为公民提供捍卫环境的培训；实施绿色学校计划；为教师提供环境教育工具；加强青年群体的环境教育等。具体教育方式有参加环保设备展览会；提供教育和信息材料；访问生态学校；通过组织合唱团和绘画来宣传环保；举行环境日纪念活动；组织环境论坛等。环境培训策略有在保护区进行生态旅游指南与培训；在自然环境教育中开展环保训练；开展由绿色学校农业生产者协会提供课程认证的为期 30 个小时的学生环境服务课程；培训师培训跟环境问题有关的项目等。

3. 具体环保措施

早在 19 世纪初期，多米尼加著名律师胡安·包蒂斯塔·佩雷斯·兰西与医生米格尔·卡雷拉·拉扎罗以及其他环境检测员对森林资源遭到无情破坏的情况深感痛心，他们游说圣地亚哥商会买下土地作为森林保护区，同时向大众募捐环保资金。1927 年，他们的不懈努力终于感动了多米尼加政府，农业部划拨一笔政府资金，购买了第一块自然保护区，命名为亚克保护区。独裁者特鲁希略统治时期，扩展了亚克保护区的面积，还兴建了别的保护区。1934 年，第一座国家公园成立，并安排了一支防卫队加强森林保护，同时禁止森林烧垦，未经允许，任何人不得到中央山脉的康斯丹萨地区砍伐松树。1958 年多米尼加召开了第一次环境保护大会，随后建立了国家公园。

巴拉格尔总统执政后，通过严刑峻法禁止商业伐木行为，关闭了所有锯木厂。为了躲避政府的检查，一些权贵家族将自己经营的伐木场迁移到偏远的森林地带，并在夜晚悄悄作业，为此，巴拉格尔采取更为严厉的措施，将保护森林的职责从农业部划归军队，并宣布非法伐木是一项危害国家安全的罪行。为了阻止伐木行为，巴拉格尔授命军队通过飞行勘测与军事行动来侦察非法伐木行为。1986 年巴拉格尔重新执政后的第一天，下达行政命令再次关闭伐木场与锯木厂，第二天，他部署军事直升机侦测非法伐木与闯入国家公园的人，继而采取军事措施从公园中抓捕、关押伐木者。巴拉格尔禁止烧垦，颁布法律规定每道篱笆都必须使用活树而不是木材，采取两种办法来降低本国对木材的需求：一是开放市场，从智利、美国、洪都拉斯进口木材，减少本国森林的砍伐量；二是鼓励大家用天然气取代木材作为燃料，政府提供天然气使用补助，免费发放天然气炉。除此之外，巴拉格尔总统还扩大了自然保护范围，建立了国内最早的两个海岸国家公园，在近海水域设立了两个座头鲸禁捕区，将河岸 20 码（约 18 米）范围内的地方列为保护地，海岸 60 码（约 55 米）范围内的地方列为保护湿地，并在里约会议上签署了 10 年禁猎协议。为了治理空气污染，巴拉格尔总统向工厂施压，要求工厂妥善处理废物、治理空气污染，向矿产公司收取重税。他还叫停了一些破坏环境的项目，包括穿过国家公园、通过桑切斯港口的道路，贯穿中科迪勒拉山脉的南北公路，圣地亚哥国际机场，马德里戈超级港口与水坝等。巴拉格尔在 94 岁高龄的时候仍不忘环境保护，联合新任总统梅希亚共同反对前总统费尔南德斯提出的关于缩减自然保护范围的计划。

2012 年，多米尼加政府颁布了《环境保护制度执行战略 2012》（Plan-Estrategico-Institucional-2012），并发布了 2015 年、2016 年、2017 年环境保护行动计划（Plan-Operativo-2015、Plan-Operativo-2016、Plan-Operativo-Annual-2017）。[①] 环境保护和自然资源部副部长提出无偿提供关于环境质量（水与空气）监测和分析的技术援助。[②] 截止到 2018 年，多米尼加共设立国家保护区 128 个。[③] 2019 年 5 月 17 日，多米尼加共和国制定了减少碳排放、提高资源效率和减少旅游业塑料的路线图。[④]

① 多米尼加环境保护和自然资源部网站，https://ambiente.gob.do/wp-content/uploads/2016/09/Plan-Operativo-2016.pdf，最后访问日期：2019 年 7 月 2 日。

② 多米尼加环境保护和自然资源部网站，https://ambiente.gob.do/educacion-y-capacitacion/，最后访问日期：2019 年 7 月 2 日。

③ 多米尼加环境保护和自然资源部网站，http://ambiente.gob.do/wp-content/uploads/2018/07/ESTADISTICA-POR-CATEGORIA-Y-SUBCATEGORIA-Junio-2018.pdf，最后访问日期：2019 年 7 月 2 日。

④ 多米尼加环境保护和自然资源部网站，https://ambiente.gob.do，最后访问日期：2019 年 7 月 2 日。

第七章

文　化

第一节　教育

一　教育发展简史

在1976～1986年多米尼加国家发展计划中，教育被列为促进国家发展的重要组成部分。尽管有这样正式的计划，但教育活动与社会经济并没有实现同步发展，只是在政局稳定后，政府才将教育与某些特定的地方发展计划联系起来。在教育发展上，多米尼加存在优先发展教育的相关基础条件，并不存在地域障碍。多米尼加居民认同官方语言西班牙语，各地之间的交流很容易，但是存在财政资源短缺和历史上遗留下来的政治斗争这两个影响教育发展的主要问题。从1968年开始，多米尼加共和国的教育支出稳步增加，教育支出约占国家财政预算的10%，这在多米尼加共和国的国情下是一个很大的数字，但仍不能满足增长的需要。多米尼加执行公立教育免费原则。

（一）教育体制的结构和入学情况

1961年独裁者拉斐尔·特鲁希略倒台后，多米尼加逐渐向民主化过渡。社会各阶层都有上升的愿望，特别是中产阶级成员都想进一步改善自己的经济地位。他们把教育看作向上流动的基本手段，所以增加了对教育的需求。1965～1975年，小学入学人数增加了60.8%，中学入学人数增加了219.6%，高等教育的成就更大。1965年，多米尼加只有2所高等教育机构，学生入学的总人数为6963人。10年后，有7所大学40743名学生。1982年，至少有15所注册的大学，学生人数将近10万人。在这15所大学里，圣多明各自治大学是公立的，有5所是受政府部分资助的私立大学，有9所是完全私立的大学。另约有12所其他大学等待政府的审批。1978年，政府开始对这12所大学实行法律保护。

教育部对所有中小学（包括私立和公立）实施直接管理，法律规定，国家要保证所有公民接受6年教育，然而，到1982年仍未完成这一任务。学龄儿童（5~10岁）中，10.8%进入私立学校，77.8%进入公立学校，11.4%没有接受任何教育。只有22%的学生能够在公立学校中完成法律规定的6年教育。学校存在的主要问题是学生逃学、超龄和留级。

其他各级教育虽然不是义务教育，但国家仍努力提供帮助。小学毕业生中，90%可以进入六年制中学，并在完成学业时获得中学毕业证书。其余10%的小学毕业生，0.7%进入师范学校，9.3%进入综合技术和职业学校。

高等教育有自己的法规，实际上各种高等教育机构都是自治的，没有特殊的管理机构。1978年，古斯曼总统委派了一个特设委员会研究高等教育的现状，并提出建设性意见。1980年1月，特设委员会提出了总结性报告，但没有得到贯彻和实施。

幼儿教育大部分在城市，而且以私立为主。政府制订了新的计划，努力发展农村的幼儿教育。

多米尼加共和国还拥有规模不大的非正规教育，这种教育形式包括两个组成部分：对专家和大学毕业生提供再教育和对普通成人提供职业教育。前者主要在大学和私人机构中进行，其目的在于使这些人更新知识、掌握信息，从而强化他们的就业能力；后者主要进行成人的初等教育，并对职业教育计划进行管理。

六年制的小学教育主要是教给学生读写算的基本技能、社会和物质世界的基本知识、成功地适应环境所需要的行为模式，并使学生清醒地意识到多米尼加人民在当今世界中的地位和作用。中学里开设两套课程计划：

第一套是传统的，而且是纯粹学术性的，旨在为学生升入大学做准备；第二套是1970年开始实施的所谓的改革计划，它向学生提供大量的选修课，如学术课程、商业课程、农业课程、工业课程、新闻研究和面向小学的师范教育课程等。

（二）课程体系

多米尼加共和国教育部下设一个专门机构来负责课程的发展。这一机构已经实施的两项改革如下：第一，1970年开始的中学课程改革；第二，1977年开始的小学课程改革，但到1982年仍未完成。这两项改革在实施过程中都遇到了很大的困难。缺乏足够的计划性和必要的支持，使改革的范围受到了限制，并且直接影响到这些改革的未来发展。

（三）教育管理

多米尼加共和国教育体制的特征是高度集中化，地方很少参与教育管理，所有教育决策都由中央政府机构做出。教育部虽有地方代表，但代表们的决策权非常有限。地方国民教育委员会是部长的咨询机构，但地方国民教育委员会常由于很少能提供咨询意见，或意见缺乏代表性而受到批评，教师对学生学习的评价是升级的依据。通常包括学年中期和末期的两次考试。中学教育的改革也包括了对评价制度的改革，新的评价方法是把对学生的连续性评估作为其升学的主要依据。这一改革由于教师的缺乏，在实施过程中遇到了很大的困难。

（四）教育培训

小学教师在6所政府资助的特殊中等教育机构中培训。中学教师由大学来负责培训。教育部的一个特设机构负责各种在职培训计划，从而提高教师的素质。国家努力解决合格教师短缺的问题，增加了合格教师的数量。只是由于财政资源短缺，政策不够稳定，仍存在需要进一步解决的问题。1982年，大约50%的教师没有受过规定的专业训练。

（五）高等教育研究

多米尼加共和国的教育研究很不发达，资源有限，专职研究人员很少，缺乏研究传统。现有的研究主要集中在对教育体制运行状况的分析方面。某些研究也包括对全国教育现状的分析、历史的总结、学校的教育如何能够满足劳动力市场的要求。这些研究一般由大学生们来承担，研究成果不一定公开发表。①

二　教育法规

1997 年 4 月 9 日，多米尼加政府颁布了第 66 - 97 号法令教育基本法，规定全体多米尼加人民享有接受教育的权利，政府及下属各教育相关机构都应致力于教育的非集中化改革，并鼓励社会各阶层积极参与教育活动。

第 66 - 97 号法令第 5 条规定了多米尼加的教育目的：教育多米尼加人民，使其有能力参与建设民主、自由、公正的多米尼加社会；使热爱家人和祖国的多米尼加人民意识到他们的权利、义务和自由，树立高度的社会责任感和自尊心。

2015 年宪法第二部分第一章第二节第 63 条规定，每位公民都有权在平等的条件和机会下获得全面、优质和永久的教育，除了能力、职业和愿望之外，没有任何限制。因此，第一，教育应致力于多米尼加人民整体价值观的形成，并应着眼于发展人民的创造潜力和塑造人民的道德价值观，并向人民提供知识、科学、技术、其他商品和文化价值；第二，家庭负责其成员的教育，并有权选择未成年子女的教育类型；第三，国家保障免费公共教育，并强制执行初级、基础和中级教育，公共系统的高等教育将由国家提供资金，根据法律规定，保证按地区分配教育资源；第四，国家将确保普通教育的自由和质量，实现教育目的，提升学生的道德与智力水准，开展体育教育，国家还有义务提供确保实现教育目标的教育学时数；第五，国家承认教学的实施是充分发展教育和振兴多米尼加民族的基础，因此，国家有义务打造一支专业化教师队伍，确保教师队伍稳定，提升教师尊严；第六，国家有义务消除文盲，为有特殊需要和特殊能力的人提供特殊教育；第七，国家必须按照法律规定，确保高等教育、金融公共中心和大学的质量，保证大学自治和学术自由；第

① 〔德〕T. N. 波斯特莱斯维特主编《最新世界教育百科全书》，郑军、王金波主编译，河北教育出版社，1991，第 171 ~ 173 页。

八，大学根据法律组建指导机构，并受高校法规的管辖；第九，国家制定促进和鼓励有利于可持续发展，提升人类福祉、竞争力，制度完善和保护环境的研究、科学、技术和创新的政策，为支持这些目的的公司和私营机构提供支持；第十，国家在教育、科学技术领域的投资应该随着国家宏观经济表现而持续增长，法律将记录每一地区教育支出的最低金额和百分比，在任何情况下都不得转移其他地区资金以资助另外一些地区的教育发展；第十一，公共和私人的大众媒体必须为公民教育做出贡献，国家为广播、电视、图书馆和计算机网络提供公共服务，以便民众通过这些渠道获取相关信息，教育中心根据法律规定，鼓励创新，推广应用新知识与新技术；第十二，国家保障教育自由，承认创建教育机构和服务的私人倡议，并依法促进科学技术的发展；第十三，为了帮助公民树立价值观和让公民了解自己的权利和义务，所有公立和私立教育机构必须开展社会和公民教育，弘扬爱国价值观和和平共处原则，讲授宪法条文，让公民了解基本权利和基本保障。①

多米尼加对全国 7～14 岁儿童实行义务教育，小学学制为 6 年，公立学校实行免费教育。中学教育从 14 岁开始，学制为 6 年（第一周期为 2 年，第二周期为 4 年）。

三 教育现状

20 世纪 90 年代，多米尼加小学教育阶段城市入学率为 86%，农村入学率为 85%；中学教育阶段城市入学率为 38.3%，农村入学率为 27.3%。1996 年，6～15 岁的儿童群体入学率约为 92%，其中进入私立学校就读的学生人数占 18.2%。1997 年、1998 年文盲率分别为 17%、17.2%。1998 年多米尼加教育预算为 60.83 亿比索。

根据 2010 年第九次人口与住房普查的统计数据，多米尼加 3 岁及 3

① 多米尼加高等教育、科学和技术部网站：wp. soldeva. com/transparencia/wp - content/uploads/2017/10/constitucion - de - la - republica - dominicana - del - 2015. pdf；https：//mescyt. gob. do，最后访问日期：2019 年 7 月 4 日。

岁以上人口的识字率为78.16%，其中城市人口识字率为81.53%，农村人口识字率为72.25%，成人识字率为84.4%。2004年，教师人数为92460人。2004～2005年，注册入学人数为2387621人，大学注册新生为322311人。

2012年梅迪纳总统执政以来，加大了对教育的投入，新建652所学校，提供1万所教室。2015年小学入学率为95.5%，平均每25名小学生有1名教师；中学入学率为64.4%，平均每27名中学生有1名教师。2015年全国文盲率为7%。2015年多米尼加共有幼儿园9624所，中小学1137所，各类高校46所，其中大学36所、高等专业学院6所、高等技术学院4所。2012/2013～2016/2017学年多米尼加入学人数统计见表7－1。

表7－1　2012/2013～2016/2017学年多米尼加入学人数统计

单位：人

	2012/2013学年	2013/2014学年	2014/2015学年	2015/2016学年	2016/2017学年
入学总人数	2690713	2756063	2782826	2773255	2749144
公立学校入学人数	1970261	2036675	2085170	2087407	2069829
私立学校入学人数	654022	655777	638014	628523	627758
半官方教育机构入学人数	66430	63611	59642	57325	51557

资料来源：多米尼加国家统计局："Dominicana en Cifras 2018"，p. 433，http：//www. one. gob. do. cn/，最后访问日期：2019年7月4日。

四　高等教育

多米尼加著名的公立大学有圣多明各自治大学（Universidad Autónoma de Santo Domingo），位于圣弗朗西斯科－德马科里斯的美术学院（Escuela de Bellas Artes），位于圣多明各的音乐学院（Academia de Música）、国家音乐学院（Conservatorio Nacional de Música）、国家美术学院（Escuela Nacional de Bellas Artes）、舞蹈艺术学院（Escuela de Arte Escénico）和位于圣地亚哥的造型艺术学院（Escuela de Artes Plásticas）等。

其他高等院校还有成立于1931年的多米尼加历史学院（Academia Dominicana de la Historia），成立于1941年的多米尼加医学院（Asociación Médica Dominicana）、巴拉奥纳天主教技术学院（Instituto Católico Tecnológico de Barahona），成立于1971年位于圣多明各的克里斯托瓦尔·哥伦布学院（Instituto Cristobal Colón），成立于1972年位于圣多明各的多米尼加语言学院（Academia Dominicana de la Lengua），多米尼加-美洲文化学院（Instituto Cultural Dominico-Americano），多米尼加技术学院（Instituto Dominicano de Tecnológia），洛约拉技术学院（Instituto Politécnico Loyola），国家精细科学学院（Instituto Nacional de Ciencias Exactas），农业高等学院（Instituto Superior de Agricultura），产业心理学高等学院（Instituto Superior Psicologiá Industrial），东锡瓦奥技术学院（Instituto Tecnológico del Cibao Oriental），成人教育大学（Universidad Abierta Para Adultos），多米尼加基督再临派大学（Universidad Adventista Dominicana），圣多明各天主教大学（Universidad Católica Santo Domingo），费尔南多·阿图罗·德梅里尼奥农林大学（Universidad Agroforestal Fernando Arturo de Meriño），老年大学（Universidad de la Tercera Edad），多米尼加专业研究大学（Universidad Dominicana de Estudios Profesionales），多米尼加组织与方法大学（Universidad Dominicana de Organización y Método），费利克斯·亚当实验大学（Universidad Experimental Felix Adam），费德里科·恩里克斯·卡瓦哈尔大学（Universidad Federico Henríquez y Carvajal），伊比利亚美洲大学（Universidad Iberoamericana），泛美大学（Universidad Interamericana），国家福音大学（Universidad Nacional Evangélica），多米尼加牙科大学（Universidad Odontológica Dominicana），圣地亚哥技术大学（Universidad Tecnológica de Santiago），锡瓦奥技术大学（Universidad Tecnológica del Cibao），南技术大学（Universidad Tecnológica de Sur）等。

多米尼加还有一些著名的私立大学，如成立于1962年位于圣地亚哥的天主教母亲和教师大学（Universidad Católica Madre y Maestra），成立于1966年的APEC大学（Universidad APEC）和佩德罗·恩里克斯·乌雷涅大学（Universidad Pedro Henríquez Ureña），成立于1970年位于圣弗朗西斯科-德马科里斯的东中央大学（Universidad Central del Este），成立于1972年位于圣多明各的 APEC 远程教育中心（Centro de APEC de Educación a Distancia），成立于 1972 年的圣多明各技术学院（Instituto Tecnológico de Santo Domingo），成立于 1978 年位于圣弗朗西斯科 - 德马科里斯的诺尔德斯塔纳天主教大学（Universidad Católica Nordestana），成立于 1981 年的埃尔赫尼奥 · 玛丽亚 · 德奥斯托斯大学（Universidad Eugenio María de Hostos）等。2013 ~ 2017 年多米尼加 18 ~ 24 岁适龄青年大学录取率统计见表 7 - 2。

表 7 - 2　2013 ~ 2017 年 18 ~ 24 岁适龄青年大学录取率统计

单位：人，%

年份	18 ~ 24 岁适龄青年人口总数	大学录取人数	录取率
2013	1269827	426781	33.5
2014	1276754	455822	35.6
2015	1283669	480103	37.4
2016	1284747	504907	39.3
2017	1285761	562667	43.8

资料来源：多米尼加国家统计局："Dominicana en Cifras 2018"，p. 440，http：//www. one. gob. do. cn/，最后访问日期：2019 年 7 月 4 日。

第二节　科学技术

一　主要科技部门

多米尼加主要科技部门包括多米尼加工业科技协会（INDOTEC）、圣多明各电脑化园区（Parque Cibernético de Santo Domingo）、国家专业技术培训协会、乡村发展整合委员会（CIDER）等。

（一）多米尼加工业科技协会

20 世纪 50 年代，借助欧美强国向拉丁美洲发展中国家提供巨额贷款的良机，多米尼加积极申请贷款来促进经济发展，加大对科学技术领域的援助。1965 年，多米尼加央行利用外资设立了经济发展投资基金（Fondo de

Inversiones para el Desarrollo Económico, FIDE），向一些较为活跃的生产部门提供长期低息贷款。在当时，申请这种贷款的门槛很高，审批也相当严格，只有能促进经济发展、有利于环境保护，而且必须是在经济金融或技术领域取得了证书的项目才能最终获批。在经济发展投资基金的带动下，多米尼加引进了一些先进技术，但是很多技术与多米尼加的实际情况并不相符，且缺乏应用性研究，加之管理不善，因而出现了设备闲置、产品无法更新等问题。为了解决这些问题，在美洲工业技术和研究中心（Instituto Centro Americano de Inverstigación y Tecnología Industrial，ICAITI）的指导下，多米尼加央行货币委员会（Junta Monetaria del Banco Central de la República Dominicana）于 1973 年 4 月 26 日颁布了第 7 号法令，成立了多米尼加工业科技协会（Instituto Dominicano de Tecnología Industrial，INDOTEC），该协会于 1975 年 4 月 23 日正式启动。

作为促进国家科学技术发展的执行机构，多米尼加工业科技协会的宗旨是“团结、服务、责任感、高效、诚信”，发挥了国有机构的服务价值，其主要功能是致力于科学技术研究，通过向私人企业、政府机构和普通民众提供技术咨询等，实现促进技术转让、技术更新、经济发展与技术应用等目的，促进多米尼加高效地融入全球化浪潮。

（二）圣多明各电脑化园区

作为政府与私营企业合作的典型，圣多明各电脑化园区获得了大量外来投资，同其他自由贸易区相比，圣多明各电脑化园区拥有更多优惠政策，也得到了更多的资金、设备投资。圣多明各电脑化园区成为多米尼加高科技园区的示范区，引进了世界各地高科技园区的最新技术，打造成为加勒比地区的信息技术网络中心。

圣多明各电脑化园区成功运营的关键是教育，美洲技术学院（Las Americas Institute of Technology，ITLA）就坐落其中。美洲技术学院是一家计算机科学培训中心，在多米尼加开设培训课程，多米尼加国内外学生都可以接受信息技术领域的教育与培训，同时，美洲技术学院同许多知名大学达成了远程教育合作意向。位于圣多明各电脑化园区的企业也可以通过可视化教程利用学院的资源进行员工内部培训。政府与私人代表共同组成了学院领导层，他们根据市场需求制定教学目标。美洲技术学院还向本国优秀学生提供丰厚的奖学金，资助他们顺利完成学业，并鼓励他们出国留学。

圣多明各电脑化园区欢迎相关企业到此投资设厂，并向这些企业提供技术咨询业务，这些企业基本上是新兴信息技术类公司，如硬件制造与软件开发类、电子产品装备与制造类、制药类、研究与开发类、服务与信息技术类（如后台操作、数据输入、监控操作与数据统计等）、电信服务类（如全天候呼叫中心、页式调度、电子市场、消费者服务、交换机系统等）、数据捕获与转换类（如基站、计算机制图、图像收集等）、编程类、商业性电子媒介及互联网服务、多国语言互译服务类等。

（三）国家专业技术培训协会

1980 年 6 月 1 日，多米尼加政府颁布了第 116 号法令，设立国家专业技术培训协会，8 月 11 日，政府又颁布了第 1894 号法令，规定了协会的性质、职责、目标与具体工作等。

协会的主要职责是协调并监督国家的专业培训工作，提升劳动力素质与专业技能，各司其职，为国家的经济发展服务。协会的使命是领导、协调与推进劳动力培训工作，为政府提供决策咨询，提升人力资源素质，为企业提供培训员工的合理化建议，改善劳动者的生活条件。协会的目标是强化与劳动力专业培训相关机构的工作；扩大培训范围、提升培训质量，满足人民对继续教育的需求；建立更加灵活和具有创新性的培训体系，与其他教育机构进行有效合作，满足现代化劳动力市场的需求。

国家专业技术培训协会的融资渠道有每月企业资助 1%、劳动者工资的 0.5%、国家财政拨款、服务性收入、罚金或增值税款项等。

二　科技创新战略计划

2018 年，多米尼加共和国经济规划发展专家弗朗西斯科·罗哈斯·卡斯蒂略（Francisco Rojas Castillo）介绍了多米尼加共和国科技与创新概况，具体内容如下。

（一）“国家发展战略”目标及行动方针

多米尼加共和国制定了《2030 年国家发展战略法案》，该法案体现了多米尼加 2030 年科技发展的规划目标。其中，科技与创新的总目标和行动方针旨在在有利于合作和增强社会责任的环境中提升竞争力、增强创新力，进而强化国家科技的创新体系，满足国家的经济、社会与文化需求，促进其融入社会与知识经济的发展。

在整合公共和私营机构的能力与需求、密切联系企业大学与研究机构的基础上，增强国家科技创新体系。鼓励对那些有效促进生产、可以加强自然资源可持续利用及提升生活质量的技术领域进行研究与开发。鼓励医药、工业、环境领域开发，利用核能。把知识产权登记册作为一种工具，充分利用其信息，把技术创新融入生产。加强国家层面、大学之间的科学信息传播。促进国家调查结果的充分传播，增强其适用性，提升商业潜力。设置奖项奖励技术与科学创新的卓越成就，并促进其全面披露。

（二）生物技术发展概况

在生物制药技术领域，多米尼加开发了 5 大类 49 种新产品，同时依据民族植物学开发了 56 种药品和化妆品，其中 11 种产品（包括肥皂、精油、软化剂和消毒剂）技术转让给 11 家公司，被用于非政府组织、合作机构和协会的使用与商业开发，进行水果和蔬菜废弃物以及其他副产品固体发酵的生物技术研发。

（三）两所重要高等学府的创新计划

1. 圣多明各自治大学（INTEC）

参与制定了《2008～2018 年科学技术和创新战略规划》；与联合国人口活动基金会（UNFPA）一起举办艾滋病、性别暴力和儿童虐待关系的知识培训（2012 年）；通过经济评估多米尼加共和国基塔·埃斯普埃拉（Quita Espuela）和瓜科内霍（Guaconejo）科学保护区的水资源来推广环境服务支付计划（2013 年）。

2. 圣多明各天主教母亲与教师大学（PUCMM）

纳米结构和功能性碳材料研究计划（NANOCARBON）；美国专利商标

局（USPTO）的高科技发明专利；应用电子与智能系统研究（PIELASI）；开发电子工程、多感官系统和机器人系统领域的研究计划；神经科学与行为研究计划（PINE）：这一计划侧重于研究正常人和病理学的认知模式，旨在增加关于大脑功能和具有某些疾病的认知表现的现有知识，其主线是通过计算机视觉研究人机交互（HCI）和智能空间。①

第三节　文学艺术

一　文学

作为西班牙殖民者在美洲的第一个殖民地，圣多明各一带的文学深受宗主国文学的影响，宗主国传教士把宗教文学传播到伊斯帕尼奥拉岛上，其中最著名的传教士就是巴托洛梅·德拉斯·卡萨斯神父（Bartolomé de las Casas，1474～1566）。文艺复兴思潮在欧洲兴起后，在这股思潮的引领下，圣多明各出现了第一代作家，如弗朗西斯科·德连多（Francisco de Liendo，1527～1584）、克里斯托瓦尔·德列雷纳（Cristóbal de Llerena，1540～1627）与莱昂诺尔·德奥万多（Leonor de Ovando，1550～1609）等，其中莱昂诺尔·德奥万多是拉丁美洲第一位女诗人，创作了大量优美的十四行诗。

18 世纪初期，西班牙与法国殖民者对圣多明各的争夺导致了政治混乱，文学创作也深受影响，这一时期仅诞生了少量的新古典主义作家。赢得独立、共和国建立后，虽然政局依旧不稳，但多米尼加文学却开始兴盛，产生了一批浪漫主义、现实主义等作家流派，还有一些诗人、剧作家与文艺评论家等，主要作家如下。

曼努埃尔·玛丽亚·巴伦西亚（Manuel Maria Valencia，1810～1870）　多米尼加共和国诗人，出身于圣多明各一上层贵族家庭，大学

① 弗朗西斯科·罗哈斯·卡斯特罗：《多米尼加共和国　科技创新战略计划》，靳松翻译、整理，《科技与金融》2018 年第 11 期。

毕业后做过教员和校长，然后进入政界任过议员和部长，1845 年创办了颇有影响的《多米尼加民报》。巴伦西亚一生的创作以诗歌为主，数量可观，影响却不大，但是具有某些浪漫主义的特征，被归为多米尼加后期浪漫主义派，因而在多米尼加文坛占有一定地位，他较有影响的诗作有《寺院之夜》《自杀前之夜》《吾父去世之时》等。

哈维尔·安古洛·古利迪（Javier Angulo Guridi，1816～1884） 多米尼加共和国作家、诗人。古利迪早年曾求学于古巴哈瓦那大学，回国后任多米尼加国会议员，对文学有特殊的兴趣，一生未脱离创作。古利迪的作品内容主要描写印第安人生活、习俗和神话传说，揭示印第安人悲惨的历史和现实境遇。他的主要作品有长篇小说《西尔维奥》（1867）、《伊戈叶的幽灵》（1867）、《黑人的钟》（1866）等。他还写有剧本《伊生尼奥娜》（1867）、散文叙事诗《山榄果》（1867）等。

曼努埃尔·德赫苏斯·加尔万（Manuel de Jesús Galván，1834～1910） 多米尼加共和国著名作家、政治活动家，多米尼加浪漫主义小说的奠基者之一。他崇尚宗主国西班牙的文化传统，支持西班牙对多米尼加的殖民统治。多米尼加共和国成立后他曾流亡国外。回国后，加尔万曾任议长、外交部部长等职。在文学上，加尔万的主要成就体现在浪漫主义历史小说《恩里基约》（1878～1882）上。这一长篇小说再现了 1502～1533 年西班牙殖民统治时期的真实历史，描写了印第安民族不堪忍受西班牙殖民者的残酷压迫，在民族领袖恩里基约领导下举行武装起义，最后惨遭失败的史迹。作品情感热烈，语言铿锵，富有力度感，带有西班牙传统文化的影响，但书中大量历史材料的引用、众多历史事件和历史人物的真实描绘，又使作品笼罩着一种浓厚的土著主义氛围。与此同时，对青年男女的爱情、绮丽的自然风光的细腻描写，使整部作品又洋溢着一种浪漫主义情调。拉丁美洲评论界认为，《恩里基约》开创了拉丁美洲浪漫主义土著文学的先河。

弗朗西斯科·格雷戈里奥·比利尼（Francisco Gregorio Billini，1844～1898） 多米尼加共和国小说家、剧作家。长期活跃于政界，曾任共和国总统，主编过《舆论回音报》。著有剧本多种，主要的有《奥莎玛的一枝花》(1867)、《爱情与赎罪》(1882) 等。代表作《巴尼，或恩格拉西亚和安东尼塔》(1892)，以细腻的笔触描写了多米尼加岛国的风土人情，是典型的风俗主义作品。

何塞·华金·佩雷斯 (José Joaquín Pérez，1845～1900) 多米尼加共和国诗人、土著文学的开拓者之一。佩雷斯受过高等教育，长期在报界就职，后步入政界，有流亡生活经历。诗作多为以多米尼加土著人生活、习俗为题材的作品，在刻画土著印第安人的独特性格和丰富的情感世界方面十分出色。如诗集《印第安人的幻想》(1878) 和长诗《基恩盖雅娜》(1874) 等。他还写过一些反映自己流亡生活的诗篇，表达了对故乡的眷恋和侨居界域的孤独及苦闷，此类诗的名篇有《流放的回声》《重返家园》等。这些诗篇语言生动、意象独特，具有浓厚的民歌风味和本土特色。

萨洛梅·乌雷涅·德恩里克斯 (Salomé Ureña de Henriquez，1850～1897) 多米尼加共和国浪漫主义女诗人、教育家。她出身于圣多明各一上层知识分子家庭，自幼喜爱诗歌，一生以诗歌创作为主，其诗受浪漫主义文学运动的影响较大，感情充沛热烈，想象丰富大胆，态象鲜明生动。《相信未来》《进步的光荣》等诗作表达了诗人强烈的爱国主义情感；《冬天的来临》《伤感》《阴影》等诗则抒发了诗人内心忧郁、伤感之情；《我的父亲》《给我儿子的诗》等是一组随想自由诗，其中倾注着诗人对亲人的热爱和祝福。1880 年多米尼加出版了她的诗歌全集。

加斯东·费尔南多·德里格内 (Gastón Fernando Deligne，1861～1913) 多米尼加共和国著名诗人。德里格内虽生活在浪漫主义文学运动高涨的时代，但其诗作受浪漫主义的影响不大，仅在诗歌的韵律和某些表现技巧上具有浪漫主义的因素。其诗篇大多是描绘多米尼加土著人的生活和感情的现实主义之作，他善于刻画人物心理，尤其对妇女的内心世界有较深刻的探索。主要作品有《苦闷》(1886)、《孤独》(1887)、《毁灭》(1895)、《被遗弃的篇章》(1897)、《西班牙谣曲集》(生前作品，1931 年出版) 等。

法比奥·菲亚略 (Fabio Fialho，1866～1942) 多米尼加共和国近

现代诗人、作家。曾参与《家》周刊、《战事报》等报刊的创办与编辑工作。一生创作较丰，写过诗歌、小说、散文和剧本等。其诗作情感炽烈，语汇色彩浓烈，具有鲜明的浪漫主义特色。主要作品有诗集《脆弱故事集》（1908）、《生命之歌》（1926）、《脆弱诗句集》（1929），短篇小说集《梅菲斯托的苹果》（1934），剧本《约会》（1924）、《心灵的平台》（1936）等。

图略·曼努埃尔·赛斯特罗（Tulio Manuel Cestero，1877～1954） 多米尼加共和国现代小说家、诗人。曾在政府部门任职，其作品因对社会现实的热情关注和艺术上的现代主义特色，而在多米尼加文学史上占有重要地位。长篇小说《血》（1915）被公认为是多米尼加现代主义文学的代表作。作品以尤利塞斯·厄鲁统治为背景，通过一个堂吉诃德式的新闻记者在狱中对往事的回忆，揭露了多米尼加社会的黑暗与混乱。另一部长篇小说《浪漫之城》（1911），也以对多米尼加20世纪初期社会生活的详尽的描绘而出名。他还写有一些诗作，其鲜明的现代主义特征曾引起卢文·达里奥的关注，在拉美诗坛有一定影响。他的主要诗集有《梦境中的范围》（1904）、《春天里的诗》（1908）等。

阿波利纳尔·佩尔多莫（Apolinar Perdomo，1882～1918） 多米尼加共和国近现代诗人、剧作家，其诗在内容和风格上具有浪漫主义文学倾向，而在音韵和格律方面又表现出现代主义的特色。主要作品收在诗集《阿波罗之歌》（1923）中。他写过一些剧本，主要的有《爱情的故事》（1917）和《痛苦的时刻》（1917）等。

佩德罗·恩里克斯·乌雷涅（Pedro Henriquez Ureña，1884～1946） 多米尼加共和国现代散文家、文学评论家、文学史家，多米尼加著名女诗人萨洛梅·乌雷涅·德恩里克斯之子，生于圣多明各。早年在马德里求学，后去哈瓦那深造，学业完成后在欧洲、南美等地任职，同时进行文学创作活动。1905年出版了第一部著作《评论集》，提出拉美文学民族化的主张。《西班牙语美洲的文学思潮》（1941）和《西班牙语美洲文化史》两部著作，着重探讨了拉美民族文学的发展道路问题。主要论文还有《探索我们表达方式的六篇文章》（1928）、《关于美洲小说的札记》（1927）、《多米尼加文学》（1917）等。

多米尼加

马克斯·恩里克斯·乌雷涅（Max Henriquez Ureña，1885～1968） 多米尼加共和国当代作家、文学评论家。出身于圣多明各上层知识分子家庭，也是多米尼加著名女诗人萨洛梅·乌雷涅·德恩里克斯的儿子。早年在古巴圣地亚哥师范学院任教时即开始文学创作活动。他长于抒情诗的创作，并以现代主义作为自己的艺术目标。主要诗集有《酒坛》（1914）、《磷火》（1930）、《光的爪子》（1958）等。最能反映其成就的是他的文学评论。著有《里多与卢文·达里奥》（1919）、《文学教条主义的没落》（1919）、《法国对西班牙语美洲的诗歌的影响》（1937）、《多米尼加文学的历史概貌》（1945）、《从林巴德到卡西莫多》（1957）等，在多米尼加理论界以见解深邃、独到影响深远。他还写有以多米尼加历史故事为题材的长、短篇小说，如《短暂的独立》（1938）、《阿尔卡里索人的密谋》（1941）、《巴雷拉大主教》（1944）和《多米尼加轶事》（1951）等。

琼·里斯（Jean Rhys，1894～1979） 多米尼加白人女作家，出身于多米尼加一混血家庭。16 岁时移居欧洲，后定居英国。20 世纪 20 年代开始小说创作。早期作品主要描写自己与孤独、贫困抗争的经历，表达了不为人所理解的痛苦，发表后引起文坛的关注。如小说《左岸》（1927）、《姿态》（1928）、《在黑暗中航行》（1934）、《早安，午夜好》（1939）等。20 世纪四五十年代，她处于创作沉寂时期。1960 年发表的小说《广阔的马尾藻海》标志着她重返文坛。这部作品以英国文学名著《简·爱》里的疯女人伯莎·安东瓦内特为主人公，描写了她童年时的欢乐、婚后的幸福和后来在桑菲尔德府的监禁生活。作品带有一定的自传性，反映了女作家与主人公类似的经历和感受。发表后在社会上引起广泛反响，并获多种文学奖。后来的重要作品是短篇小说集《太太快睡吧，忘掉它》，作者对它寄予厚望，但评论界的反应却似乎很平淡。有人认为，这意味着作家的创作已经衰竭。

曼努埃尔·德尔·卡布拉尔（Manuel del Cabral，1907～1999） 多米尼加共和国现代著名诗人。曾任多米尼加外交官。创作伊始，盲目接受纯粹先锋派文学和超现实主义的影响，后转为有选择地吸收，合理地融合了现代主义、先锋派文学和黑人主义等多种流派的特征，表现出别具一格的艺术风格。早期诗作多以诗人家乡的风貌和美洲大陆的社会、政治及人类等问题为题材，表现出诗人对故土的热爱和对现实的关注与思考，带有大众化和本土主义特征。后期诗作拓宽表现题材，风格臻于成熟，个性更加鲜明，尤以黑人诗歌著称。这一类诗往往以爱情和人生为基本内容，表现黑人的美好品行和勇敢独立精神。抒情叙事诗《孟老兄》（1943）塑造了一位传奇式黑人英雄形象，它在艺术上兼容诸流派特征，在多米尼加乃至整个拉丁美洲诗坛都有一定影响。主要诗集有《界石》（1931）、《黑人诗歌 12 首》（1935）、《黑色回归线》（1942）、《海的这边》（1948）、《性与灵》（1956）、《受辱之岛》（1965）等。此外，他还写有《唾沫》（1970）、《黑人总统》（1973）等小说。[①]

菲莉斯·尚德·奥尔弗里（Phyllis Shand Allfrey，1915～1986） 多米尼加白人女作家，出身于多米尼加一律师家庭，幼年时受过英、法文学的熏陶。年轻时曾赴美国和欧洲求学，对欧美文化有较多的了解，回国后步入政界。其创作以小说和诗歌为主，作品的主题多是表现作家对故乡人和事的怀念与同情，艺术上受到现代主义的影响。长篇小说《淡紫色的房子》（1953）是一部较重要的作品，它描写了西印度群岛上一个有权势的白人家庭的衰败过程，表现出作家对社会问题的关注与思考。

20 世纪上半叶，针对 19 世纪及其之前多米尼加文坛出现的种种脱离社会现实的现象，多米尼加文学史上出现了一种文学流派——终极主义（Ultimatism），该派主张彻底改变文学脱离社会的状态，倡导一种与本土现实息息相关的新型民族文学。为此，他们强调多米尼加文学应反映日益变化的社会生活，尤其应表现多米尼加土著人的生活命运与追求。该派主张打破 19 世纪一切流派的传统，但也不排斥有选择地吸取包括浪漫主义在内的某些艺术技巧。其艺术理论和实践对多米尼加文坛影响很大，为多米尼加民族文学的发展做出了贡献。终极主义流派的主要代表人物是胡安·博什、多明戈·莫雷诺·希门尼斯（Domingo Moreno Jiménez，1894～

① 付景川主编《拉美文学辞典》，吉林教育出版社，1992，第 102～105 页。

1968）和安德烈斯·阿维利诺·加西亚等。[①]

胡安·博什　多米尼加共和国著名作家、社会活动家、政治家。在学校读书期间就积极参加政治活动，并创办文学团体“洞穴”，后因从事反特鲁希略独裁斗争，被迫流亡海外，回国后曾任共和国总统。博什不单单是伟大的政治家，还是著名的小说家，其创作较丰，有短篇小说集《皇家大道》（1933）、《印第安人》（1935）、《两比索水》（1944）、《拉瓜伊尼的姑娘》（1955）、《圣诞节故事》等传世。这些小说多描写作家故乡印第安农民的生活，表现他们的痛苦境遇和不幸命运；也有部分作品反映作家本人青少年时代的悲惨遭遇和成年后政治生涯的坎坷。小说故事性强，风格朴实优美，语言生动质朴，显示出典型的现实主义特征。[②]

20世纪60年代以来，随着特鲁希略独裁统治的结束，多米尼加文学以诗歌与小说作品为主，统称为特鲁希略独裁统治后文学。20世纪70年代开始，多米尼加诞生了大量职业作家，他们的辛勤创作使多米尼加文学在20世纪80年代再次进入繁荣时期。

20世纪80年代，多米尼加文坛中最有影响力的协会是伊鹏托作家协会，加入该协会的都是职业作家，著名作家有雷内·罗德里格斯·索里亚诺（René Rodríquez Soriano），其代表作品有两部诗集《寻根，两个开端和一个结局》（*Raices*, *con dos Comienzos y un Final*, 1977）与《时光与歌曲的思考》（*Textos Destetados a Dstiempo con Sabor de Tiempo y de Canción*, 1979）；劳尔·巴托洛梅（Raúl Bartolomé），其代表作品是诗集《透明的日子》（*Los Días Perforados*, 1977）；佩德罗·巴勃罗·费尔南德斯（Pedro Pablo Fernández），其处女作品是《片断》（*Fragmentaciones*），还陆续创作了《存在与独白》（*Presencia & Monólogo*, 1982）、《长音节的短缩与音节延长》（*Sístole Diástole*, 1986）与《20首浪漫诗》（*Viente Poemans Románticos*, 1986）等；费德里科·桑切斯（Federico Sánchez），协会中最年轻的作家，其代表作品有诗集《叙事歌谣》（*Baladas*, 1981）与《不想告别》（*Sepultar los Gestos del Adiós*, 1985）。

---

① 付景川主编《拉美文学辞典》，吉林教育出版社，1992，第106页。

② 付景川主编《拉美文学辞典》，吉林教育出版社，1992，第105～106页。

20世纪80年代，多米尼加还诞生了大量诗人，其中有一些杰出的女诗人。最著名的是何塞·马莫尔（José Marmol），曾多次获得多米尼加国家文学奖、戏剧文学奖、佩德罗·恩里克斯·乌雷涅大学文学奖等。此外，20世纪80年代最受读者欢迎的诗人是托马斯·卡斯特罗（Tomás Castro），其代表作品有《近距离的爱》（*Amor a Quemarropa*）与《瞬间服从与火焰》（*Entrega Inmediata y Otros Incendios*）等；20世纪80年代最具创作风格的诗人是阿里斯托凡斯·乌尔巴埃斯（Aristófanes Urbáez）；还有一些诗人如阿德里安·哈维尔（Adrián Javier）、普利尼奥·沙欣（Plinio Chahín）、迪尼奥西奥·德赫苏斯（Dionisio de Jesús）、奥达里斯·佩雷斯（Odalis Pérez）、拉斐尔·伊拉里奥·梅迪纳（Rafael Hilario Medina）、维克托·比多（Vítor Bidó）、爱德华多·迪亚斯·格拉（Aduardo Dias Guerra）、塞萨尔·萨帕塔（César Zapata）、塞萨尔·桑切斯·贝拉斯（César Sánchez Beras）、安东尼奥·阿塞韦多（Antonio Acevedo）与埃洛伊·阿尔韦托·特赫拉（Eloy Alberto Tejera）等。著名的女诗人有卡门·桑切斯（Carmen Sánchez，1995年国家诗歌奖的获得者）、安赫拉·埃尔南德斯（Ángela Hernández）、塞雷萨达·比西奥索（Sherezada Vicioso）、玛丽亚奈拉·梅德拉诺（Marianela Medrano）、朗卡·纳西迪特－佩尔多莫（Llonka Nacidit-Perdono）、奥罗拉·阿里亚斯（Aurora Arias）、马萨·里韦拉（Martha Rivera）、米里亚姆·本图拉（Miriam Ventura）、伊达·埃尔南德斯·卡马尼奥（Ida Hernández Caamaño）与萨布里娜·罗曼（Sabrina Román）等。

在小说领域，20世纪80年代多米尼加也出现了大量优秀作家，如小说家、剧作家雷伊纳多·迪斯拉（Reynaldo Disla），诗人、小说家、散文家与文学评论家米格尔·D.梅纳（Miguel D. Mena），小说家曼努埃尔·加西亚·卡塔赫纳（Manuel García Cartagena），小说家胡安·曼努埃尔·普里达·布斯托（Huan Manuel Prida Busto），小说家拉斐尔·加西亚·罗梅罗（Rafael García Romero），小说家何塞·博巴迪利亚（José Bobadilla），小说家拉蒙·特哈达·霍尔金（Ramón Tejada Holguín），诗人、小说家塞萨尔·萨帕塔（César Zapata），小说家弗兰克·迪斯拉（Frank Disla），小说家曼努埃尔·弗朗西斯科·利勃雷·奥特罗（Manuel

Francisco Llibre Otero），诗人萨尔瓦多·桑塔纳（Salvador Santana），小说家、诗人胡安·弗雷迪·阿尔曼多（Huan Freddy Armando）与小说家拉斐尔·佩拉尔塔·罗梅罗（Rafael Peralta Romero）等。

自1974年开始，多米尼加开始举办小说创作比赛，这项举措使小说创作在20世纪90年代进入了高峰期，大量杰出的小说家活跃在多米尼加文坛，优秀小说作品层出不穷，如卡门·因贝特·布鲁加尔（Carmen Imbert Brugal）创作的《杰出女性》（*Distinguida Señora*）、马萨·里韦拉（Martha Rivera）创作的《我已经忘记你的名字》（*He Olvidado to Nombre*）、路易斯·R. 桑托斯（Luis R. Santos）创作的《地狱之门》（*En el Umbral del Infierno*）、恩里基约·桑切斯（Enriquillo Sánchez）创作的《小小音乐家》（*Musiquito*）、安德烈斯·L. 马特奥（Andrés L. Mateo）创作的《阿尔放西纳·巴伊仁的叙事曲》（*La Balada de Alfonsina Bairén*）、弗兰克·努涅斯（Frank Nuñez）创作的《奋斗》（*La Brega*）、何塞·巴恩斯·格雷罗（José Báez Guerrero）创作的《塞洛雷斯》（*Ceroles*）、马西奥·贝洛斯·马焦洛（Marcio Veloz Maggiolo）创作的《夜总会的仪式》（*Ritos de Cabaret*）、曼努埃尔·萨尔瓦多·戈捷（Manuel Salvador Gautier）创作的文学四部曲《英雄时代》（*Tiempo para Héroes*）等，其中马萨·里韦拉创作的《我已经忘记你的名字》曾于1996年获得戏剧之家国际小说奖。除此之外，还有一些著名的小说家，如路易斯·R. 桑托斯（Luis R. Santos）、路易斯·马丁·戈麦斯（Luis Martín Gómez）、欧亨里奥·卡马乔（Eugenio Camacho）、尼古拉斯·马特奥（Nicolás Mateo）、路易斯·何塞·布尔热·加西亚（Luis José Bourget García）、巴勃罗·豪尔赫·穆斯托内（Pablo Jorge Mustonen）、达里奥·特哈达（Darío Tejada）、奥兰多·苏列尔（Orlando Suriel）等。

多米尼加最负盛名的当代作家是多米尼加裔美国作家朱诺特·迪亚斯（Junot Díaz）。与其他中美洲加勒比地区国家一样，很多多米尼加人移民美国，朱诺特·迪亚斯一家亦在离散大潮之中。1974年，6岁的朱诺特·迪亚斯离开圣多明各，来到美国纽约新泽西，住在一个被他称为“新泽西最大的垃圾场”边。朱诺特·迪亚斯的首部长篇小说《奥斯卡·瓦奥短暂而奇妙的一生》获全美书评家协会奖，次年又获美国普利策奖，并被美国主流媒体投票推选为“21 世纪最伟大的小说”。半自传性短篇小说集《沉溺》(*Drown*) 讲述的便是这段童年时期的生活。彼此相关的十个故事大部分由第一人称的孩童视角讲述，故事发生地则在圣多明各和新泽西之间变换。朱诺特·迪亚斯行文简洁而尖锐，风格化的叙事间杂着大量留白，在新鲜的语言和意味深长的沉默之间书写两种文化之间的冲突和移民的身份困境。《沉溺》既是小说《奥斯卡·瓦奥短暂而奇妙的一生》的序曲，在实验性或趣味性上又有过之而无不及，尤其是那独特的、兼具疏离和热情的叙事语言，比《奥斯卡·瓦奥短暂而奇妙的一生》更自然、更原生态，也更令人印象深刻。

《沉溺》中的十个短篇写于 1995 年至 1998 年，当时朱诺特·迪亚斯正在罗格斯大学（Rutgers University）主修英语，他参加了一个名为德玛雷斯特大厅（Demarest Hall）的创意写作班，托尼·莫里森和桑德拉·希斯内罗丝（其成名作《杧果街上的小屋》的译者，也是本书的译者）是他的老师。朱诺特·迪亚斯当时靠运送台球桌、洗碟子等打工赚钱，使他得以从最底层、最细微处接触到美国拉美裔社会的方方面面。《沉溺》的成功之处，正是将对移民生活细节的细微观察及多米尼加移民的身份冲突，以极具野心和新鲜感的叙述语言讲述，在极具冲击力的语言之中，引人思索自我及身份的终极主题。

2010 年 5 月 22 日，朱诺特·迪亚斯被选为美国普利策文学奖的 20 位评委之一，成为普利策历史上第一位拉美裔评委。2012 年，朱诺特·迪亚斯出版短篇小说集《你就这样失去了她》，入围美国国家图书奖决选。同年，迪亚斯获得美国跨领域最高奖项之一麦克阿瑟“天才奖”。作为一位多米尼加裔移民作家，移民者的身份认同、文化纠葛几乎是迪亚斯所有作品的主题。

二　戏剧与电影

（一）戏剧

20 世纪 90 年代多米尼加主要剧作家有佩德罗·卡米洛（Pedro Camilo），其代表作品是《混乱爱情的祭礼》（*Ritual de los Amores Confusos*）；佩德罗·安东尼奥·巴尔德斯（Pedro Andonio Valdez）；何塞·阿科斯塔（José Acosta），其代表作品是《陌生领域》（*Territorios Extraños*）；富兰克林·多明格斯等。其中一些剧作家获得戏剧之家（Casa de Teatro）年度奖。

富兰克林·多明格斯（Franklin Dominguez，1931～　） 多米尼加共和国当代剧作家。长期从事新闻业，青年时期曾参与创办实验喜剧团，1953年以后开始戏剧创作。独幕剧《最后时刻》是其代表作，它通过主角——剧中唯一的人物的独白，表现了一个世纪性的文学主题：孤独。其他作品还有《阿尔贝托与埃尔希利亚》《幽灵的聚会》《奇特的审判》《参议员开的玩笑》《鸽子的飞翔》等。[①]

他是多米尼加成就最高的剧作家，一共创作了65部剧本。1977年，他获得表彰国家最突出艺术家的“大金奖”。1981年多明格斯编导了话剧《六月的第一个志愿者》，1983年获得欧洲艺术家与新闻工作者颁发的“金火炬奖”，1989年被授予华金·巴拉格尔勋章，1997年又被授予莱昂内尔·费尔南德斯勋章。2003年1月27日，多明格斯成为第一位获得多米尼加国家文学奖的剧作家，3月25日，科里皮奥基金会和文化部在多米尼加首都剧院举行了隆重的颁奖仪式，将奖章颁给多明格斯，并颁发了40万比索（约17000美元）的奖金。

（二）电影

早在1900年，多米尼加普拉塔港（银港）卢米埃尔剧院就放映了第一部电影，但1922年拍摄的纪录片《阿尔塔格拉西亚圣母传奇》才算是多米尼加历史上第一部真正意义上的电影。此后，多米尼加的电影以纪录片为主，这种情况一直持续到20世纪八九十年代。1988年，多米尼加国家电影中心创始人阿格利伯托·梅伦德斯（Agliberto Meléndez）指导拍摄了他的处女作《单程票》（*Un Pasaje de Ida*），讲述了几个偷渡人在轮船集装箱内窒息而死的悲惨故事，开创了多米尼加故事片的先河。虽然该片在拍摄技术上稍有瑕疵，但瑕不掩瑜，其采用的新现实主义拍摄风格，完

① 付景川主编《拉美文学辞典》，吉林教育出版社，1992，第106页。

美再现了故事情节，在西班牙韦尔瓦国际电影节和哈瓦那新拉丁美洲电影节上斩获多个奖项，是多米尼加电影代表作之一。安赫尔·穆尼斯（Ángel Muñiz）是多米尼加20世纪末另一位著名导演，其导演的电影《纽约》（*Nueba Yol*，1995）中塑造的经典人物形象巴布埃纳（Balbuena），代表了希望通过移民到其他国家追求美好生活的一大批多米尼加人，在当时引起了极大反响。喜剧演员鲁伊斯托·马尔蒂（Luisito Martí）通过对巴布埃纳的演绎，成为多米尼加红极一时的演员。

在国际银幕舞台上，由于多米尼加到处是碧海蓝天、沙滩椰林，潋滟的美景吸引了许多好莱坞导演的目光，一些经典的影片如《极限特工：终极回归》《速度与激情》《加勒比海盗2》等就在这里取景拍摄。《侏罗纪公园》曾在洛斯海提斯国家公园、三眼国家公园（Parque Nacional los Tres Ojos）等地取景。

进入21世纪，多米尼加电影市场呈现大爆发的趋势，涌现了一批优秀电影，有不少影片在加勒比地区乃至全球赢得了声誉，截至2017年共有11部影片获奥斯卡最佳外语片奖提名。如经典动作影片《屠夫之子》（*La Soga*，2009），讲述了曼尼·佩雷兹饰演的警察单枪匹马伸张正义的故事；《爱的归途》（*La Hija Natural*，2011），讲述的是女孩玛丽亚在母亲意外去世后决心寻找从未见过面的父亲，最终在一个闹鬼的乡间别墅找到了父亲，讲述了父女在迷信阴霾中重新寻爱的故事；《电视绑架案》（*Jaque Mate*，2011），电影主人公大卫是加勒比地区著名的电视节目主持人，在与观众通话中，他得知自己的家人被绑架，绑架者以大卫家人性命为要挟他迫使大卫玩游戏，通过绑架者的游戏，观众渐渐发现了大卫不可告人的秘密；经典喜剧爱情电影《谁是老板?》（*¿Quién Manda*，2013），讲述了现代都市生活中，一对青年男女在不断较量中擦出爱情火花的浪漫故事。

在第91届奥斯卡颁奖典礼上，《待屠之颈》（*Cocote*，2017）被选为多米尼加最佳外语片的参赛作品，该片由内尔松·德洛斯·桑托斯·阿里亚斯（Nelson Carlos de los Santos Arias）执导，将纪录片和剧情片结合起来，呈现了宗教之间的争斗。这部影片在2017年的洛迦诺国际电影节首映，获得“生命迹象”单元最佳影片奖，此外还在阿根廷、巴西、葡萄牙等国家的电影节上获得奖项。

三　音乐与舞蹈

（一）音乐[①]

圣多明各是新世界音乐的摇篮。哥伦布的史官贡萨洛·费尔南德斯·德奥维多在其《印第安人的自然史与通史》一书中对这件事做了生动的描写。

“该岛居民有个很好的风俗，即载歌载舞地纪念远古的事件，这种形式他们称之为‘阿雷托’（Areito），而我们则可以称之为歌舞……有时，他们把歌唱与击鼓结合起来，鼓用圆木制成，中空，粗如人体。……就这样，他们在鼓的伴奏下（也有不用鼓的）吟唱他们记忆中的事情或过去的史实，叙述伟大头人的业绩……有时他们会改变旋律和舞步，讲起新的故事来，或是用新的曲调讲述原来的故事。1520 年，头人卡奥纳波的妻子阿纳卡奥纳跳了一支阿雷托；参加这一舞蹈的有三百多名少女。她们载歌载舞，而另一些印第安少女则向她们一一敬酒。谁喝醉了就离队，其他人则继续跳，一直跳到全部喝醉，阿雷托便宣告结束。这种情况发生在欢庆婚礼、哀悼死亡、纪念战争的阿雷托中。在另外一些场合，跳阿雷托时则不带醉饮。”

在 16 世纪西班牙主教巴托洛梅·德拉斯·卡萨斯（Bartolomg de las Casas）著的《印第安史》（*Historia de las Indian*）中，可以进一步找到当地土著善于歌舞的证明：“圣多明各岛的印第安人是十分喜欢舞蹈的，为了打拍子和数舞步，他们挥动一些做得很巧妙的摇鼓，鼓内装着小石子，发出粗哑的声音。”

巴托洛梅·德拉斯·卡萨斯也是第一个在新世界演出宗教音乐作品的人。1510 年他在拉贝加镇的教堂里举行弥撒仪式，由一个合唱队参加

① 〔美〕尼·斯洛尼姆斯基：《拉丁美洲的音乐》，吴佩华、顾连理译，人民音乐出版社，1983，第 231～240 页。

演出。

第一位在西半球诞生的音乐家也是圣多明各人，他就是16世纪后半叶在圣多明各大教堂担任管风琴手的克里斯托瓦尔·德叶拉纳。他是一位受过教育的音乐家，在一封致西班牙菲利普二世的信中，人们说他是“稀有之才，拉丁文造诣之深足以担任萨拉曼卡大学的教授，音乐修养之高足以担任托莱多圣堂的合唱队长”。

西班牙音乐曾经统治圣多明各达数世纪之久，先是通过教堂，然后又通过西班牙流行舞蹈的传入与西班牙吉他的普及，在殖民时期圣多明各的音乐之风就很盛，局势紧张的时候不得不下禁令，不许在街上进行音乐活动。1813年圣多明各的西班牙总督颁布了一条法令，“晚上十点钟以后禁止在吉他伴奏下表演小夜曲与歌曲”。

随着非洲奴隶输入西印度群岛，岛上的歌曲和舞蹈开始获得黑人音乐典型的节奏重音。多米尼加音乐学家对这一影响的看法不一。弗列里达·德诺拉斯科在其重要论文《圣多明各的音乐》（*Mtisica en Santo Domingo*，1939年特鲁希略版）中写道：“我们的歌曲渊源于西班牙节奏……即使我们承认我们的民歌是西班牙与非洲这两种文化的产物，我们的艺术追随的当然是那更为高贵纯正的谱系。多米尼加的民间音乐是按当地人的趣味调节的西班牙音乐，而它之受野蛮的非洲节奏的影响，完全是偶然的。”

另一方面，多米尼加黑人音乐家埃斯特班·培尼亚·莫雷尔认为黑人的影响是民族艺术的一个合法的部分。另一位多米尼加音乐家胡利奥·阿尔塞诺在他死后发表的《多米尼加音乐民谣》（1927）一书中写道：“我们必须排除外来的节奏。我们必须成为多米尼加音乐家而不是德国或波多黎各音乐家。我们必须创造一个扎根于我们的天然而自发的朝气蓬勃的民族音乐的艺术。”最重要的多米尼加音乐学者兼作曲家恩里克·德马切纳在其《阿纳卡奥纳的阿雷托及民间诗歌》（*Del Areito de Anacaona al Poema Folklórico*，1942）一书中宣称：“每个多米尼加音乐家都要本能地写作多米尼加音乐。”

多米尼加共和国的时事叙事歌，像墨西哥的科立多一样，是很有意思的，因为它们反映了群众对历史事件的反应。多米尼加共和国的音乐状况已有了惊人的发展。首都特鲁希略城（圣多明各）有自己的交响乐队，是 1941 年 10 月 23 日创立的，指挥是西班牙音乐家恩里克·卡萨尔·查比，曲目都是当地音乐家的作品。为了鼓励创作，共和国政府宣布举行本国音乐家创作的各种体裁的最佳音乐作品比赛，于 1944 年 2 月多米尼加独立一百周年纪念日举行。最高奖是 1000 美元，发给管弦乐作品。随着 1941 年国家音乐学院的成立，圣多明各的音乐教育事业得到进一步的促进。特鲁希略还有一个强大的无线电台“HIN y HIIN”，音乐节目由恩里克·德马切纳负责。

多米尼加流行歌曲舞曲由纽约的费默斯音乐有限公司与阿尔发音乐公司出版了两卷。由爱·米略·希门尼斯编辑的包括六十四首多米尼加曲调的《歌唱祖国》（*La Patria en la Canción*）一书于 1933 年在巴塞罗那出版，但现已绝版，胡利奥·阿尔塞诺的论文《多米尼加音乐民谣》也已脱销。《音乐季刊》1945 年 1 月号与 4 月号发表了 J. M. 库珀史密斯的一篇关于多米尼加共和国音乐状况的报告，颇有见地。

多米尼加共和国诞生了大量的音乐家，著名音乐家介绍如下。

“多米尼加音乐之父”是胡安·包蒂斯塔·阿方塞卡（Juan Bautista Alfouseca，1810～1875）。他是第一位在音乐中采用本民族民歌的人，也是第一首国歌《独立颂》（*Himno De la Independencia*）的作者。他的学生何塞·雷耶斯（1835～1905）继承了阿方塞卡所建立的民族传统。其他的 19 世纪多米尼加作曲家还有阿弗雷多·马克西莫·索勒，他用轻音乐风格创作；巴勃罗·克劳迪奥，写过两部歌剧和七百余首其他作品；何塞·马利亚·阿雷东多，写了大量流行舞曲。

有两位多米尼加出生的姊妹的名字已载入民族音乐的史册。一位是胡列塔·利凯拉克·阿夫路（1890～1925），她是写钢琴乐曲的，有点肖邦的味道。她的妹妹卢西拉是个神童，生于 1895 年 2 月 21 日，1901 年 11 月 21 日去世，只活了 6 年 9 个月。她朴素的即兴创作作品由她的家人收集出版。

多米尼加最多产的音乐家之一是克洛多米罗·阿雷东多－米乌拉

(Clodomiro Arredondo-Miura，1864～1935)。他既写进行曲、圆舞曲与土风的船歌，也写宗教音乐。他的儿子奥拉西奥·阿雷东多－索萨(Horacio Arredondo-Sosa，生于1912年)也是音乐家，曾与何塞·拉米雷斯·佩拉尔塔一起编辑了一本多米尼加流行曲调集，由纽约阿尔发音乐公司出版。

年轻的别恩维尼多·布斯塔曼特（Bienvenido Bustamente，1924～2001）是跟他父亲何塞·玛丽亚·布斯塔曼特（José Mariá Bustamente，1867～1940）学习音乐的。他的管弦乐《幻想曲》于1942年8月16日在他的故乡圣佩德罗－德马科里斯演出，当时作曲家18岁。

黑人音乐家何塞·多洛雷斯·塞龙（José Dolores Cerón，1897～1969）师承何塞·德赫苏斯·拉维洛（José de Jesús Ravelo）与培尼亚·莫雷尔。塞龙既写交响乐曲又写流行音乐。他的交响诗《恩里基约》（*Enriquillo*）于1941年10月23日在圣多明各的国家交响乐队成立音乐会上初演。

恩里克·卡萨尔·查比（Enrique Casal Chapi，1909～1977）原是西班牙马德里人，后入多米尼加籍。他的祖父是著名的西班牙音乐喜剧《萨苏埃拉》（*Zarzuela*）的作曲者鲁佩尔托·卡萨尔·查比。卡萨尔·查比曾在马德里音乐学院学习。1936年，他27岁时毕业于康拉多·德尔·坎波的作曲班。他一度活跃于西班牙共和国，共和政府失败后，他步行到法国边境，最后于1940年4月21日到多米尼加共和国避难。1941年8月5日他被任命为圣多明各新成立的国家交响乐队的指挥。他用先进的现代风格写作，并具有精湛的技巧，制定了一条鼓励当地民族作曲家的方针，其中有几位曾跟他学习过。在自己的管弦乐曲中，卡萨尔·查比指挥演出过一部序曲（1942年11月30日）。

加夫列尔·德尔·奥尔维（Gabriel Del Orbe，1888～1966）是圣多明各莫卡人，写过一百余首小提琴曲。曾在德国学习，并举行小提琴独奏会；回国后被聘为圣多明各音乐学院的小提琴教师。

流行音乐作曲家胡安·包蒂斯塔·埃斯皮诺拉·雷耶斯（Juan Bautista Espinola y Reyes，1894～1923）是拉贝加人。在军乐队中吹单簧管，并写了五百余首流行风格的作品，包括梅伦格、圆舞曲与船歌。

胡安·弗朗西斯科·加西亚（Juan Francisco Garcia，1892～1974）出生于圣地亚哥，他主要是靠自学掌握了扎实的作曲技巧，可以创作交响曲式的作品。他的《第一交响曲》以《基斯克亚交响曲》为副标题（“基斯克亚”是圣多明各岛的古称），于1941年3月28日在圣多明各公演，《古典谐谑曲》（*ScheKa Clasico*）则于1941年10月23日演出。《第二交响曲》在1944年举办的多米尼加国家最佳交响乐作品比赛中获一等奖。1944年4月加西亚被任命为特鲁希略音乐学院院长。除交响乐作品外，加西亚还写了许多流行风格的舞曲，并创造了新的民族曲式“桑篷比亚”（或称“多米尼加狂想曲”）与“旋律舞”（一种民族风格的旋律性舞蹈）。他的钢琴曲集《基斯克亚节奏》（*Ritmos Quisqueyanos*）于1927年在纽约出版。

胡利奥·阿尔维托·埃尔南德斯（Julio Alberto Hernández，1900～1999）是一位萨克管演奏者和流行音乐作曲家，出生于圣地亚哥。他原先是学萨克管的，后来在乐队中担任指挥，从而获得了乐队知识，曾编辑过《民族音乐曲集》（*Album de Música Nacional*，1927）。

拉斐尔·伊格纳西奥（Rafael Ignacio，1897～1979）曾在军乐队中演奏小号、长笛与低音提琴，后来又指挥过一个名为“爱情与谈情说爱”（Amores y Amorios）的舞蹈乐队。拉斐尔·伊格纳西奥在首都特鲁希略城（圣多明各）进行了一个时期的音乐活动后，于1941年被任命为圣地亚哥军乐队助理指挥。他写过一部C小调交响曲和一部以民间主题为根据的《民歌组曲》（*Suite Folklorica*），还写了大量流行舞曲与歌曲。

曼努埃尔·德赫苏斯·洛夫莱斯（Manuel de Jesús Lovelace，1871～?）是通过在军乐队中吹短笛而学会基本乐理的，曾写过大量流行舞曲。在他的大型作品中，三乐章的乐队作品《多米尼加风情》（*Escenas Dominicanas*）反映了圣多明各的风土人情。

恩里克·德马切纳（Enrique de Marchena，1908～1988）曾在圣多明各跟随埃斯特班·培尼亚·莫雷尔学习作曲。写作风格是浪漫派的，带有印象派色彩的笔触。写过一百余首钢琴曲、一部交响诗《彩虹》（*Arco*

Iris）和一部小提琴协奏曲。受当地民歌启发而写的三乐章《意象组曲》（*Suite de Imagenes*）于1942年4月29日由国家乐队在圣多明各首演。自1930年以来，马切纳一直担任《日报》（*Listín Diario*）的音乐评论员，还负责设在圣多明各的多米尼加电台HIN y HIIN的音乐节目。1943年赴美讲学。在《阿纳卡奥纳的阿雷托及民间诗歌》（*Del Areito de Anacaona al Poema Folklorico*，1942）一书中，马切纳追溯了从传说中的女酋长阿纳卡奥纳的时代至今的圣多明各民间音乐史。马切纳的《意象组曲》的乐队谱也已收入费城弗来谢尔藏书。

恩里克·梅希亚－阿雷东多（Enrique Mejia-Arredondo，1901～1951）师承他祖父何塞·玛丽亚·阿雷东多。他的A大调交响曲是一部标题音乐，叙述了1863年圣多明各的内战，于1941年10月23日在圣多明各的国家交响乐队成立音乐会上演出。第二交响曲《光明交响曲》（*Sinfonia de Luz*）具有浪漫派的特征。交响诗《复兴》（*Renacimiento*）描绘了1930年9月3日伊斯帕尼奥拉岛遭飓风袭击后的恢复工作。《回忆》（*Evocaciones*）是一部由三首管弦乐曲组成的组曲，于1930年2月23日在圣多明各演出。梅希亚－阿雷东多的和声风格并不高深，配器是传统的，但他的音乐从民歌的观点来看却很有趣，两首《基斯克亚舞曲》（*Danzas Quisqueyanas*）和钢琴曲《在约卡里神庙中》（*En el Templo de Yocari*）由纽约阿尔发音乐公司出版。

路易斯·E.梅纳（Luis E. Mena，1895～1964）曾求学于何塞·德赫苏斯·拉维洛，学到了足够的作曲技巧，写过宗教音乐、交响音乐与流行音乐，写过一首以儿童游戏为主题的《玩笑交响曲》（*Sinfonía de Juguetes*）、一首乐队《序曲》（1941年10月23日由国家交响乐队在圣多明各演出）、两首交响舞曲、一部《诙谐交响曲》（*Sinfonía Giocosa*）、一首由长笛与弦乐队演奏的组曲，还有一首《向多米尼加国歌致敬》（*Homage to the Dominican Nacional Anthems*），把两首国歌和多米尼加现用的国歌结合在一起，钢琴随想曲《埃利拉》（*Elila*）由纽约阿尔发音乐公司出版。

拉蒙·埃米略·佩拉尔塔（Ramón Emilio Peralta，1868～1941）是流行音乐作曲家。他的作品一览表中包括二十五首《舞曲》、七首圆舞曲、五首玛祖卡、三部轻歌剧以及一些波尔卡、进行曲与哈巴涅拉。

拉斐尔·佩蒂东·古斯曼（Rafael Petiton Guzmán，1894～1983）是多米尼加人，但1933年以后一直住在纽约。他于1894年12月18日出生在萨尔赛多。曾写过大量流行舞曲、一部三乐章的《安的列斯组曲》（*Suite Antillana*），其中回响着波多黎各、古巴和圣多明各的民间音乐。

何塞·德赫苏斯·拉维洛（1876～1951）写了二百余首不同类型的作品，都采用了欧洲传统风格。清唱剧《基督之死》（*La Muerte de Cristo*）由谢尔默出版，于1939年4月7日在圣多明各圣玛丽亚大教堂的大殿演出。

路易斯·里维拉（Luis Rivera，1902～?）学过小提琴与钢琴。作为一名作曲家，他促进了当地民谣的发展。他写的《印第安之诗》（*Poema Indio*）于1942年7月29日由国家交响乐队在圣多明各演出。他还写了两部钢琴与乐队的多米尼加狂想曲，其中第一部于1941年9月23日在圣多明各演出。

费尔南多·A. 鲁埃达（Fernando A. Rueda，1859～1939），圣多明各人，是一位沙龙音乐作曲家，为军乐队写了大量流行舞曲，其中《金婚》（*Bodas de Oro*）一曲，1913年8月16日在圣多明各初演，随后在多米尼加共和国广泛流行。

（二）舞蹈

多米尼加舞蹈以两种音乐风格闻名，一种是梅伦格舞曲（Merengue），另一种则是多米尼加民间舞蹈巴恰塔舞曲（Bachata）。这两种音乐风格各不相同，但是都风靡了整个加勒比海地区（特别是邻近的波多黎各）和拉丁美洲。多米尼加人从小受到音乐的熏陶，不管是在出租车上，还是在公司行号里，甚至在乡村里的杂货店、小摊，处处都可以听到轻快又大声的音乐，尤其是到了周末，随时随地都可以听到音乐。

梅伦格舞曲的渊源不详，据说它是由黑人奴隶从古巴带来的，也有人认为它源自波多黎各或海地。培尼亚·莫雷尔断言有个动词叫“Merenguearse”（音译为“梅伦格斯”，意为“忘掉一切地跳舞”），“梅伦格”即由此动词构成的名词。

还有一种说法，梅伦格舞曲由非洲和西班牙歌曲混合延伸而来，传说有可能是早期为了防止奴隶逃走，种植园主或监管者往往将两个人的脚用脚镣铐在一起，为便利采收甘蔗，搭配鼓声，让奴隶们随着鼓声拖动脚步一起采收甘蔗，有一点像是二人三脚的动作。不过梅伦格舞曲的真正来源并没有明确的结论。20 世纪 20 年代，多米尼加人正式把此舞曲推向官方舞台，独裁者特鲁希略于 20 世纪 30 年代把梅伦格舞曲推广到全国各地，由于其舞曲轻快，很快就传遍各地。演奏梅伦格舞曲的乐器主要有沙鼓、小喇叭、手风琴和多米尼加特有的 Güira（铁刷）。1980 年至 1990 年，从多米尼加前往别的国家或地区的移民把梅伦格舞曲传到国外，逐渐流行到美国东岸各大城市。梅伦格舞曲是一种欢快的曲调，由两个各为十六小节的对称乐句构成。第一段通常用大调，第二段用属大调或其关系小调，终止时回到原调。节奏的特点是切分音不太突出。

典型的梅伦格舞曲包括一个短小的引子（称为“帕西奥”，意为“漫步”）和一些间奏（称为“哈列奥”，意为“欢呼”）。佩德罗·恩里克斯·乌雷涅博士所著《美洲的流行音乐》（*Música Popular de America*，1930 年由高原大学民族学院图书馆出版）对梅伦格舞曲做了详细的描述。

在其他多米尼加曲调中，西瓦奥蓬托与梅伦格舞曲很相似，但用的是三部曲体，也就是说，第一部分重复。克里奥尔船歌仿效欧洲的原型，略有一点切分节奏。多米尼加的波莱罗同古巴的波莱罗一样，也是 2/4 拍子的，不像古典的西班牙波莱罗那样是 3/4 拍子。

在民族舞蹈中有一种现已废弃不用的曼古利纳，跳得快的时候就像塔兰泰拉舞。还有源自马古瓦纳省的马古瓦纳托那达舞；“鞋舞”蒙图诺 - 萨帕特亚多又称萨兰波；“无花果”是一种生动的曲调，往往是工人上工时唱的。

巴恰塔舞曲 20 世纪 60 年代兴起于多米尼加北方的乡村地区，其歌曲比较偏好叙述爱情方面，尤其是描述分手和悲伤的情感，歌曲的步调比梅伦格舞曲慢许多。巴恰塔舞曲主要是以传统吉他来伴奏，据说是从 Bolero 舞曲延伸而来，1960 年以前由于独裁者特鲁希略偏好梅伦格舞曲而受到抑制，一直到 20 世纪 60 年代特鲁希略死后才逐渐开始流行。巴恰塔舞曲在 20 世纪 80 年代从收音机电台开始登上电视台，加上后来电子吉他取代了传统吉他，巴恰塔舞曲和梅伦格舞曲一起成为主流。20 世纪 90 年代后出现了路易斯·瓦尔加斯（Luis Vargas）和安东尼·桑托斯（Antony Santos）两位出名的多米尼加巴恰塔舞曲的歌手。他们把巴恰塔舞曲和梅伦格舞曲混合成另外一种风格，并把此曲风带到了世界流行乐的舞台。

除了这两种舞蹈外，多米尼加还有其他一些民族舞蹈。

Pambieche 舞：梅伦格舞的一种，为了使其他国家的舞者适应梅伦格舞的节奏，20 世纪 20 年代多米尼加音乐家在棕榈海滩（Palm Beach）一带创造了这种舞蹈，历史上这里曾制作过美国军服，Pambieche 舞的主要特征就是节奏缓慢。

Sarambo 舞：具有悠久历史的舞蹈，起源于西班牙的踢踏舞，部分音乐流传至今。

鼓乐舞蹈（Danza Ritual de Palos o Atabales）：一种鼓乐伴奏、具有宗教色彩的舞蹈，主要用于纪念打击乐神（Los Reyes los Palos）的宗教仪式。这种舞蹈盛行于圣胡安、巴拉奥纳、圣弗朗西斯科－德马科里斯、拉贝加、埃尔塞沃与伊圭等地。仪式上，一对舞者表演，众多人围观，舞者不拘泥于节奏，自由发挥，即兴起舞，舞蹈过程中女性舞者是主角。围观者也可以互动，想中断这对舞者可以轻拍舞者肩头，示意暂时结束，由另外一对舞者接着起舞，直至结束。

奥利、奥利、奥利舞（Oli、Oli、Oli）：盛行于萨马纳地区、庆祝狂欢节的舞蹈，舞者都是男性，手持木棍，边舞蹈边敲击地面，或者是用两根棍棒抬起几名参与者，其中一名坚持不落地的人再用自己的肩膀架起其他人，并用伊斯帕尼奥拉方言引吭高歌。

彩带舞（Baile de las Cintas）：一种节奏欢快的狂欢节舞蹈，使用小木棍敲打伴奏，其变种舞 Nibaje 享誉全球。

卡宾舞（Carabiné）：起源于西班牙加那利群岛，1805 年传入伊斯帕尼奥拉岛，随后又跟非洲舞蹈元素相混合。卡宾舞由一名指挥引导，多位舞者参与，使用四弦琴、吉他和 baslsie 等乐器伴奏。

Chenche Matriculado 舞：一种单脚起跳的节奏欢快的节日庆典舞蹈。

Mangulina 舞：传说这种舞蹈第一次出现时，杧果花漫天飞舞。

木薯舞（La Yuca）：以木薯与木薯面饼为题材的舞蹈。

玛瓜利纳舞（Magualina）：欧洲华尔兹舞蹈的变种，盛行于多米尼加南部地区的特色舞蹈，一般紧接着卡宾舞。

野性印第安舞（Mascarade o Wild Indians）：极具地方特色的狂欢节舞蹈，讲究热烈的气氛、炫目的灯光、强烈的节奏、亮丽的服装与不同寻常的舞蹈形式。

嘎-嘎舞（Ga-Gá）：狂欢节舞蹈，旨在展现人们对生命的尊重与对自然的热爱。具体步骤可分为五步：序曲（Pasco）；Reyes de Loaladi 舞，喻示万物复苏；死亡之舞（Baile de la Muerto），暗示善良最终击败邪恶；欢乐与善良之舞（Baile de los Heraldo del bien y la alegría），邪恶被驱赶，所有人翩翩起舞；结束舞，曲终人散，大家期待在下一个地方再次开始。

Caín y Abel 舞：狂欢节舞蹈，盛行于北部的部分城市，两名舞者一边唱歌一边跳舞，演绎濒临死亡的 Abel 依偎在 Caín 怀里。

波尔卡舞（Polka）：源自欧洲，后来融入了本地特色。

玛祖卡舞（Mazurka）：同样源自欧洲，逐渐融入地方特色。

Bamboula 舞：萨马纳半岛庆祝圣拉斐尔节的舞蹈。

孔戈舞（Congos）：源自非洲的宗教仪式，是圣灵节的舞蹈。

萨兰敦加节舞（Sarandunga）：宗教节日，巴尼地区的黑人用这种舞蹈纪念天主教中的圣胡安·包蒂斯塔（San Huan Bautista）。这种舞蹈共分为三种形式，还有一个宗教游行仪式，具体包括：序曲，即 Jacana 舞，一起跳舞的人数最多；Capitana 舞，刚开始扮演圣者的舞者独自起舞，逐渐演变为多人共舞，舞者手里还挥动着白丝巾；Morano 游行，舞者抬着圣胡安·包蒂斯塔的神像在全城巡游；Bomba 舞，舞曲与 Capitana 舞一模一样。不过传说其中一种舞蹈的舞曲已经失传。

四 文化与艺术

（一）文化发展简史

据考证，生活在这片土地上的泰诺人曾经创造了辉煌的土著文化，但随着殖民者的入侵与破坏，已经很难寻觅到大规模的土著文化遗址，只能从点滴的土著文化遗址中来透视久远的原始文化。曾任多米尼加大学考古研究院院长的埃米尔·德博伊列·莫亚在位于博卡－奇卡后面的帕雷多内斯的山洞里中收集到一件泰诺人制作的艺术品——一套由数百个橘黄色石灰质松石制作的用于宗教仪式的头像。据考证这个头像制作于贝壳文化时代和泰诺人时代之间，是泰诺文化的一个见证。

殖民者的入侵中断了土著文化的发展，但也在客观上带来了不同类型的文化。欧洲殖民者把欧洲白人文化带到伊斯帕尼奥拉岛，部分白人同土著人通婚形成了梅斯蒂索文化，欧洲文化、梅斯蒂索文化同土著文化相互交融，构成了多米尼加多元文化的雏形，第一批教堂、第一家医院、第一批纪念碑与第一所大学就是那个时代多元文化的写照。

16 世纪后期，土著人基本灭绝后，为了缓解劳动力的不足，大量黑人被引入伊斯帕尼奥拉岛，黑人文化也逐渐渗透到这片土地。在长期的发展进程中，黑人与当地人种混合，诞生了新的种群，如穆拉托人（黑白混血）、桑博人（印黑混血）、拉丁黑人、业已存在的梅斯蒂索人（印白混血）等。黑人文化的融入又给多米尼加文化增添了新的元素。

在历史发展进程中，非洲草原文化、欧洲大陆本土白人文化、加勒比本土河谷文化相互交融，多米尼加逐渐形成了开放、包容的多元文化，多米尼加凭借其独特的民族文化屹立于世界国家之林。

（二）建筑艺术

多米尼加共和国的建筑是代表了多元文化的复合体。欧洲殖民者的深刻影响最为明显，以华丽的设计和巴洛克风格的建筑为特色。这种风格在首都圣多明各最为显著，这里有美洲所有城市的第一座大教堂、城堡、修道院和堡垒等，这些建筑都位于该市的殖民时期的旧城区，被联合国教科文组织列为世界遗产。这些设计被应用于全国各地的别墅和建筑物中。除此之外，在拥有灰泥外墙、拱形门窗和红色屋顶的建筑物上也可以观察到这种风格。

多米尼加共和国的土著人对该国的建筑也有重大影响。泰诺人主要用红木和干燥的棕榈树叶搭建房屋，将工艺品、艺术品、家具和房屋融为一体。利用泥浆茅草屋顶和红木搭建的房屋，与岛上的环境无缝衔接。

随着旅游业的兴起，多米尼加作为加勒比度假胜地，建筑师已经开始融入强调奢华的尖端设计。在许多景区，新建的游乐场、别墅和酒店采用新的风格，同时也搭配一些旧式元素。与文化一样，当代建筑师也接受多米尼加共和国丰富的历史和各种文化创造新的东西。在新建的现代别墅中，可以找到三种主要风格的任意组合：别墅可能包含棱角分明的现代主义建筑外观、西班牙殖民风格的拱形窗户以及卧室阳台上的传统泰诺吊床。

殖民时期以来，多米尼加的著名建筑有建于海地统治时期的参议院大楼，特鲁希略独裁统治时期的仿文艺复兴样式的国家宫殿、美术院，大学城的楼房，建于1908年的圣佩德罗－德马科里斯模范市场，建于1910年的圣多明各维奇尼府邸（Vicini Residence），建于1942年的圣多明各哈拉瓜酒店（Hotel Jaragua），建于1947年的特鲁约之家（Casa Trullol），建于1948年的圣多明各穆奈之家（Casa Muneé），建于1951年的圣多明各马妮翁之家（Casa Mañon），建于1952年的圣多明各众神之家（Casa Santos），建于1955年的圣多明各市政厅（City Hall），建于1992年的科都伊（Cotui）的三号制造厂（Factoría 3），建于1994年的胡安·多里奥（Juan Dolio）的卡培亚酒店（Capella Resort Hotel）与圣多明各亚米莱特宅邸（Residencia Yamilet），建于1995年的圣多明各赛尔科电子大楼（Celco Electronics）、A Des Tiempo大楼、圣多明各我姐妹之家（La casa de mi Hermana）、圣多明各MVPAN大楼、圣多明各Opel Showroom大楼、圣多明各里韦拉宅邸（Rivera Residence），建于1992～1996年的巴拉奥纳圣克鲁斯教堂（Iglesia de la Santa Cruz），建于1997年的圣多明各Novoteks大楼、圣克里斯托瓦尔的Pollo Rey 5大楼等。

（三）绘画与雕塑

为了促进现代绘画与雕塑艺术的发展，1941年多米尼加建立国家美术学院，培养了大批专业化人才，也建立了具有超高艺术价值的雕刻建筑伊圭大教堂。

20世纪60～70年代著名的画家有多明戈·利兹（Domingo Liz）、西尔瓦诺·劳拉（Silvano Lora）、何塞·林孔·莫拉、基约·佩雷斯（Guillo Pérez）与阿达·巴尔卡塞尔（Ada Balcácer）等。随后，多米尼加也诞生了坎迪多·比多（Cándido Bidó）、伊万·托瓦尔（Iván Tovar）、何塞·拉米雷斯·孔德（José Ramírez Conde）、维森特·皮门塔尔（Vicente Pimentel）、苏西·佩耶拉诺（Soucy Pellerano）、费尔南多·乌雷涅·里伯（Fernando Ureña Rib）、赛义德·穆萨（Said Musa）等著名艺术家。

（四）文化艺术设施

多米尼加的主要文化艺术设施有建于1458年的圣多明各自治大学图书馆；建于1874年的爱好光明协会图书馆（Biblioteca de Sociedad de Amantes de la Luz），位于圣地亚哥；建于1914年的多米尼加图书馆；建于1926年的比利尼神父图书馆（Biblioteca de Padre Billini），位于巴尼市；建立1935年的国家档案馆（Archivo General de la Nación），位于圣多明各；建于1943年的绘画与雕塑博物馆（Galeria Nacional de Bellas Artes）；建于1957年的历史、绘画与地毯博物馆——哥伦布博物馆（Alcazar de Diego Colón），位于圣多明各；建于1971年的国家图书馆，位于圣多明各；建于1972年的考古与历史博物馆——圣菲利佩要塞（Fortaleza de San Felipe），位于普拉塔港；建于1972年的家具博物馆——庞塞·德莱昂要塞（Fuerte de Ponce de León），位于圣·拉斐尔·德尤马（San Rafael de Yuma）；建于1973年的家庭博物馆（Museo de la Familia Dominicana），位于圣多明各；建于1973年的考古学、种族学博物馆——多米尼加英雄人物博物馆（Museo del Hombre Dominicano），位于圣多明各；建于1973年的人类学与历史博物馆——前西班牙艺术厅（Sala de Arte Prehispánico）；建于1976年的殖民地历史博物馆——王室博物馆（Museo de las Casas Reales）；建于1976年的现代艺术画廊（Galeria de Arte Moderno）与国家美术画廊；建于1980年的历史博物馆——圣地亚哥谷地博物馆（Museo de Villa de Santiago）；建立于1982年位于圣多明各的国家历史地理博物馆（Museo Nacional de Historia y Geografía）等。

其他一些文化艺术设施还有位于圣多明各的国家剧院（Teatro Nacional），会举办芭蕾舞剧、音乐会、歌剧、话剧等活动，也会举办艺术展览、开设艺术类培训课程等；国家自然科学博物馆；艺术长廊（Paseo de las Artes）；艺术宫（Palacio de Bellas Artes）；工艺美术博物馆（Museo

Bellapart)；皇家阿塔兰萨那博物馆（Museo de las Ataranzanas Reales)；杜阿尔特之家博物馆（Museo Casa de Juan Pablo Duarte)；琥珀世界博物馆（Museo Mundo del Ambar)；自然史博物馆（Museo del Historía Natural)；古钱币及邮票博物馆（Museo Numismático y Filatélico)；西班牙文化中心（Centro Cultural de España)；米拉瓦尔姐妹博物馆（Museo de las Hermanas Mirabal)；19 世纪多米尼加博物馆（Dominicana del Siglo XIX)；索苏阿犹太社区博物馆（Museo de la Comunidad Judía de Sosúa)；拉里玛尔博物馆（Museo de Larimar）等。

第四节 体育

一 体育机构

早期生活在伊斯帕尼奥拉岛东部地区的居民，经常玩一种类似于现代棒球的运动项目。多米尼加现代体育运动则发端于 19 世纪末 20 世纪初加勒比地区移民的流动时期与美国军事占领时期。

多米尼加体育部成立于 20 世纪 70 年代，负责本国体育运动的开展，其主要职责是组织开展业余体育运动；对胡安·巴勃罗·杜阿尔特奥林匹克中心的使用情况进行监督与维护，并对那些已建成、政府投资建设、作为体育部资产的体育场馆与设施的使用情况进行监督与维护；与多米尼加奥林匹克委员会（简称“多米尼加奥委会”）保持友好合作关系；加强与国际体育组织的友好合作；结合国际体育联合会对多米尼加奥委会的相关规定，制定业务体育运动的官方指导法规；加强与各个国家政府及其分支机构的合作，组织国际、国家级、省级与市级赛事；鼓励建立跟体育运动相关的正规俱乐部；向行政总部申请，成立负责组织与促进各项体育运动的特别工作委员会；加强与相关组织的合作，策划与组织参加国际性赛事；向教育文化部门提出加强学校体育教育的指导性意见；负责购置体育运动的活动器材、体育设备，聘用校外体育教育指导员等。

策划与组织奥林匹克运动的机构呈金字塔结构，自上而下由奥委会、联合会、协会、俱乐部等机构组成；设立一系列协会（委员会）：国际象棋、射箭、田径、篮球、手球、拳击、自行车、马术、足球、柔道、空手道、举重、摔跤、游泳、回力球、垒球、跆拳道、网球、乒乓球、飞碟、铁人三项、帆船与排球等。

二　体育成绩

多米尼加从1964年开始，一届不落地参加了所有奥运会。2004年雅典奥运会凭借菲利克斯·桑切斯在男子400米栏的出色发挥，获得1枚金牌，实现了奥运会赛场上零金牌的突破。2008年北京奥运会上，多米尼加运动员更是取得了1金1银的历史最好成绩，运动员迪亚兹获得了男子拳击项目64公斤级的金牌，莫塞德斯获得了跆拳道项目男子58公斤级以下的银牌。2010年以来，多米尼加在田径项目上涌现出一批优秀选手，2012年伦敦奥运会上，多米尼加运动员菲利克斯·桑切斯在男子400米栏比赛中，以47.63秒的成绩获得冠军，自2004年后再次在这个项目称雄，同时多米尼加还获得1枚宝贵的银牌。2016年里约奥运会上，多米尼加选手获得男子58公斤级跆拳道项目的铜牌。

三　主要体育项目与著名运动员

（一）主要体育项目

棒球　棒球于1866年由美国水手传入古巴，当时从美国到古巴采买蔗糖的水手开始教导古巴人打棒球。1874年古巴开始有正式的棒球比赛，从此棒球由古巴慢慢传入加勒比海各岛国。古巴的十年战争（1868～1878），造成了大量古巴人口外流，许多古巴人逃到多米尼加，把棒球“Béisbol”带入多米尼加。1920年，加勒比海各国之间有了球队比赛。

和古巴、波多黎各（美）、委内瑞拉、巴拿马一样，多米尼加是传统的棒球强国。多米尼加最早的球队成立于20世纪早期，当初的四个球队仍然存在，为早期多米尼加棒球联盟的雏形：老虎队（Tigres del Licey，

1906)、东方之星队（Estrellas Orientales，1911)、鹰队（Sandino，后改名为 Las Aquilas Cibaeñas，1921)、雄狮队（Leones del Escogido，1921)。截止到 2014 年，多米尼加拥有自己的棒球联盟，总共六个球队，分别是圣多明各老虎队、圣多明各雄狮队、圣地亚哥鹰队、圣彼得东方之星队、旧金山巨人队（Gigantes del Cibao)、萨马纳东方蛮牛队（Toros del Este)。每年 10 月初美国职业棒球大联盟球季结束后，常会有美国球员转会到多米尼加打球，一方面提升了自己的训练，另一方面也为多米尼加赛事增色不少。多米尼加冬季联盟每年 10 月底到 12 月底为赛季，每个球队比赛 50 场，冬季赛结束后前四个球队在隔年 1 月份举行共 18 场淘汰赛，最后胜出的两队以九战五胜制争夺联盟总冠军。

联盟总冠军队伍于每年 2 月可以进入加勒比海大赛和墨西哥、波多黎各、委内瑞拉的职业棒球冠军队伍争夺冠军，2007 年和 2008 年加勒比海大赛总冠军分别被多米尼加圣地亚哥鹰队和圣多明各老虎队夺得。2010 年加勒比海大赛在委内瑞拉举行。2006 年举办的第一届世界棒球经典赛，多米尼加共有多名效力于美国职业棒球大联盟的好手代表参加，他们被认为是夺冠大热门，可惜于半决赛以一比三输给也是传统棒球强队的古巴队，无缘冠军。

排球　排球运动于 1916 年进入多米尼加，多米尼加排球队 1934 年首次参加国际排球比赛——加勒比排球赛。1946 年，多米尼加女排首次参加中美洲及加勒比地区运动会就夺得冠军。1962 年，多米尼加男女排又分别在中美洲及加勒比地区运动会夺得亚军和冠军。1974 年，多米尼加女排首次亮相世锦赛，但成绩并不理想，仅列第 21 位，4 年后的莫斯科世锦赛上排名上升两位，列第 19 位。1997 年，多米尼加女排在中美洲及加勒比地区锦标赛上获得铜牌，次年列日本世锦赛的第 11 位。1999 年，多米尼加女排获得泛美运动会第四名，之后在中美洲及加勒比地区锦标赛决赛中以 2∶3 惜败世界冠军古巴女排，获得亚军，上升势头之快让很多劲旅吃惊。2002 年，由于很多队员经过了意大利和西班牙等职业联赛的洗礼，多米尼加女排在泛美杯女排赛中一路挺进决赛，但在决赛中再次惜败于古巴女排，获得亚军。2003 年是多米尼加女排丰收的一年和突破历史的一年。她们首次参加了有小世界杯之称的瑞士女排精英赛，在第二届泛美杯女排赛中，多米尼加队在半决赛中击败古巴队，闯入决赛，最后居美国队之后获得亚军。在随后举行的泛美运动会上，多米尼加女排首次夺冠，并有5名队员入选全明星阵容。2016年7月11日，在2016年第十五届泛美杯女排赛决赛中，多米尼加女排以3∶2的比分击败了劲旅波多黎各队，第二次获得这项锦标赛的冠军。2018年7月14日泛美杯半决赛中主场作战的多米尼加女排以3∶0的比分横扫巴西女排，昂首挺进决赛，同美国队争夺冠军。7月17日的决赛中，多米尼加女排被美国队逆转，以2∶3的比分失利，与冠军擦肩而过。在世锦赛赛场上，2002年获得第13名，2006年、2010年两届均为第17名，2014年意大利世锦赛获得第5名。多米尼加队在2011年世界杯赛取得第8名，2015年女排世界杯位列第5名。自2004年开始，多米尼加每年征战世界女排大奖赛却从未打入决赛，最好成绩是2010年的第8名。2018年10月在日本横滨举行的女排世锦赛上多米尼加位列第9名。

在奥运会赛场上，多米尼加女排自1964年至2000年都未参加奥运会比赛，2004年她们首次打入奥运会，最终以第11名收官，2008年她们再次未获资格。2012年伦敦奥运会，是多米尼加女排第2次征战奥运，她们与英国女排、意大利女排、日本女排、俄罗斯女排和阿尔及利亚女排同分在A组，小组第四晋级八强，最终1/4决赛不敌美国女排，并列第5名收官。2016年多米尼加女排无缘里约奥运会。

在国际赛场上，中国女排同多米尼加女排多次交手，多米尼加女排也多次参加中国女排精英赛，中国球迷对多米尼加女排非常熟悉，很多场经典比赛都给中国球迷留下了深刻印象，如2014年女排世锦赛六强赛，中国队鏖战五局，最终3∶2逆转战胜了多米尼加女排。

高尔夫球　多米尼加拥有开展高尔夫运动的天然地理条件，著名设计师罗伯特·特伦特·琼斯（Robret Trent Jones）与皮特·戴伊（Pete Dye）设计了许多高尔夫球场。多米尼加著名的高尔夫球场有位于普拉塔港的黄金海岸球场（Playa Dorada）、位于拉罗马纳的田园之家球场（Casa de Campo）与犬齿球场（Diente de Perro），新建的位于普拉塔港与圣胡安河谷之间的大平原地区球场（Playa Grande）也投入使用。

此外，多米尼加海岸线一带还开展了钓鱼与海底捕鱼运动等。

（二）著名运动员

除了美国本土球员外，美国职业棒球大联盟球员中最多的国外球员就是多米尼加球员。其中包括最有名的萨米·索萨（Sammy Sosa）、红雀队的阿尔贝特·普霍尔斯（Albert Pujols）、大都会队的佩德罗·马丁内斯（Pedro Martínez）、红袜队的戴维·奥尔蒂兹（David Ortiz）、道奇队的曼尼·拉米雷斯（Manny Ramirez）和拿下2007年明星赛本垒打冠军天使队的弗拉迪米尔·格雷罗（Vladimir Guerrero），2007年美国职棒票选最有价值球员前四名选手当中，来自多米尼加的选手就占了三名。多米尼加每年在国外赛场的棒球选手甚多，每年都有新秀选手在美国发光。

美国出生、父母来自多米尼加的扬基队当家三垒手阿莱克斯·罗德里格斯（Alex Rodriguez），是2003年、2005年、2007年MVP得主，2001年、2002年、2003年、2005年、2007年本垒打王，拥有美国职业棒球大联盟最高球员年薪3300万美金（2009年），不到33岁就成为最年轻的500本垒打俱乐部成员。

多米尼加籍的胡安·马里查尔（Juan Marichal，1960～1975年担任巨人队投手）于1983年成为第二位进入美国职棒名人堂的拉丁美籍选手，现今有多米尼加的国旗横挂名人堂大厅。据统计2009年共有81位多米尼加球员在美国职业棒球大联盟打球，多米尼加裔球员年总收入3.5亿美元，在美国818位职棒球员中占了10%。根据美国职业棒球大联盟的数据，2013年多米尼加籍的球员有510名，多米尼加籍球员签约合同的总工资达到了6150万美元。

多米尼加还拥有杰出的篮球运动员，著名的有：蒂托，首位登陆NBA的多米尼加人，在1988年第二轮总第39顺位被雄鹿队选中，在密尔沃基打了两个赛季；路易斯·费利佩·洛佩兹（Luis Felipe López），1998年成功签约NBA，效力于温哥华灰熊队；艾尔·霍福德（Al Horford），多米尼加最大的球星，1986年6月3日出生于多米尼加共和国普拉塔港，多米尼加职业篮球运动员，司职中锋，于2007年通过选秀进入 NBA，新秀赛季入选最佳新秀阵容第一阵容，2010～2011 赛季入选最佳阵容第三阵容，5 次入选全明星阵容，2017～2018 赛季入选 NBA 最佳防守阵容第二阵容，曾效力于亚特兰大老鹰队，2016～2017 赛季、2017～2018 赛季、2018～2019 赛季效力于波士顿凯尔特人队。其他运动员还有跳高名将胡安娜·阿拉德尔（Juana Arradel）、拳击名将斯特林·费利克斯（Sterling Félix）与达尼·比斯凯诺（Danny Vizcaíno）、举重运动员万达·里豪（Wanda Rijo）、赛车手阿德里亚诺·阿布雷乌（Adria Abreú）、台球运动员罗兰多·费利佩·塞贝勒（Rolando Felipe Sebelén）、田径名将菲利克斯·桑切斯等。

第五节　新闻出版

一　报刊

报刊是多米尼加最早出现的传播媒体，刚开始，报刊更多是发挥政府与政党宣传喉舌的功能，19 世纪末 20 世纪初，报纸已经变成了强化政治统治的一个手段，并一度沦为加强独裁统治的媒介。民主化进程加速后，多米尼加重视报刊行业的商业盈利能力，并充分尊重新闻媒体的言论与思想自由。

同广播、电视媒体相比，报刊在多米尼加传媒领域更具权威性，传达了大量信息，可信度最高，其独特的评论视角深受读者欢迎。同时，为了提升对广大读者的吸引力，多米尼加报刊行业还加强了与世界各国报刊同行的交流，不仅及时刊登政治新闻，还刊发大量经济、文化、体育、娱乐、商业资讯类的内容，满足不同读者的阅读需求。

主要报刊有《利斯汀日报》（*Listín Diario*），1889 年 8 月 1 日创刊，发行量 12 万份；《加勒比报》（*El Caribe*），1948 年 4 月创刊，发行量 5 万份；《国民报》（*El Nacional*），1966 年创刊，发行量 8 万份；《今日报》（*Hoy*），1981 年 8 月创刊，发行量 10 万份；《新闻报》（*La Información*）1915 年 11 月创刊，发行量 2.5 万份。还有 2 份免费日报：《自由日报》

(*Diario Libre*)，2001 年 5 月创刊，发行量 15 万份；《日报》（*El Día*），2002 年 3 月创刊，发行量 4.5 万份。

二　广播与电视

负责管理全国电台广播与电视转播业务的机构是多米尼加电信协会（Instituto Dominicano de las Telecomunicaciones，INDOTEL）。

（一）广播

20 世纪初期，美国军事占领结束后，1924 年 10 月 2 日，在时任总统奥拉西奥·巴斯克斯的大力支持下，多米尼加电台第一次面向听众播报一场大联盟杯的棒球比赛，对阵的双方是纽约洋基队（Yanquis de Nueva York）与圣路易斯卡德纳雷斯队（Cardenales de San Luis）。

1930 年由于遭受飓风"圣塞农"袭击，多米尼加电台被迫停止播音，6 个月后才恢复播音，随后更名为 HIZ 广播电台，这个电台至今仍在播音。这一年，奥拉西奥·巴斯克斯政府决定成立官方电台，成立了 HIX 电台，随后又陆续诞生了其他一些商业电台。

多米尼加 90% 的电台集中于首都圣多明各，除了官方电台与商业电台，还有一些非营利性电台，这种性质的电台主要宣传一些特定的思想与教义。一些城市还存在非法电台。

多米尼加广播节目以播放音乐与播报新闻为主，一些电台积极创新，通过增加听众论坛来扩大受众面积，但是一些重要的电台仍以播放新闻为主。多米尼加广播与报纸的发展息息相关，广播节目中增加了国内外时事评论的内容。

截止到 2018 年，多米尼加共有 325 家广播电台，主要广播电台有大千广播电台（Radio Mil）、多米尼加教育广播电台（Radio Educativa Dominicana）、商业广播电台（Radio Cadena Comercial）、多米尼加电视广播公司（Radio Televisión Dominicana）、武装力量之声（La Voz de las Fuerzas Armadas）等。

（二）电视

20 世纪中叶，多米尼加广播电视公司第一次提供电视业务，拉开了电视业务的发展序幕。1969 年经营全彩色电视系统业务的彩色视觉公司

（Color Visión）的成立把多米尼加电视业务推向了新的阶段，这家公司最初设在圣地亚哥，1973 年因为财务问题迁移到圣多明各，目前这家公司经营着高频电视系统的 9 个频道。多米尼加第二家经营彩色电视系统业务的公司是 1970 年成立的安的列斯电视公司（Teleantillas），目前经营着两个频道。

多米尼加电视节目以传达信息、宣传教育和提供娱乐内容为主，几乎所有的电视系统都设立在圣多明各，一些省份也设立了省电视台，但影响力不太大。随着信息技术的发展，一些电视公司引进了超高频电视系统，电视节目的内容也更加丰富。

截止到 2018 年，多米尼加全国有 48 家电视台，多米尼加国家广播电视台（Corporación Estatal de Radio y Televión）为主要电视台，另有安的列斯电视台（Teleantillas）、彩色屏幕电视台（Color Visión）、远程系统电视台（Telesistema）等。

第八章

外　交

第一节　外交政策

多米尼加奉行尊重各国领土完整和主权独立、互不干涉内政的外交政策；主张国际和平与安全应建立在尊重国家主权、意识形态多元化和各国人民自决权的基础上；呼吁建立更加合理的国际经济新秩序，反对贸易保护主义；支持对联合国进行改革，认为改革应充分考虑使全球化进程向有利于发展中国家利益的方向发展；谴责国际贩毒和恐怖主义。多米尼加主张开展多边外交，密切同加勒比地区国家的关系；同许多拉美国家保持着良好关系，支持拉丁美洲经济一体化进程。截至2018年，多米尼加与148个国家建立了外交关系。[①]

目前多米尼加加入的主要国际性和地区性组织及协议有联合国、世界贸易组织、世界银行、国际货币基金组织、美洲国家组织、美洲开发银行、《科托努协定》（前身为《洛美协定》）、不结盟运动、里约集团、联合国拉丁美洲和加勒比经济委员会，也是加勒比国家联盟（ACS）成员国、拉美和加勒比国家共同体（CELAC，简称“拉共体”）成员国，加勒比共同体（CARICOM）观察员。2005年加入美国－多米尼加－中美洲自由贸易协定（DR-CAFTA）、2013年6月正式加入中美洲一体化体系（SICA）。2016年，多米尼加是拉美和加勒比国家共同体轮值主席国。

① 商务部国际贸易经济合作研究院、商务部投资促进事务局、中国驻多米尼加发展办事处编《对外投资合作国别（地区）指南：多米尼加共和国》，2018，第10页。

2018 年 1 月 21 日，梅迪纳总统启程参加 1 月23 ~26 日在瑞士达沃斯举行的第 48 届世界经济论坛年会，梅迪纳总统是应邀参会的 6 位拉美国家领导人之一，陪同梅迪纳出访的有多米尼加总统府部长蒙塔尔沃和总统府秘书长佩拉尔塔等。联合国大会于 2018 年 6 月 8 日选举多米尼加共和国为 2019 年和 2020 年安理会非常任理事国。

为了顺应全球化浪潮，多米尼加政府的外交政策也不断进行调整，加大对外开放力度，在保持同传统国家的友好关系的基础上，着力发展同其他国家之间的外交关系，一些总统经常活跃在国际与地区会议上，也多次对其他国家进行友好访问，促进多米尼加积极融入国际社会。2018 年 5 月 1 日，多米尼加共和国与中华人民共和国建立外交关系，双方友好关系翻开了新的一页。

第二节　同美国的关系

自 1844 年多米尼加独立以来，美国就在多米尼加外交领域中扮演着极其重要的角色，多米尼加对美国也存在较强的依赖。

独立初期，桑塔纳政府、巴埃斯政府以及厄鲁政府都希望得到美国的支持，但都因某种原因或阻力而事与愿违。1891 年多米尼加与美国达成互惠协议，但双方在海关管理权方面出现了一定的争执，随后美国又强加给多米尼加一系列协定，多米尼加逐步沦为美国的保护国。20 世纪初期，美国垄断了多米尼加的海关管理权，随后又通过一些系列军事干涉行动，最终形成了对多米尼加事实上的军事占领。1915 年 5 月 16 日，第一批美国海军到达多米尼加，两个月内，美军就完全占领了多米尼加，直到 1924 年 7 月 13 日奥拉西奥・巴斯克斯・拉哈拉宣誓就职后，多米尼加人民才重新掌握了国家主权。

拉斐尔・特鲁希略独裁统治时期，为了获取美国的支持，独裁者不惜出卖国家主权，多米尼加在经济、政治领域对美国的依赖进一步加深，但是特鲁希略的一些行为也在一定程度上引起了美国的不满，一些谈判并没有实质性结果。特鲁希略死后，美国继续控制多米尼加事务，著名总统胡安·博什执政后，曾试图减轻对美国的依赖，但随后博什因军事政变而流亡国外。

1965 年 4 月，多米尼加人民发动了声势浩大的反美独裁武装起义，美国随即发动了武装干涉行为，时任总统约翰逊派遣了 2 万人的军队进入圣多明各。1978 年 5 月，在卡特政府的帮助下，古斯曼在大选中获胜，结束了巴拉格尔长达 12 年的统治。

1991 年海地危机期间，多米尼加和美国双方就处理海地问题出现了较大分歧。1994 年多米尼加接受了联合国通过的对海地进行封锁的决议，并同意多国观察团在两国边界部署人员与直升机。

21 世纪以来，多米尼加和美国双方在贸易、税收改革及打击走私、洗钱、贩卖武器、毒品交易和有组织犯罪等领域加强合作。2004 年费尔南德斯总统执政以来，支持美国发动伊拉克战争，并派兵参与伊拉克战后重建和维和行动。2010 年海地地震发生后，多米尼加同意美国将其作为向海地提供援助的桥梁。2011 年，美国国务卿希拉里·克林顿赴多米尼加参加“美洲繁荣道路倡议”部长会议，副国务卿巴伦苏埃拉访问多米尼加，多米尼加和美国签署司法互助协议，继续加强在打击贩毒、有组织犯罪、恐怖主义活动等领域的合作。2012 年美国内政部、劳动部等代表团访问多米尼加，就贸易、共同打击毒品和贩卖人口等有组织犯罪开展合作。2014 年 8 月 7 日，美国副总统拜登、联合国秘书长潘基文与欧盟主席范龙佩访问多米尼加，并会见了梅迪纳总统。2015 年 1 月 15 日（当地时间 14 日）美国白宫表示，美国总统奥巴马当天对多米尼加总统费尔南德斯表示感谢，感谢多米尼加帮助遭受地震侵袭的海地以及帮助美国撤离在海地的美国公民。2016 年多米尼加和美国往来频繁，美国农业部动植物卫生检验局宣布解除多米尼加农产品（包括水果和蔬菜）出口美国的禁令，多米尼加总统府办公室负责人数次访问美国，探讨内容涉及贸易、城市规划和住房建设等方面。多米尼加还同美国驻多大使代表双边政府签署财政透明协议，以打击偷漏税行为，减少腐败。

除了早期对多米尼加的干涉外，多米尼加和美国两国之间在随后的外交关系中也存在一定的冲突。2008 年 3 月，美国发表了《2007 年国别人权报告》，对多米尼加人权状况做出负面评估。时任多米尼加外交部部长的莫拉莱斯（Morales）随即发表讲话，驳斥美国的人权报告。他说，美国在关塔那摩监狱的虐囚行为以及在伊拉克的所作所为应受到谴责，在这种情况下，美国没有资格对多米尼加所谓的侵犯人权、歧视海地移民进行指责。他还说，多米尼加的民主正得到全面恢复，人权状况普遍改善，海地移民也受到了“友好接待与尊重”，美国对多米尼加人权状况的评估是对事实的“肆意歪曲”。

第三节　同海地的关系

虽然多米尼加和海地同处于伊斯帕尼奥拉岛，但由于一些历史问题，加之在边界领土、移民问题上存在一定的分歧，双方的关系可谓“剪不断、理还乱”。双方的外交关系一直进展较慢，很少进行互访活动，加之边界处交通不便，双方的经贸往来也大受影响。

双方早期关系可以追溯到海地对多米尼加的统治时期。1822～1844年，海地对伊斯帕尼奥拉岛东部地区的占领时期，圣多明各一带的经济不断衰退，岛屿东部地区的居民对海地的仇恨越来越强烈，文化与宗教矛盾也不可调和。多米尼加独立后，双方由于边境问题多次发生纠纷。1933年独裁者特鲁希略执政后，他与时任海地总统斯泰尼奥·文森特（Stenio Vincent）进行了多次谈判，1935年双方签署了最终协议。根据该协议，生活在多米尼加的海地人自动返回海地，断绝边境地区两国居民之间的贸易往来、通婚与文化交往活动。但是，这项协议并没有最终解决双方的移民冲突，最终导致了1937年10月2日发生的针对海地移民的“大砍杀”事件。

1994年海地实现宪政后，双方关系有所改善，多米尼加同海地成立了一个联合委员会，制订了自由贸易计划。1997年，因多米尼加驱逐了约1.5万名海地移民，双边关系再次恶化。1998年费尔南德斯总统访问海地，成为62年以来首位对海地进行官方访问的多米尼加总统。

2003年上半年，多米尼加驱赶了3.3万名海地移民，双方再次交恶。

2004 年海地发生了军事政变，前总统让·贝特朗·阿里斯蒂德（Jean Bertrand Aristide）政权被推翻，双方关系降至冰点，费尔南德斯总统也曾因遭受武装暴徒的袭击而中断了对太子港的访问。2005 年，双方外长会晤，就海地局势与海地在多米尼加的移民问题进行了协商，多米尼加外长莫拉莱斯表示将与其他国家和国际组织合作，增加对海地的援助。2005 年莫拉莱斯外长访问海地。2006 年 2 月，海地新任总统勒瓦·普雷瓦尔（René Préval）就任后，双边关系有所改善。

近年来，多米尼加主动同海地启动两国双边混委会对话，旨在加快解决海地在多米尼加公民的身份问题，促进多米尼加产品向海地出口。2011 年，费尔南德斯总统出席海地新任总统马尔泰利的就职仪式。2012 年，费尔南德斯总统同海地总统马尔泰利实现互访，海地遭受飓风“马修”灾害，多米尼加主动援助，向受“马修”风灾影响的海地人民提供包括锌、木材、食品、疫苗等在内的多项物资，多米尼加还向海地提供了一批设备帮助其恢复通信。

第四节 同其他拉美国家的关系

特鲁希略独裁统治时期，多米尼加同其他拉美国家的关系变得不太稳定，尤其是与古巴交恶。1958～1960 年，被改革浪潮所推翻的一些拉美国家的独裁者纷纷逃到多米尼加，如胡安·多明戈·庇隆（Juan Domingo Perón）、赫拉尔多·马查多（Gerardo Machado）、富尔亨西奥·巴蒂斯塔（Fulgencio Batista）、马尔科斯·佩雷斯·希门尼斯（Marcos Pérez Jiménez）与罗哈斯·皮尼利亚（Rojas Pinilla）等。1959 年 6 月 14 日，在委内瑞拉政府的支持下，一些起义者从古巴出发返回多米尼加，发动了推翻独裁统治的武装起义。起义失败后，特鲁希略展开了疯狂的报复行动，1960 年米拉瓦尔三姐妹被杀事件后，国际社会加强了对多米尼加的经济封锁。特鲁希略暴力袭击委内瑞拉总统罗慕洛的行为引起了美洲国家组织对多米尼加的制裁。

民主化进程启动以来，多米尼加注重改善同拉美国家的关系，政府积极拉近同拉美与加勒比国家的关系，支持拉美经济一体化进程并建立中美洲和加勒比自由贸易区。2005 年 2 月，莫拉莱斯外长宣布将与加勒比地区其他国家加强合作与联系，更加积极地加入次区域组织，随后莫拉莱斯外长对牙买加进行了友好访问。

委内瑞拉一直是多米尼加最主要的石油进口国。2003 年 9 月，双方发生了冲突。时任委内瑞拉总统查韦斯要求引渡侨居在多米尼加的前任总统安德烈斯·佩雷斯，遭到梅希亚总统的拒绝，加之参与 2002 年政变的两名委内瑞拉军官前往多米尼加避难，委内瑞拉政府宣布停止向多米尼加出售石油，委内瑞拉驻多米尼加大使被无限期召回述职。随后，双方保持了克制，这个问题得以解决。2004 年 11 月，双方总统在圣多明各签署了一项能源合作协议。2006 年 10 月，多米尼加总统费尔南德斯指出，委内瑞拉外长马杜罗于 25 日与其同电话，推荐多米尼加参选联合国非常任理事国。

2010 年以来，多米尼加更加重视同拉美和加勒比国家保持传统友好关系，支持并积极参与地区一体化进程。2010 年，参与斡旋洪都拉斯政变问题，承认洪都拉斯新政府，接受洪都拉斯被罢黜总统塞拉亚的流亡请求。2011 年，费尔南德斯总统访问危地马拉和巴西。多米尼加相继主办"美洲繁荣道路倡议"第四届部长会议、第五届美洲竞争力论坛、第二届圣多明各国际论坛、比亚里茨（Biarritz）论坛、第 16 届美洲地区移民问题会议。费尔南德斯总统赴哥伦比亚出席第六届美洲峰会，赴巴西出席联合国可持续发展大会。2012 年，梅迪纳总统执政以来，不断加强与拉美各国交往，2013 年举办中美洲一体化体系首脑会议、拉美和加勒比妇女大会、加勒比论坛部长会议特别会议，梅迪纳总统赴危地马拉出席第 43 届美洲国家组织大会。2013 年，多米尼加正式加入中美洲一体化体系，并成为拉美太平洋联盟观察员。2014 年 1 月梅迪纳总统赴古巴出席第 2 届拉美和加勒比国家共同体峰会；4 月出席第六届加勒比国家联盟峰会；6 月出席第 43 届中美洲一体化体系首脑会议；7 月出席拉美和加勒比共同体峰会。2016 年 1 月，多米尼加任拉美和加勒比国家共同体轮值主席国。多米尼加主办了"第二届多米尼加外交论坛"、"第十次拉美和加勒比国家共同体全体会议”、拉共体“食品安全计划及2025年消除饥饿会议”、“拉共体欧盟外长会”等活动，在本地区发挥了重要的协调作用。同时，积极参与地区和多边事务，梅迪纳总统先后出席美洲国家组织峰会、中美洲一体化体系峰会、不结盟国家首脑会议、第七十一届联大、伊比利亚美洲首脑会议，表现活跃。2016年多米尼加继续加强国际合作，分别同古巴公共卫生部部长奥赫达签署《关于加强社会弱势群体福利体制建设的合作协议》，同中美洲经济一体化银行执行主席签署协议——增持该银行19740份股份，价值1.974亿美元。

第五节 同中国的关系

一 早期关系史

中国与多米尼加的友好往来，最早可以追溯到20世纪初期。一些中国人漂洋过海，前往多米尼加定居、工作与生活，随后到达多米尼加的华人华侨不断增多，他们在中多友好往来中发挥了桥梁与纽带作用。1932年，中华民国驻古巴公使赴多米尼加共和国视察侨务，并洽议《中多友好条约》。1940年5月11日，由驻古巴公使赴多米尼加正式签订《中多友好条约》。1941年4月9日，中华民国与多米尼加建立公使级外交关系。1943年7月13日中华民国政府宣布在圣多明各设立公使馆，由驻古巴公使兼任。1944年4月20日中华民国驻多米尼加公使馆正式开馆。1946年10月多米尼加政府于南京设立驻华公使馆。

二 中华人民共和国成立后的双边关系

（一）未建交前的友好往来

1949年10月1日，中华人民共和国成立后，中多双方友好关系开始了新的篇章。1965年5月12日，毛泽东主席发表《支持多米尼加人民反对美国武装侵略的声明》。1980年多米尼加众议院副议长迪亚斯·埃斯特雷利亚和参议院外交委员会主席维克多·戈麦斯率多米尼加议会代表团访华。1987 年 10 月，多米尼加革命党代表团访华。1994 年 4 月 1 日，多米尼加共和国驻广州贸易发展代表处设立，办公地点在广州白天鹅宾馆。代表为德贝鲁什夫人，副代表马丁·贝鲁什（Martin Berusch），并雇用一名香港雇员。代表处主要开展经贸业务，同时也被授权代表多米尼加共和国驻香港领事馆受理部分签证业务。该代表处虽然是多米尼加政府派驻中国的商务代表机构，却是两国政府间联系的正式渠道，因此免除了一般外国商业机构的注册手续。代表处成员不用外交官衔，不参加中方所组织的重要庆典活动及外交团、领团的正式外交活动。代表处成员及其家属享受部分外交特权和豁免权。代表处的日常管理工作由广东省外办负责。2004 年，我国国家主席胡锦涛致电祝贺费尔南德斯当选为多米尼加总统。2003 年至 2008 年，应中方邀请，多米尼加解放党先后 4 次派出高规格代表团访问中国。2005 年，多米尼加总统费尔南德斯在会见中共代表团时便向中方表达与中国建立更加密切关系的热切盼望。两党之间的积极作为和不断增强的政治互信最终推动两国在多米尼加解放党执政时期正式建交。

2007 年 5 月中国侨联主席林兆枢访问多米尼加，2007 年 7 月中国贸促会副会长董松根、2008 年 4 月致公党中央副主席李卓彬、2009 年 11 月中国贸促会副会长王锦珍、2012 年 6 ~ 7 月外交学会副会长黄星原等，相继对多米尼加进行友好访问。2016 年 10 月全国政协外事委员会主任潘云鹤、2016 年 11 月中国贸促会副会长张伟、2017 年 3 月致公党中央副主席曹鸿鸣，也相继访问多米尼加。

2007 年 7 月多米尼加青年部部长克雷斯波、2008 年 5 月总检察长希门尼斯、2008 年 9 月众议长巴伦廷、2010 年 6 月科学院院长莫雷诺等先后对我国进行友好访问。2010 年 10 月旅游部部长加西亚率团参加上海世博会多米尼加国家馆日活动。多米尼加当地时间 2014 年 7 月 14 日上午，多米尼加共和国总统梅迪纳在总统府会见了中国造型艺术家袁熙坤先生，并在总统府举行仪式，为袁熙坤颁发总统奖章，以表彰他为多中两国文化交流所做的贡献。多米尼加文化部部长何塞·罗德里格斯为袁熙坤授奖。袁熙坤表示，愿为推动中多两国文化交流、增强两国人民的友谊做贡献。

梅迪纳总统高度评价袁熙坤在绘画和雕塑创作方面的成就，并感谢他为多米尼加国父胡安·巴勃罗·杜阿尔特创作雕塑。当天，多米尼加方面在首都圣多明各市中心为杜阿尔特雕塑举行揭幕式，袁熙坤与多米尼加外交部副部长内莉·佩雷斯、多米尼加驻中国贸易发展办事处代表吴玫瑰女士和中国驻多米尼加贸易发展办事处副代表徐元胜等为雕塑揭幕。

2016 年至 2017 年多米尼加访华主要人员有：2016 年 6 月，公共工程交通部副部长格依柯访华，并出席在澳门举行的第二届中拉基础设施合作论坛；2017 年 2 月，总统府地区一体化部部长、多米尼加左翼团结联盟主席梅希亚应邀访华；2017 年 5 月，众议员、拉美政党常设委员会主席皮恰尔多来华，出席“一带一路”国际合作高峰论坛高级别会议相关活动。

多米尼加同中国台湾地区保持着非正常的关系。1953 年 3 月 8 日多米尼加在台北设立所谓的“公使馆”。台湾地区领导人多次访问多米尼加，多米尼加领导人也多次访问台湾地区。1988 年 1 月，多米尼加副总统莫拉雷斯参加蒋经国的葬礼；众议长巴伦廷（2007 年 4 月、6 月）、副总统阿尔武凯克（2007 年 10 月）、总统特使马丁内斯（2008 年 5 月）、武装力量部部长拉斐尔（2010 年 6 月）曾分别率团访问台湾地区。

（二）建交后的双边关系

2018 年 5 月 1 日，国务委员兼外交部部长王毅在北京与多米尼加外长巴尔加斯签署《中华人民共和国和多米尼加共和国关于建立外交关系的联合公报》。中华人民共和国和多米尼加共和国，根据两国人民的利益和愿望，决定自公报签署之日起相互承认并建立大使级外交关系。两国政府同意在互相尊重主权和领土完整、互不侵犯、互不干涉内政、平等互利、和平共处的原则基础上发展两国友好关系。多米尼加共和国政府承认世界上只有一个中国，中华人民共和国政府是代表全中国的唯一合法政府，台湾是中国领土不可分割的一部分。据此，多米尼加共和国政府即日断绝同台湾地区的“外交关系”。中多建交公报在北京签署前，多米尼加发布总统公告，宣布承认一个中国原则。多米尼加圣多明各当地时间 5 月 1 日，多米尼加共和国总统达尼洛·梅迪纳表示，多米尼加和中国建交不设任何前提条件，多中建交将造福两国人民。多米尼加政府做出和中国建交的决定符合历史大势，两国建交完全建立在互相尊重、合作和平等的基础之上。梅迪纳总统说："在当今世界，多米尼加如果还不和中国这个世界第二大经济体建立外交关系，那将是不可想象的一件事。"他指出："多米尼加早就应该和中国建交，我有责任做出这个决定。"多米尼加政府希望和中国进行广泛合作，造福两国人民，"这是多米尼加的期待"①。

多米尼加《今日报》2018 年 5 月 17 日发表评论文章称，两国建交实属必要，多中建交后多米尼加面临机遇。

面对当今世界"实力政治"版图，梅迪纳总统做出这一决策实属必要，承认世界上只有一个中国原则，将为中多关系翻开开新的篇章。与中国建交将为多米尼加出口带来希望。未建交前，多米尼加自中国进口就高达 23 亿美元，对中国出口还不到 2 亿美元。多米尼加新鲜农产品对华出口有局限性。两国距离、冷产品链及多米尼加农业生产力下降等因素将使新鲜农产品对华出口受到影响，但雪茄、可可等加工农产品将获得商机。多米尼加工业投资将迎来高潮。因靠近北美市场，又有多米尼加 - 中美洲 - 美国自贸协定，多米尼加各类保税区将成中国投资者开办工厂的热土。多米尼加也欢迎科技和医药企业落户。多米尼加铁路、地铁等大型基础设施项目融资有望便利，但多米尼加国家债务承受水平有限。可以通过特许经营权模式吸引中国对多米尼加基础设施项目投资。②

2018 年 5 月 21 日，双方驻对方国家首都商代处正式变更为使馆。当地时间 2018 年 9 月 21 日，国务委员兼外交部部长王毅在圣多明各同多米尼加外交部部长巴尔加斯举行会谈，随后多米尼加总统梅迪纳在圣多明各

① 中华人民共和国驻多米尼加共和国大使馆经济商务处：《多米尼加总统梅迪：多中建交将造福两国人民》，中华人民共和国驻多米尼加共和国大使馆经济商务处网站，2018 年 5 月 3 日，http://dom.mofcom.gov.cn/article/jmxw/201805/20180502739007.shtml，最后访问日期：2020 年 8 月 12 日。

② 中华人民共和国驻多米尼加共和国大使馆经济商务处：《多米尼加与中国建交后面临的挑战》，中华人民共和国驻多米尼加共和国大使馆经济商务处网站，2018 年 5 月 23 日，http://dom.mofcom.gov.cn/article/jmxw/201805/20180502747048.shtml，最后访问日期：2019 年 7 月 8 日。

总统府会见国务委员兼外交部部长王毅。2018 年 11 月 1～6 日，多米尼加总统梅迪纳对中国进行国事访问，并出席首届中国国际进口博览会。11 月 2 日，国家主席习近平在人民大会堂同多米尼加总统梅迪纳举行会谈，国务院总理李克强下午在人民大会堂会见梅迪纳总统。

2019 年 2 月 27 日，外交部副部长秦刚应邀出席多米尼加驻华使馆举行的 175 周年国家独立日招待会，并同多米尼加驻华大使加拉维托就中多关系等交换意见。当地时间 2019 年 3 月 25 日，国务院副总理胡春华在多米尼加首都圣多明各会见梅迪纳总统。2019 年 4 月 17 日，外交部副部长秦刚会见多米尼加众议长卡马乔。2019 年 4 月 25 日，外交部副部长秦刚会见多米尼加总统府行政部长佩拉尔塔。2019 年 5 月 1 日，国家主席习近平同多米尼加总统梅迪纳互致贺电，庆祝两国建交一周年。“习近平主席在贺电中指出，去年 5 月，中国同多米尼加正式建立外交关系，揭开了两国关系新篇章。去年 11 月，你成功对中国进行国事访问，我们共同规划两国关系发展蓝图，达成很多重要共识。在双方共同努力下，中多各领域交流合作正稳步向前推进，建交成果不断涌现。事实证明，中多建交是双方高瞻远瞩做出的正确政治决断，得到两国人民一致拥护。我高度重视中多关系发展，愿同你一道努力，引领两国友好合作持续走向深入，促进共同发展，造福两国和两国人民。梅迪纳在贺电中表示，多中建交一年来各领域交流与合作取得重要进展，双边关系内涵不断丰富，多米尼加已成为‘一带一路’倡议的重要组成。我们对建立在平等互利基础上的多中关系前景充满期待，愿继续加强对华合作，造福两国人民。”① 5 月 9 日，全国政协副主席刘新成在京出席由中国人民对外友好协会与多米尼加驻华大使馆共同举办的庆祝中华人民共和国与多米尼加共和国建交一周年招待会。

2020 年新冠肺炎疫情暴发以来，中多积极开展抗疫合作。中国发生新冠肺炎疫情后，多米尼加时任外长巴尔加斯致函王毅国务委员兼外长表

① 《习近平同多米尼加总统互致贺电》，新华网，http://www.xinhuanet.com/mrdx/2019-05/02/c_138028406.htm，最后访问日期：2020 年 12 月 11 日。

示慰问。多米尼加出现新冠肺炎疫情后，中国向多米尼加援助抗疫物资、分享诊疗经验等。2020 年 7 月 8 日，根据中华人民共和国外交部发言人办公室消息，在当天外交部例行记者会上，有记者就“阿比纳德尔当选多米尼加总统”进行有关提问，中华人民共和国外交部发言人赵立坚对此表示诚挚祝贺，并提到愿同多方一道，继续保持双边关系发展的良好势头。赵立坚表示，中方对阿比纳德尔先生当选多米尼加总统表示诚挚祝贺，相信在他的领导下，多米尼加国家发展将不断取得新成就。2020 年 12 月 4 日，中国驻多米尼加大使张润在使馆会见多米尼加参议长埃斯特雷利亚、副议长索里亚，双方就发展两国关系广泛交换意见。张润大使表示，中多建交两年多来，在双方共同努力下，两国合作成果丰硕，为双方带来切实利益，新一届参议院在你领导下，积极支持中多关系发展，中方对此表示赞赏。张大使还向对方介绍了中国全国人民代表大会制度、新冠疫苗研发进展、高新科技重要成果等。埃斯特雷利亚参议长表示：中国是一个伟大的国家，组织有序、发展目标明确，取得了举世瞩目的成就；多米尼加愿本着公开透明的原则，发展同包括中国在内的所有国家的友好关系；参议院将努力为中多关系发展创造良好氛围。

（三）经贸关系

1993 年 10 月 15 日，中国同多米尼加签署互设贸易发展办事处协议。1994 年 3 月，多米尼加在广州设办事处，后于 1995 年 3 月关闭。1994 年 4 月，中国在圣多明各设立贸易发展办事处。1997 年 6 月中多签署关于多米尼加驻香港领事机构改为贸易发展办事处的协议和关于两国贸易发展办事处运作备忘录。2005 年 11 月，多米尼加在北京设立贸易发展办事处。2009 年，中国是多米尼加第二大进口来源地，仅次于美国。2011 年，中国是多米尼加第三大出口市场，仅次于美国和海地。

2013 年 3 月 25 日北京北斗星光科技发展有限公司新能源节能产品推介会在多米尼加首都圣多明各成功举办。7 月 16 日，中信重工机械股份有限公司总承包的多米尼加共和国伊斯特瑞拉公司 PANAM 水泥厂一期粉磨工程项目竣工投产暨二期熟料工程项目开工典礼仪式隆重举行。中信重工机械股份有限公司总经理徐风岐出席庆典仪式并致辞。多米尼加共和国总统达尼洛·梅迪纳与当地政要，哥伦比亚等拉美国家近千人参加庆典。9月26日，中华人民共和国贸易展览会暨庆祝中华人民共和国成立六十四周年国庆招待会在多米尼加共和国首都圣多明各假日酒店隆重举行。中国贸促会副会长于平，多米尼加经济、计划和发展部部长塞莱斯·蒙塔斯，多米尼加出口投资中心主任罗德里格斯，中国驻多米尼加贸易发展办事处代表高守坚，中国展览团团长赵振格，中多联合总商会会长马力诺·乔作为嘉宾出席了开幕式并为展览会剪彩。多米尼加各主要工商团体、经贸机构、新闻媒体及企业界代表、各国驻多米尼加机构代表以及当地华人华侨代表等近500人参加了活动。9月26日上午多米尼加总统梅迪纳在总统府会见来多举办第五届中国贸易展览会的中国企业家代表团时表示，多米尼加欢迎更多中国企业前来投资办厂。

多米尼加《国家报》2016年8月5日报道，江铃汽车在多米尼加首都圣多明各举行新址落成仪式。江铃汽车多米尼加销售经理维多利奥称，江铃汽车是中国首家在多米尼加与美国和日本品牌合资设立合资企业的汽车厂家，该合资企业主要生产轻型卡车，售价比市场同类汽车最多低35%。据国家海关总署统计，2016年1～12月，中多进出口总值111.92亿元，同比增长2.1%，其中中国对多米尼加出口103.34亿元，同比增长6.8%，中国自多米尼加进口8.58亿元，同比下降33.7%。对多米尼加出口产品主要包括机电产品、高新技术产品、纺织纱线、织物及制品、计算机与通信技术、鞋类、钢材和服装及衣着附件等；自多米尼加进口产品主要包括机电产品、医疗仪器及器械、铜矿砂及其精矿等。多米尼加是继古巴之后中国在加勒比地区第二大出口目的国，中国是继美国之后多米尼加全球第二大进口来源国。

据中国海关统计，2017年中多贸易额18.71亿美元，其中中方出口17.03亿美元，进口1.68亿美元，同比分别增长10.3%、8.7%和29.2%。中方主要出口合金材料、化工制品、摩托车零部件、通信设备和食品等，进口铜矿和医疗器材等。据多米尼加国家统计局的统计，2017年中多双边贸易额达26亿美元，其中多米尼加自中国进口额达24.58亿美元（离岸价），多米尼加向中国出口额达1.45亿美元（离岸价），主要出口产品有电子元件（4788万美元，占总出口额33%）、铜矿产品（2243万美元，占总出口额15.5%）、医疗器械（1388万美元，占总出口额9.6%）以及金属制品（1111万美元，占总出口额7.7%）。其中，64.36%的产品通过海运出口到中国，35.64%通过空运，海运出口到中国的产品中有52.72%通过卡乌塞多港口运出。[①]

据中国海关统计，2018年多米尼加是中国在加勒比地区第一大贸易伙伴，双边贸易额22.9亿美元，同比增长22.3%。其中，中方出口21.1亿美元，进口1.8亿美元，同比分别增长23.7%和7.7%。中方主要出口机电产品、钢材和纺织纱线等产品，主要进口医疗器械、废金属和医药品等产品。2018年11月中华人民共和国同多米尼加共和国共同签署“一带一路”合作谅解备忘录。据中国海关统计，2019年中多双边贸易额28.4亿美元，其中，中方出口23.9亿美元，进口4.5亿美元，同比分别增长24.3%、13.4%和152%。中方主要出口合金材料、化工制品、摩托车零部件、通信设备和食品等，主要进口铜矿和医疗器材等。

此外，中多双方还在人文领域展开了富有成效的交流与合作。2018年11月，中国海军“和平方舟”号医院船访多，提供免费医疗和人道主义援助。2019年5月30日，多米尼加首家孔子学院在圣多明各理工大学正式成立，中方合作院校为黑龙江大学。同年，中国展室在多首都哥伦布灯塔博物馆揭幕；“欢乐中国年·魅力京津冀”代表团、天津民乐团等赴多访演。多米尼加是中国公民出境旅游目的地国家。2019年，中国赴多米尼加旅游的公民约1.19万人次，首次破万，同比增长74.8%，截止到2020年9月底，中国是多米尼加在亚洲的第一大游客来源国。

① 中华人民共和国驻多米尼加共和国大使馆经济商务处网站，http：//dom.mofcom.gov.cn/article/jmxw/201805/20180502744148.shtml，最后访问日期：2019年7月9日。

大事纪年

2500~3000年前	第一批土著人到达伊斯帕尼奥拉岛
1492年	克里斯托瓦尔·哥伦布在首次航行中发现了伊斯帕尼奥拉岛
1495年	殖民者兴建拉贝加城
1496年	巴塞罗缪·哥伦布（克里斯托弗·哥伦布的弟弟）开始修建圣多明各
1499年	西班牙王室任命弗朗西斯科·德博瓦迪利亚代替哥伦布出任圣多明各岛执政官
1502年	迭戈·哥伦布兴建圣多明各新城
1503年	尼古拉斯·德奥万多出任圣多明各岛执政官
1503年	第一批黑人奴隶被贩卖至圣多明各岛；西班牙王室设立贸易办公室
1509年	迭戈·哥伦布出任圣多明各岛执政官
1511年	西班牙王室在圣多明各岛设立检审庭
1524年	西班牙王室在圣多明各岛设立皇家印第安人事务院
1586年	英国弗朗西斯·德雷克爵士占领圣多明各城
1655年	威廉·佩恩将军率领一支英国舰队再次向圣多明各城发动攻击
1664年	法国西印度公司成立，法国政府正式控制伊斯帕尼奥拉岛部地区

1697 年	法国与西班牙签订《利兹维克合约》，西班牙把圣多明各岛西部地区让给法国
1765 年	加勒比岛国可以与西班牙本土的港口自由通商
1774 年	西班牙美洲各殖民地之间实现自由贸易
1795 年	西法签订《巴塞尔和约》，伊斯帕尼奥拉岛东部的圣多明各让给法国
1796 年	法国政府任命杜桑·卢维杜尔为圣多明各执政官
1801 年	杜桑·卢维杜尔夺下圣多明克，不久杜桑·卢维杜尔政府控制了伊斯帕尼奥拉全岛
1801 年	让·欧莱雅抵达圣多明克，代表法国政府废除奴隶制
1804 年 1 月 1 日	圣多明克独立，海地共和国成立
1821 年 11 月 30 日	西班牙副总督何塞·努涅斯·卡塞雷斯宣布圣多明各独立
1822 年	海地占领圣多明各
1838 年	圣多明各爆发反对海地统治的武装起义
1844 年 2 月	拉蒙·梅亚和桑切斯发动起义
1844 年 2 月 27 日	多米尼加共和国独立，多米尼加国家军队成立
1844 年 7 月 12 日	桑塔纳宣布出任多米尼加总统
1844 年 11 月 6 日	多米尼加历史上第一部宪法诞生
1845 年 7 月 15 日	多米尼加颁布了第 61 号法令，制定了第一部国家军队组织法
1848 年 2 月	桑塔纳将军被迫下台
1848 年 8 月	曼努埃尔·希门尼斯当选为总统
1849 年 8 月 19 日	布埃纳文图拉·巴埃斯在大选中获胜
1853 年 2 月	桑塔纳再次当选总统
1854 年 2 月	国会颁布新宪法
1857 年 7 月	起义军在圣地亚哥成立临时政府

1861 年 3 月 17 日	桑塔纳邀请西班牙占领多米尼加
1861 年 5 月	多米尼加爆发反对西班牙占领的武装起义
1863 年 9 月 14 日	一支起义军在圣地亚哥市成立临时政府，多米尼加复国战争拉开序幕
1864 年 6 月 14 日	桑塔纳逝世
1865 年 2 月 27 日	临时政府召开全国大会，会议了制定新宪法，选举佩德罗·安东尼奥·皮蒙特尔为总统
1865 年 3 月 3 日	西班牙王后颁布法令，宣布西班牙军队从即日起撤离多米尼加
1865 年 8 月 16 日	多米尼加复国
1865 年 12 月 8 日	巴埃斯出任总统
1866 年	多米尼加国内再次爆发起义
1866 年 5 月	巴埃斯被迫流亡海外
1882 年	巴埃斯客死他乡；尤利塞斯·厄鲁开始执政
1884 年 9 月 1 日	比利尼就任总统
1886 年	厄鲁再次当选为总统，开始了独裁统治
1899 年 7 月 26 日	革命者卡塞雷斯刺杀了厄鲁，独裁统治结束
1899 年	青年革命洪达成员巴斯克斯建立临时政府
1899 年 11 月 15 日	胡安·伊西德罗·希门尼斯·佩雷拉当选为总统
1903 年 4 月	前总统阿莱杭德罗·沃斯·伊·吉尔担任总统
1904 年	莫拉莱斯当选为总统
1905 年 12 月 20 日	卡塞雷斯当选为总统
1911 年 11 月 19 日	卡塞雷斯遇刺身亡
1914 年 8 月 27 日	拉蒙·巴埃斯当选为临时总统
1914 年 10 月 25 日	希门尼斯再次当选为总统
1915 年 5 月 16 日	第一批美国海军到达多米尼加，随后美国占领多米尼加
1915 年 11 月	美国宣布成立多米尼加军事政府

1924 年 3 月 15 日	奥拉西奥·巴斯克斯·拉哈拉在大选中获胜
1924 年 7 月 12 日	美军正式撤离多米尼加
1924 年 7 月 13 日	拉哈拉宣誓就职，标志着美国军事占领时期正式结束
1930 年	拉斐尔·特鲁希略被任命为总统
1930 年 8 月 16 日	特鲁希略宣誓就职
1937 年 10 月	特鲁希略下令部队用大砍刀杀死他们怀疑是海地人的人
1939 年 1 月 21 日	多米尼加革命党成立
1942 年	多米尼加民主革命党成立
1944 年	民主革命党改名为人民革命党
1960 年	特鲁希略的下属谋杀了米拉瓦尔三姐妹
1961 年 5 月 30 日	特鲁希略遇刺身亡
1961 年 11 月 22 日	多米尼加首都的名字从特鲁希略城恢复到圣多明各
1961 年	多米尼加人民党解体
1962 年	多米尼加共和国举行了第一次民主选举，胡安·博什当选总统
1963 年 6 月 21 日	多米尼加真正革命党与社会行动党合并组建了改革党
1963 年	多米尼加爆发军事政变，博什总统被迫流亡
1965 年 8 月	内战结束，多米尼加临时政府宣告成立
1965 年	人民革命党定名为多米尼加共和国共产党
1966 年	巴拉格尔在大选中获胜
1966 年 11 月	新宪法颁布，规定多米尼加为总统制国家
1973 年	多米尼加解放党成立
1977 年	多米尼加共产党取得合法地位
1978 年 5 月	古斯曼在大选中获胜
1978 年 8 月 16 日	古斯曼举行就职仪式

1979 年 8 月	飓风“戴维”袭击多米尼加
1980 年 12 月 21 日	多米尼加劳动党成立
1980 年	多米尼加众议院副议长迪亚斯·埃斯特雷利亚和参议院外交委员会主席维克多·戈麦斯率多米尼加议会代表团访华
1982 年	古斯曼总统自杀身亡，副总统哈科沃·马赫卢塔·阿萨尔继任总统
1982 年	革命党候选人豪尔赫在总统选举中获胜
1985 年	改革党正式改名为基督教社会改革党
1986 年	巴拉格尔再次当选为总统
1990 年	巴拉格尔继续当选为总统
1994 年	巴拉格尔在充满争议的选举中胜出，连任总统
1994 年 8 月	多米尼加宪法得以修改，总统任期改为 4 年，不得连选连任
1996 年	费尔南德斯成功当选总统
1998 年	费尔南德斯总统访问海地
2000 年 5 月	革命党候选人伊波利托·梅希亚当选为总统
2000 年 8 月	梅希亚宣誓就职
2002 年 6 月	多米尼加修改宪法恢复总统连选连任制
2002 年 7 月 14 日	传奇总统巴拉格尔逝世
2003 年 3 月	多米尼加爆发金融危机
2004 年	费尔南德斯再次当选为总统；中国国家主席胡锦涛致电祝贺费尔南德斯当选为多米尼加总统
2005 年	多米尼加加入美国-多米尼加-中美洲自由贸易协定；莫拉莱斯外长访问海地
2007 年 5 月	中国侨联主席林兆枢访问多米尼加
2007 年 7 月	多米尼加青年部部长克雷斯波访华
2008 年 5 月	费尔南德斯总统得以连任

2008 年 8 月	费尔南德斯总统宣誓就职
2010 年 1 月	多米尼加再次修改宪法并成立宪法法院
2010 年 10 月	旅游部部长加西亚率团参加上海世博会多米尼加国家馆日活动
2011 年	美国国务卿希拉里·克林顿赴多米尼加参加“美洲繁荣道路倡议”部长会议；副国务卿巴伦苏埃拉访问多米尼加；费尔南德斯总统出席海地新任总统马尔泰利的就职仪式；费尔南德斯总统访问危地马拉和巴西
2012 年 5 月 20 日	多米尼加解放党候选人达尼洛·梅迪纳在大选中首轮胜出
2012 年 6～7 月	中国外交学会副会长黄星原对多米尼加进行友好访问
2012 年 8 月 16 日	梅迪纳总统宣誓就职
2012 年	美内政部、劳动部等代表团访问多米尼加；费尔南德斯总统同海地总统马尔泰利实现互访
2013 年 6 月	多米尼加加入中美洲一体化体系
2014 年 7 月 14 日	梅迪纳总统在总统府会见了中国造型艺术家袁熙坤先生，为中国艺术家袁熙坤颁发总统奖章
2014 年 8 月 7 日	美国副总统拜登、联合国秘书长潘基文与欧盟主席范龙佩访问多米尼加，并会见梅迪纳总统
2014 年	多米尼加现代革命党成立
2015 年 6 月	多米尼加修宪提案得以通过，现任总统可参与下届总统选举
2016 年 1 月	多米尼加成为拉美和加勒比共同体轮值主席国
2016 年 5 月	梅迪纳总统获得连任
2016 年 8 月	梅迪纳总统在第二个任期就职典礼致辞中提出多米尼加 2016～2020 年施政目标

2018 年 1 月	多米尼加总统府重点介绍梅迪纳总统执政 5 年来在推动政企合作方面取得的显著成绩
2018 年 1 月 21 日	梅迪纳总统启程参加 1 月 23 ~ 26 日在瑞士达沃斯举行的第 48 届世界经济论坛年会
2018 年 5 月 1 日	多米尼加共和国与中华人民共和国建立正式外交关系
2018 年 6 月 8 日	联合国大会选举多米尼加共和国为 2019 年和 2020 年安理会非常任理事国
2018 年 9 月 21 日	中国国务委员兼外长王毅在圣多明各同多米尼加外交部部长巴尔加斯举行会谈，随后多米尼加总统梅迪纳会见国务委员兼外长王毅
2018 年 11 月 1 ~ 6 日	梅迪纳总统访问中国，并出席首届中国国际进口博览会
2018 年 11 月 2 日	中国国家主席习近平在人民大会堂同梅迪纳总统举行会谈；国务院总理李克强下午在人民大会堂会见梅迪纳总统
2019 年 2 月 27 日	中国外交部副部长秦刚应邀出席多米尼加驻华使馆举行的 175 周年国家独立日招待会
2019 年 4 月 17 日	中国外交部副部长秦刚会见多米尼加众议长卡马乔
2019 年 4 月 25 日	中国外交部副部长秦刚会见多米尼加总统府行政部长佩拉尔塔
2019 年 5 月 1 日	中国国家主席习近平同多米尼加总统梅迪纳互致贺电，庆祝两国建交一周年
2019 年 5 月 9 日	全国政协副主席刘新成在京出席由中国人民对外友好协会与多米尼加驻华大使馆共同举办的庆祝中华人民共和国与多米尼加共和国建交一周年招待会
2020 年 7 月 5 日	多米尼加举行全国大选

2020 年 7 月 8 日	现代革命党候选人路易斯·阿比纳德尔当选为新一届总统，中华人民共和国外交部发言人赵立坚祝贺路易斯·阿比纳德尔当选
2020 年 8 月 16 日	新当选总统阿比纳德尔在议会大厦宣誓就职

参考文献

一　中文文献

〔德〕T. N. 波斯特莱斯维特主编《最新世界教育百科全书》，郑军、王金波主编译，河北教育出版社，1991。

〔美〕尼·斯洛尼姆斯基：《拉丁美洲的音乐》，吴佩华、顾连理译，人民音乐出版社，1983。

〔美〕塞尔登·罗德曼：《多米尼加共和国史》，南开大学《多米尼加共和国史》翻译小组校译，天津人民出版社，1972。

〔苏〕楚卡诺娃等：《苏联大百科全书选译：古巴·海地·多米尼加》，潘洽、余敬昭译，新知识出版社，1957。

〔英〕大卫·瑞格（David Wragg）：《简氏世界空军·世界空军历史及其建制》，荆素蓉、高莉莉译，希望出版社，2007。

付景川主编《拉美文学辞典》，吉林教育出版社，1992。

军事科学院《世界军事年鉴》编辑部主编《世界军事年鉴（2013）》，解放军出版社，2014。

李春辉、苏振兴、徐世澄主编《拉丁美洲史稿》（第三卷），商务印书馆，1993。

李明德等主编《简明拉丁美洲百科全书》，中国社会科学出版社，2001。

王家瑞主编《当代国外政党概览》，世界知识出版社，2009。

赵重阳、范蕾编著《列国志：海地·多米尼加》，社会科学文献出版社，2009。

二　外文文献

Charles F. Gritzner and Douglas A. Phillips, *The Dominican Republic* (Infobase Publishing, 2004).

D. H. Figueredo, Frank Argote-Freyre, *A Brief History of Carribean* (New York: An Imprint of Infobase Publishing, 2008).

David John Howard, *Dominican Republic: A Guide to the People, Politics, and Culture* (New York: Interlink Books, 1999).

Fe Liza Bencosme & Clark Norton, *Adventure Guide: Dominican Republic* (5th Edition) (Hunter Publishing, 2007).

Frank Moya Pons, *The Dominican Republic: A National History* (New Rochelle, N. Y.: Hispaniola Books, 1995).

Scott Doggett, Joyce Connolly, ed., *Dominican Republic & Haiti*, Edition 2nd (C. A.: Lonely Planet, 2002).

三　主要网站

多米尼加高等教育、科学和技术部网站，https://www.mescyt.gob.do。

多米尼加国家海军网站，http://www.marina.mil.do/。

多米尼加国家军队网站，http://www.ejercito.mil.do/。

多米尼加国家统计局网站，http://www.one.gob.do.cn/。

多米尼加环境保护和自然资源部网站，http://www.ambiente.gob.do。

多米尼加教育部网站，https://www.minerd.gob.do。

多米尼加外交部网站，https://www.mirex.gob.do。

多米尼加武装力量部网站，https://www.fuerzasarmadas.mil.do。

多米尼加中央银行网站，https://gdc.bancentral.gov.do/。

多米尼加总统府国务秘书部网站，https://presidencia.gob.do/。

泛美卫生组织网站，https://www.paho.org/。

联合国拉丁美洲和加勒比经济委员会网站，https://www.cepal.org/。

美洲国家组织网站，http://www.oas.org/。

全国国防教育网网站，http：//www.gf81.com.cn/。

世界银行网站，https：//data.worldbank.org/。

中华人民共和国外交部网站，https：//www.fmprc.gov.cn/。

中华人民共和国驻多米尼加共和国大使馆经济商务处网站，http：//dom.mofcom.gov.cn/。

索　引

G

H

I

J

K

L

M

P

S

T

U

W

X

Y

Z

新版《列国志》总书目

非洲

阿尔及利亚
埃及
埃塞俄比亚
安哥拉
贝宁
博茨瓦纳
布基纳法索
布隆迪
赤道几内亚
多哥
厄立特里亚
佛得角
冈比亚
刚果
刚果民主共和国
吉布提
几内亚
几内亚比绍
加纳
加蓬
津巴布韦
喀麦隆
科摩罗
科特迪瓦
肯尼亚
莱索托
利比里亚
利比亚
卢旺达
马达加斯加
马拉维
马里
毛里求斯
毛里塔尼亚
摩洛哥
莫桑比克
纳米比亚
南非
南苏丹
尼日尔
尼日利亚
塞拉利昂
塞内加尔
塞舌尔
圣多美和普林西比
斯威士兰
苏丹
索马里
坦桑尼亚
突尼斯
乌干达
赞比亚
乍得
中非

欧洲

阿尔巴尼亚
爱尔兰
爱沙尼亚
安道尔

奥地利
白俄罗斯
保加利亚
北马其顿
比利时
冰岛
波斯尼亚和黑塞哥维那
波兰
丹麦
德国
俄罗斯
法国
梵蒂冈
芬兰
荷兰
黑山
捷克
克罗地亚
拉脱维亚
立陶宛
列支敦士登
卢森堡
罗马尼亚
马耳他
摩尔多瓦
摩纳哥
挪威
葡萄牙
瑞典
瑞士
塞尔维亚
塞浦路斯
圣马力诺
斯洛伐克
斯洛文尼亚
乌克兰
西班牙
希腊
匈牙利
意大利
英国

美洲

阿根廷
安提瓜和巴布达
巴巴多斯
巴哈马
巴拉圭
巴拿马
巴西
玻利维亚
伯利兹
多米尼加
多米尼克
厄瓜多尔
哥伦比亚
哥斯达黎加
格林纳达
古巴
圭亚那
海地
洪都拉斯
加拿大
美国
秘鲁
墨西哥

尼加拉瓜
萨尔瓦多
圣基茨和尼维斯
圣卢西亚
圣文森特和格林纳丁斯
苏里南
特立尼达和多巴哥
危地马拉
委内瑞拉
乌拉圭
牙买加
智利

大洋洲

澳大利亚
巴布亚新几内亚
斐济
基里巴斯
库克群岛
马绍尔群岛
密克罗尼西亚
瑙鲁
纽埃
帕劳
萨摩亚
所罗门群岛
汤加
图瓦卢
瓦努阿图
新西兰

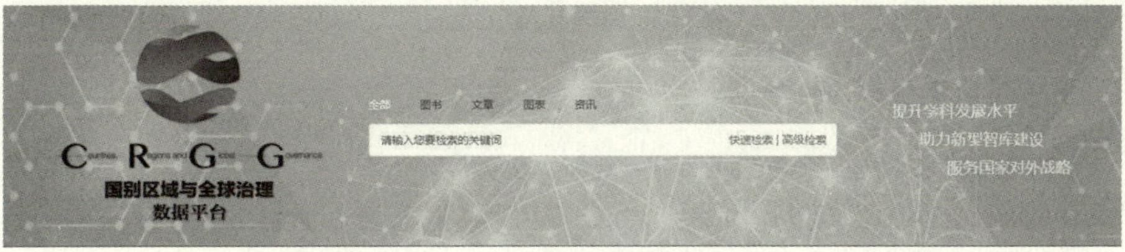

国别区域与全球治理数据平台

www.crggcn.com

“国别区域与全球治理数据平台”（Countries，Regions and Global Governance，CRGG）是社会科学文献出版社重点打造的学术型数字产品，对接国别区域这一重点新兴学科，围绕国别研究、区域研究、国际组织、全球智库等领域，全方位整合基础信息、一手资料、科研成果，文献量达30余万篇。该产品已建设成为国别区域与全球治理数据资源与研究成果整合发布平台，可提供包括资源获取、科研技术服务、成果发布与传播等在内的多层次、全方位的学术服务。

从国别区域和全球治理研究角度出发，“国别区域与全球治理数据平台”下设国别研究数据库、区域研究数据库、国际组织数据库、全球智库数据库、学术专题数据库和学术资讯数据库6大数据库。在资源类型方面，除专题图书、智库报告和学术论文外，平台还包括数据图表、档案文件和学术资讯。在文献检索方面，平台支持全文检索、高级检索，并可按照相关度和出版时间进行排序。

“国别区域与全球治理数据平台”应用广泛。针对高校及国别区域科研机构，平台可提供专业的知识服务，通过丰富的研究参考资料和学术服务推动国别区域研究的学科建设与发展，提升智库学术科研及政策建言能力；针对政府及外事机构，平台可提供资政参考，为相关国际事务决策提供理论依据与资讯支持，切实服务国家对外战略。

数据库体验卡服务指南

※100元数据库体验卡，可在“国别区域与全球治理数据平台”充值和使用

充值卡使用说明：
第1步 刮开附赠充值卡的涂层；
第2步 登录国别区域与全球治理数据平台（www.crggcn.com），注册账号；
第3步 登录并进入“会员中心”→“在线充值”→“充值卡充值”，充值成功后即可使用。

声明

最终解释权归社会科学文献出版社所有

客服QQ：671079496
客服邮箱：crgg@ssap.cn

欢迎登录社会科学文献出版社官网（www.ssap.com.cn）和国别区域与全球治理数据平台（www.crggcn.com）了解更多信息

图书在版编目(CIP)数据

多米尼加 / 秦善进，牛淋编著. -- 北京：社会科学文献出版社，2021.3（2021.10 重印）
（列国志：新版）
ISBN 978 - 7 - 5201 - 7840 - 2

Ⅰ.①多… Ⅱ.①秦… ②牛… Ⅲ.①多米尼加 - 概况 Ⅳ.①K975.3

中国版本图书馆 CIP 数据核字（2021）第 022023 号

·列国志（新版）·
多米尼加（The Dominican Republic）

编　　著 / 秦善进　牛　淋

出 版 人 / 王利民
组稿编辑 / 张晓莉
责任编辑 / 郭白歌
文稿编辑 / 刘　燕
责任印制 / 王京美

出　　版 / 社会科学文献出版社·国别区域分社（010）59367078
地址：北京市北三环中路甲 29 号院华龙大厦　邮编：100029
网址：www.ssap.com.cn
发　　行 / 市场营销中心（010）59367081　59367083
印　　装 / 唐山玺诚印务有限公司

规　　格 / 开　本：787mm × 1092mm　1/16
印　张：21.75　插　页：0.75　字　数：324 千字
版　　次 / 2021 年 3 月第 1 版　2021 年 10 月第 2 次印刷
书　　号 / ISBN 978 - 7 - 5201 - 7840 - 2
定　　价 / 98.00 元